本书获评"复旦大学哲学学院源恺优秀学术辑刊奖"

由上海易顺公益基金会资助出版

# 心智的生命观

## 实用主义研究
### PRAGMATISM STUDIES

第四辑

刘放桐　陈亚军◎主　编

孙　宁　周　靖◎副主编

华东师范大学出版社

·上海·

图书在版编目（CIP）数据

实用主义研究 . 第四辑 , 心智的生命观 / 刘放桐 , 陈亚军主编 . —— 上海 : 华东师范大学出版社 , 2022
ISBN 978-7-5760-3382-3

Ⅰ . ①实… Ⅱ . ①刘… ②陈… Ⅲ . ①实用主义—研究 Ⅳ . ① B087

中国版本图书馆 CIP 数据核字 (2022) 第 214506 号

## 心智的生命观
### ——实用主义研究（第四辑）

主　　编　　刘放桐　陈亚军
副 主 编　　孙　宁　周　靖
责任编辑　　王海玲　朱华华
责任校对　　王丽平　时东明
装帧设计　　卢晓红

出版发行　　华东师范大学出版社
社　　址　　上海市中山北路 3663 号　邮　编 200062
网　　址　　www.ecnupress.com.cn
电　　话　　021-60821666　行政传真　021-62572105
客服电话　　021-62865537　门市（邮购）电话　021-62869887
地　　址　　上海市中山北路 3663 号华东师范大学校内先锋路口
网　　店　　http://hdsdcbs.tmall.com

印 刷 者　　上海昌鑫龙印务有限公司
开　　本　　787 毫米 × 1092 毫米　1/16
印　　张　　16
插　　页　　2
字　　数　　252 千字
版　　次　　2022 年 12 月第 1 版
印　　次　　2022 年 12 月第 1 次
书　　号　　ISBN 978-7-5760-3382-3
定　　价　　52.00 元

出 版 人　　王　焰

# 目 录

contents

编者引言　/孙宁　/1

试论认知科学中的实用主义元素　/江怡　/1

塞拉斯的"两种映像"及其说明观　/成素梅　/13

心智的生命观：从实用主义到预测心智　/李恒威　/28

习惯：杜威和预测心智的相遇　/叶菲楠　郁锋　/51

论生成认知的实用主义路径　/何静　/65

延展认知科学的实用主义解析　/黄侃　/76

信念、隐念与行动　/王球　/88

"认知意义谜题"与皮尔士的指称理论　/王健　/100

对认知科学中概念性心理事件的实用主义研究　/戴潘　/116

戴维森与罗蒂论真　/戴益斌　/136

认知实用主义问题　/让-米歇尔·怀尔　撰　黄远帆　胡扬　译　/150

无大写表征主义的自然主义　/休·普莱斯　撰　周靖　译　/182

我们是生灵：具身性、美国实用主义与认知有机体

　/马克·约翰逊　蒂姆·罗勒　撰　金石　译　/202

实用主义、真理紧缩论及技艺

　/拉里·希克曼　撰　曾誉铭　译　李庚堃　校　/236

# 编者引言

孙宁

本辑《实用主义研究》的主题是实用主义与认知科学的互动。关于认知科学中的实用主义转向，国内外学界已经有了很多讨论。在"第一代认知科学"的框架下，人的思维被理解为受形式规则支配的抽象程序。这个模型认为，认知是在头脑中发生的对形式符号的计算过程，这些在脑内得到处理的"表征"与身体结构、身体能力和环境因素没有任何关联。自 20 世纪 70 年代末以来，这一认知主义（cognitivism）的研究纲领开始逐渐受到质疑，计算表征主义和形式主义的诸多局限也开始逐渐暴露。在此基础上，围绕具身认知（embodied cognition）、延展认知（extended cognition）、嵌入式认知（embedded cognition）和生成认知（enactive cognition）展开的"第二代认知科学"方案也逐渐成形。

应该在身心复合体和环境构成的复杂系统中理解人的认知活动，这一直以来都是实用主义者强调的核心要义。理解了这一点，我们也就能理解为什么新一代的认知科学和实用主义之间存在如此多的亲缘性。我们可以看到，新一代的认知科学家不断从实用主义者那里汲取思想资源，而实用主义的理论也因为当代认知科学的新发展得到了实质性的补充和拓展。被收于本辑的各篇论文试图从事实上和学理上挖掘实用主义与认知科学的亲缘性，在此基础上探索让双方得到进一步发展的可能性。

江怡在《试论认知科学中的实用主义元素》中探讨了实用主义作为一种方法进入认知科学的过程及影响，并着重讨论了认知科学研究中的实用主义元素。他指出，在认知科学研究中采用实用主义方法，是当代科学家反思认知科学发展面临的困境并努力寻找出路的结果,也是认知科学家与哲学家共同合作,探究认知性质和内在机制的结果。

成素梅在《塞拉斯的"两种映像"及其说明观》中探讨了塞拉斯(Wilfrid Sellars)对"两种映像"的划分以及对哲学目标的规定。她指出,尽管塞拉斯的观点具有促进哲学反思的作用,但把人类概念思维的社会、伦理和价值维度留给常识映像,把认知与说明维度留给科学映像的做法,有可能会加深自然科学与社会科学之间的分离。并且,塞拉斯对理论实体的本体论地位的论证方式有可能会陷入"理论家的困境"。

李恒威在《心智的生命观:从实用主义到预测心智》中指出,心智的生命观认为,认知(感知、观念、思想、推理)与行动是一个内在统一的整体,它们一起形成了一个最终服务于生命的认知-行动循环。我们可以以心智的生命观为枢轴,探讨实用主义的认识论与当代认知科学中的具身认知、生成认知,特别是与预测加工理论在思想上的联系。

叶菲楠和郁锋在《习惯:杜威和预测心智的相遇》中探讨了习惯在古典经验论和实用主义中的概念演变,以及习惯在预测心智理论中的意义。他们指出,杜威与预测心智的认知科学进路共同反映了对理性与经验、认知与情感、思想与行动二分的突破。习惯概念具有联结认知科学和实用主义的枢纽性作用。

何静在《论生成认知的实用主义路径》中探讨了认知科学的"实用主义转向"。她认为,这一转向一方面关注行动在认知中的积极作用,另一方面强调第二代认知科学的认知观与古典实用主义的认知观的切近。她还指出,第二代认知科学中的生成认知理论与皮尔士的符号心智观在许多方面形成的呼应,不但揭示了生成认知理论的实用主义路径,更展现了古典实用主义在认知科学研究中的当代效应。

黄侃在《延展认知科学的实用主义解析》中探讨了认知哲学的发展历程,指出延展认知科学可以通过实用主义的解析找到适合自身的解释基础。身体和世界是一个动态的系统,它在时间上发生变化和变形,认知主体不仅存在从年幼到年长的认知形态变化,也存在认知主体在面对一个认知装置时发生的智能形态学上的变化。

王球在《信念、隐念与行动》中讨论了"隐念"概念。他澄清了批评者针对隐念理论所持有的一般性误解,指出隐念实在论的真正困难在于难以为它配置一种恰当的信念理论。即便如此,从工具主义的视角看,隐念理论仍然有着广泛的解释效力和实践价值。

王健在《"认知意义谜题"与皮尔士的指称理论》中考察了"认知意义谜题"及其解决方案,并探讨了早期分析哲学与皮尔士指称理论的关联。他指出,尽管可以较好处理相关语用实例问题,然而符号学实效主义的这一解释并非仅仅增补了语用学的维度,其实效主义的根本价值不在于确定具体指称对象,而是一种以行动条令为核心的行动主义语义学新理论。

戴潘在《对认知科学中概念性心理事件的实用主义研究》中讨论了认知科学哲学中一个核心争论,即概念性心理事件是局限在个体身体内部(主要是大脑,具身认知则认为还应包括身体),还是应该扩展到个体之外的环境与社会因素之中。他指出,对于概念性心理事件的实用主义考察认为,概念性心理事件不能在亚个人层面或者非个人的环境与社会层面找到实现它们的载体。相反,概念性事件依赖于基于社会规范的推论活动,这种推论活动产生了概念性内容,以及它们的随附基础。

戴益斌在《戴维森与罗蒂论真》中探讨了戴维森与罗蒂关于真之理论的分歧,即真之理论是否能够被纳入实用主义阵营。他认为,罗蒂误解了戴维森。罗蒂在否认真之符合论之后,认为真之问题不再是一个重要的哲学议题;但戴维森认为,符合论的终结不代表传统哲学问题的终结,哲学仍然需要向我们展示我们如何能了解和谈论并非由我们自己制造的客观的公共世界,了解真与人类行为之间的关联。

本辑还收录了一些国外学者的重要论文。其中,休·普莱斯(Huw Price)在《无大写表征主义的自然主义》中探讨了自然主义的概念内涵以及与之相关的表征主义问题。他指出,为了评估自然主义的哲学前景,我们需要弄清楚在那些可能被认为与科学相关的领域内哲学的任务是什么。他的最终结论是:反对当今流行的自然主义,也反对非自然主义,而是赞同另一种不同的自然主义,即无表征主义的自然主义。

　　马克·约翰逊(Mark Johnson)与蒂姆·罗勒(Tim Rohrer)在《我们是生灵：具身性、美国实用主义与认知有机体》中从实用主义视角探讨了从低阶到高阶的具身认知问题，并尝试指出在具身经验和思想之间，并不存在一种本体论上的断裂。人类是活的生物，我们在思考的时候就在行动，可能与环境和谐或失衡，但我们的想法从来都不在环境之外。通过我们的身体感官，环境以特定的形态进入我们的思想，从我们与世界的坚定不移的具身互动中塑造我们最为抽象的推理。

　　拉里·希克曼(Larry Hickman)在《实用主义、真理紧缩论及技艺》中探讨了杜威的技术理论对实用主义的贡献。他指出，较之于新实用主义所认为的真理和哲学都已缩水的观点，杜威强调有正当理由的可断定性，不同于新实用主义者，詹姆士和杜威就都不是真理贬值主义者。他还指出，杜威提出的关于技术文化批判的理论向我们表明，古典实用主义者的观点对于解决21世纪的现实问题仍然具有重要意义。

　　最后要特别感谢各位作者对本刊的信任和支持，让这个研究专题能顺利结集出版。

# 试论认知科学中的实用主义元素

江怡　山西大学哲学社会学学院

关于认知科学中的实用主义转向，国内外哲学界已经有太多的讨论。无论是约翰逊（Mark Johnson）对第二代认知科学的实用主义定位[①]，还是福多（Jerry Fodor）对实用主义在认知科学中泛滥的批评[②]，都向我们表明了当代认知科学与实用主义之间的密切联系。与此不同，本文的目的是考察：在认知科学中究竟有多少东西是属于实用主义的，或者说，在什么意义上我们可以说认知科学研究中存在实用主义的元素。首先，我们需要考察实用主义的基本精神是什么，或者说我们通常理解的实用主义究竟是什么；其次，我们需要了解认知科学研究在多大程度上可以被看作与实用主义有了密切关系，以及这种关系产生的原因究竟是什么；最后，也是最为重要的，我们需要考察认知科学研究中究竟包含哪些实用主义元素，使得其中发生了所谓的"实用主义转向"，以及这种转向对认知科学的发展与对哲学本身究竟意味着什么。

## 实用主义的基本精神

从皮尔士（Charles Sanders Peirce）发表的三篇重要文章算起，实用主义哲

---

① Mark Johnson, "Cognitive Science", *A Companion to Pragmatism*. eds. John R. Shook, Joseph Margolis, New York: Blackwell, 2006.

② Jerry Fodor, *LOT 2: The Language of Thought Revised*. Oxford: Oxford University Press, 2009.

学诞生至今已经有一百多年的历史了。但我们知道,在早期或古典时期的实用主义哲学家那里,"实用主义"概念有着不同的含义。在皮尔士那里,实用主义是作为一种意义理论提出的,主要目的是表明概念的意义必须通过可能产生的效果来加以验证。皮尔士提出的实用主义准则被看作实用主义哲学的最初标志。但在詹姆士(William James)那里,实用主义则成为一套确定真理的法则,实用主义哲学就从一种意义理论变成真理理论。詹姆士的真理观成为实用主义哲学被普遍认识的重要标签。杜威(John Dewey)是古典实用主义的集大成者,也是实用主义哲学得到普遍传播的重要宣传者。但他的实用主义以实践活动为主要标志,以人们适应社会环境和需求的社会达尔文主义为主要特征,工具主义是这种哲学的重要标签。从这些古典实用主义者的思想特色中,我们似乎看到的是实用主义哲学的不同表现形式,但与第二代实用主义者相比,他们的哲学依然具有某些共同的思想特征。这些特征主要表现在对实践和行动的推崇,对实验和可错性的重视,以及对个人与社会环境关系的强调。

无论是皮尔士,还是詹姆士和杜威,都把人们的实践活动作为理论研究的最初来源和最后检验。显然,他们所指的实践(practice)并非马克思主义哲学所强调的作为人类存在根源的社会生产实践和作为真理检验标准的认识实践,而是个人的具体实践活动,是与理论推理相对应的实践活动。在对这种实践的推崇中,皮尔士强调的是科学实验对确定概念意义的决定性作用,詹姆士突出了经验概念在判断真理有效性过程中的决定地位,而杜威则着重分析了社会实践对个人活动的直接作用和结果。具体而言,他们都把实践概念理解为个人的行动(action),即作为实践主体的个人所从事的具体活动。这样,实用主义的实践概念就有了双重含义:一方面是行动本身具有的活动意蕴,另一方面是作为实践主体的个人在行动中的决定性作用。"行动"是实用主义实践概念的核心内容,正因为有了行动,实践才有了具体的意义,概念的意义才能得到确认,一切命题才可以得到真正的说明。"经验"概念被看作实用主义哲学的重要标志,主要原因在于经验概念中包含了行动的过程和结果。正如詹姆士强调的,行动构成经验的主要内容;我们对经验的描述也是通过对行动过程和结果的说明完成的。没有行动的经验就是纸上谈兵,而没有形成经验的行动也会成为毫无认识价值的重复性活动。①在这个意义上,无论是经验还是行动,都构成了实用主义认识论的关键概念。

在三位古典实用主义哲学家中,皮尔士首先是作为科学家、数学家和逻辑学家而为世人所知的,他在科学、数学和逻辑学上的突出贡献至今依然是科学研究的重要基石。他也被看作19—20世纪转折时期少有的百科全书式人物。他在哲学上的重要贡献正是基于他在科学上的研究成就,从可计算和可操作的视角重新定义了科学概念的意义。这种重新定义来自科学上的实验,也来自对一切科学假设存在可错性质的坚定信念。皮尔士的可错性原则通常被看作他在哲学上反形而上学、反本质主义和反基础主义的重要武器,但更为重要的则是他的实用主义准则的主要体现。我们知道,实用主义准则是一种可操作的意义准则,这一准则的基本依据是科学假说的试错性质。这就是说,只有经过科学实验而得到确认的假说才能被接受为有效的和有意义的,但这恰好说明实验为假说提供了不断尝试的基本手段,借助这个手段,我们可以在不断尝试中发现并修正错误,最终得到可以确认的实验结果,由此确证科学假说的有效性。然而,由于实验本身是需要不断重复并可能出现各种不同的偶然情况,因此,由实验去确证假说的有效性就面临着各种新的挑战,并且无法得到最终确定的实验结果。这样,在不断修正错误中获得实验的部分结果就成为科学假说得以验证的重要途径。皮尔士把这种不断修正错误的过程称作知识的"逼真性",也就是纽拉特所说的"知识之舟"的寓意。事实上,这种可错性原则在杜威的实用主义中也发挥着重要作用,特别体现在他的"思想五步说"中。我们知道,这个五步说是杜威用来说明认识过程的一个形象解释,即发现疑难、确定疑难、提出假设、选择假设、验证假设。这是一个从怀疑到信念的探索知识的过程。胡适正是根据这个思想过程,提出了"大胆假设,小心求证"的著名口号。其中的核心不在于疑难和假设,而在于求证行动。因而,实验是不断纠错的手段,而可错性则是科学假设的必要前提。实用主义哲学正是建立于这种实验和可错性之上的思想方法。

说到个人对社会环境的依赖性,最重要的提倡者莫过于杜威了。杜威以社

---

① William James, *Essays in Pragmatism*. New York: Hafner Publishing Company, 1907/1948.

会达尔文主义为思想根据，对自然和社会环境在人类活动中的决定作用给予了最大的重视，提出了以社会环境改造人类心灵的哲学目标。实现这个目标的第一步，在杜威看来，需要人类充分认识到环境对个人行动的规定性作用。人们不能脱离一定的环境而存在，或者说，人是环境的动物，而不是理性的动物。这就意味着，人们的生存首先必须要学会适应环境，正如在认识过程中需要首先发现和确定疑难一样，环境赋予了个人活动的最初意义。当然，这只是人类面对环境时做出的最初反应。对人类而言，环境不仅是社会存在的基本条件，更是社会对个人适应环境并改变自己生活和改变社会的基本要求。对个人而言，环境提供了自己生存的基本需要，更是个人要在适应社会环境过程中不断改变社会的基本要求。在社会政治哲学方面，杜威的思想被看作社会改良主义的主要代表，其根据就在于强调了个人与社会之间的相互作用：个人首先是受到社会环境的规定性影响，社会为个人的活动提供了必要条件；反过来，个人的活动也对社会环境产生了深刻影响，在一定程度上推动了社会的变革。这种对个人与社会相互作用的强调，通常也被看作实用主义哲学的重要思想内容，这的确应当归功于杜威。但如果仅从环境对个人成长和活动的影响来看，詹姆士也持有与杜威相同的观点，特别是强调了环境对个体的刺激反应作用。詹姆士的个体心理学受到早期实验心理学的影响，把个体对外部环境的刺激反应作为人们接受社会影响的重要生理-心理根据。如果从个体作为行动主体的角度来看，无论是詹姆士还是杜威，都强调了个体在应对外部环境过程中的主动作用。在他们看来，个体并不是环境的被动接受者和简单适应者，而是对环境的改变负有不可推卸的作用。环境对个体而言并不是现成的存在，而是一个被创造的过程。或者说，个体正是在改变环境的过程中与环境相互作用，并最终融为一体。个体在与环境的这种相互作用中使其成为自己并被看作真正的能动者（agent），充分体现了能动者的能动性（agency，也可以称作能动作用）。这种对个体能动性的强调，也是实用主义的一个重要特征。

　　从以上对实用主义哲学主要特征的说明中可以看出，实用主义并非一种完整统一的哲学理论，或者说它并没有为我们提供对世界的一种完整说明。相反，这种哲学更多的是为我们提供了看待世界的一种方式，或者说是告诉我们如何与世界打交道的一种方法。人类与世界打交道可以有很多种方式,如提供一种完整解释的哲学理论,或者是构建一种另类解释的宗教信仰,或者是想象一种非现实的艺术形式。但在所有这些方式中,唯有主动帮助我们选择适合我们自己的方法,并承诺并不会代替我们去做出这种选择的方法,才是最容易受到欢迎的方法,而实用主义正是这样一种方法。在我看来,这就是实用主义的基本精神,即对实践和行动的推崇、对实验和可错性的重视以及对个人与社会环境相互关系的强调。

## 实用主义如何进入认知科学领域

从学科划分和思想倾向上看,实用主义显然属于哲学领域。无论是作为一种思想方法,还是作为一种理论观点,实用主义都充分体现出不同于科学研究的明显特征。虽然实用主义哲学家们都具备很好的自然科学功底,或者他们本人就是自然科学家,如皮尔士和詹姆士,但他们的哲学思考却体现出与自然科学研究的明显区分,这特别表现在他们强调实践和行动在理论构造中的决定性作用。这里的实践不是通常意义上的科学实验活动,这里的行动也不是科学家们的科学操作行为,而是更广意义上的个人行为和社会实践活动,是人类与世界打交道的不同方式,它们体现了人类存在于世界并构成社会的意义和价值。在这种意义上,实用主义哲学就是试图以实践和行动表明人类存在意义的努力。

这样一种哲学是如何与当代认知科学建立起联系的呢? 2013 年,恩格尔(Andreas K. Engel)、梅尔(Alexander Maye)、库森(Martin Kurthen)和库尼格(Peter König)等认知科学家在《认知科学趋势》杂志上发表文章《行动在哪里?认知科学中的实用转向》,明确提出把认知理解为认知者与外部世界的"互动",即一种熟练的活动(a skillful activity)。他们指出:"这种观点的关键前提是,不应将认知理解为提供世界模型,而应理解为辅助行动并以感觉运动耦合(sensorimotor coupling)为基础。因此,认知过程及其潜在的神经活动模式应主要研究它们在行动生成(action generation)中的作用。我们认为,这种以行动为导向的范式不仅在概念上可行,而且已经得到许多实验证据的支持。许多发现要么公开证明认知的行动相关性,要么可以在这个新框架中重新加以解释。我们认为,关于神经过程的功能相关性和假定的'表征'性质的新观点,可能会从这种范式中出现。"①这就正式把实用主义的行动理论与认知科学研究联系起来,由此推动了认知科学研究中"4E"模式的发展。

从认知科学的发展历史可以看出,认知科学是一门跨学科的研究领域,其中既有计算机科学、神经科学、认知心理学等自然科学学科,也有哲学、语言学、人类学,乃至教育学等人文科学学科。认知科学的这种跨学科性质使得这个研究领域充满了不同学科之间的交叉融合,同时也会出现由学科差异导致的问题冲突。例如,对语言现象的研究是认知科学领域共同关注的部分,但由于不同学科对语言现象关注的侧重点不同,因而这些研究结果之间出现了一些分歧,甚至是对立。计算机科学处理的是形式语言,通过数字运算而构造机器工作的基本模型;认知心理学对语言的处理则是概念模式系统,通过对语言的感知心理分析而发现语言在认知活动中的作用。这两种语言处理方法显然是不一致的,虽然它们讨论的对象都是语言。当然,不同学科对语言的理解和使用各不相同,这也导致这些科学对表面相同的对象却得到不同的研究结果。例如,语言学和哲学都处理语言问题,它们显然并不是在相同意义上使用语言和讨论语言的。然而,作为一个跨学科研究领域,认知科学必须对不同学科关注的共同问题提供一条共同的研究路径,以便使得认知科学能够成为一个综合性交叉性研究领域。我认为,这条共同的研究路径就是认知科学的方法论。

如何从方法论上讨论认知科学问题,不仅是关于实验方法是否可以作为认知科学的研究方法,或者认知科学研究能否有一种通用的方法,更是关于认知科学共同特征的讨论,即认知科学研究与其他传统科学研究相比具有哪些共同特征。根据当代科学研究的一般特征,学科研究领域之间的重要区别不在于研究对象的不同,而在于研究方法的差异。不同的研究方法造就了不同的学科分野。语言

---

① Andreas K. Engel, Alexander Maye, Martin Kurthen, and Peter König, "Where's the action? The pragmatic turn in cognitive science," *Trends in Cognitive Sciences*, 2013(17): 202–209.

学、心理学和哲学都处理语言与心灵的关系问题,但它们由于各自处理方法的不同而形成了不同的研究领域。当代科学的学科分野正是基于研究方法的差异。在这种意义上,当代科学与传统科学之间的重要区分也在于方法上的差异。经验观察方法在近代科学中逐渐被科学实验所取代,而现代科学与近代科学的重要区别则在于,现代科学更加强调理论对实验的渗透和可想象方法在科学研究中的核心作用。基于方法论上的区别,认知科学不再把某个自然现象或物理对象看作单一呈现于人类面前的自然事物,而是看作人类认知活动的自然结果。因此,在当代科学视野中,自然事物的存在(包括自然界本身)都依赖于人类的认知程度和认知方法。

认知科学在当代科学中被看作一个新兴的学科领域,其新颖之处就在于它对心灵和认知概念给出了与传统科学和哲学完全不同的解释。笛卡尔(René Descartes)式的二元论和牛顿经典力学的齐一性解释模型都把心灵活动看作独立于物理活动的"幽灵",把人类认知解释为人类对外部事物机械性的反应过程。现代认知科学则立足于科学研究对认知概念和心灵的不同解释,强调人类主体在认知活动的参与性,把认知活动理解为一种不同认知项之间相互作用的关系概念,突出了心灵在认知活动中的支配地位。由于当代科学对作为心灵表征的意识现象还没有取得一致的研究进展,因此,认知科学研究必须借助于心理学、语言学和哲学的研究成果,力图从宏观上把握心灵概念的丰富内容。在当代认知科学研究中,认知概念被赋予了与传统科学和哲学解释中完全不同的性质,例如涉身性(或"具身性")、表征性、自然性、预测性等。这些性质的共同特征在于,认知概念已经不再是一种被动接受的知识概念,而是一种主动参与的生成概念。

随着德雷福斯(Hubert Dreyfus)和塞尔(John Searle)等人对第一代认知科学研究范式的批判,认知科学研究逐渐进入第二代,即以具身性观念为主导的生成主义认知科学。加拉格尔(Shaun Gallagher)提出的"4E"认知概念(Embodied Cognition,具身认知;Embedded Cognition,嵌入式认知;Extended Cognition,延展认知;Enactive Cognition,生成认知)成为第二代认知科学的重要标志,"具身"和"生成"也成为认知科学的主要概念。[①]正是这些性质和概念,

---

① Shaun Gallagher, *How the Body Shapes the Mind*. Oxford: Oxford University Press, 2005.

让我们很容易看到实用主义在认知科学中的具体表现："具身"和"嵌入"是实用主义者所强调的主体参与性，"延展"和"生成"则是实用主义突出的活动与创造。也正是在这种意义上，恩格尔（Andreas Engel）等人把认知科学家对实用主义的接受称作"认知科学中的实用转向"。这种转向的意义就在于，认知科学研究摆脱了第一代以表征为核心的研究范式，进入到把"认知"理解为涉及与外部世界相互作用的一种生成性的、熟练的"活动"。这是一种主体与环境共生共存的活动，是主体以其主动的方式适应和改变其自身环境的活动。换言之，这就是实用主义者强调的社会达尔文主义式的社会创造理论。可见，实用主义进入认知科学的过程，就是认知科学自身发展的过程，也是认知科学不断拓展的过程。

## 认知科学中的实用主义元素

里查德·蒙纳瑞（Richard Menary）在《实用主义与认知科学中的实用转向》（2016 年）一文中指出，实用主义对认知科学的影响不仅表现为这个转向，而且表现在实用主义创始人的思想中，这些思想中的三个基本原则完全支配着当今认知科学的研究工作，即有机体与环境的相互作用构成观念，认知通过探索性推理而得到发展，探究和问题解决始于境况中提出的恼人争议并通过探索性推理而得到解决。[1] 显然，这里的有机体与环境的互动关系就是认知科学的"具身"性质，探索性推理就是"延展"和"生成"，而对问题的探究和解决则是整个认知科学研究所要处理的主要工作。

认知科学中的"具身"来自认知心理学和认知语言学的具体实践，强调认知主体整体参与心理分析和语言实践。传统科学研究是以区分认知主体与认知对象为前提的，强调主体对对象的客观态度和中立地位。但是，这种看似客观的态

---

[1] Richard Menary, "Pragmatism and the Pragmatic Turn in Cognitive Science," in *Pragmatism and the Pragmatic Turn in Cognitive Science*, eds. Karl Friston, Andreas Andreas and Danika Kragic, Cambridge MA: MIT Press, 2016, pp. 219–236.

度和地位往往剥离了主体与对象之间的相互关系,造成了主体与客体的二元对立,完全不利于认知主体对外部世界的真实理解。第二代认知科学研究强调人类认知活动本质上就是"具身"认知。针对第一代认知科学中的认知表征主义、计算主义和功能主义忽视主体参与因素,第二代认知科学家提出了以"具身"为主要特征的生成主义认知观,突出了"延展""情景"和"生成"在认知活动中的核心地位。这些显然与实用主义的实践认识论有着一定的思想相似。然而,我在这里试图提出的问题是,如何理解认知科学研究中的这种实用主义元素:能否简单地把强调参与活动看作认知科学的实用主义特征? 实用主义者对认知与环境相互作用的解释能否用于认知科学研究?

我们知道,实用主义者强调人类作为认知主体在认知活动中的主导地位,来源于他们对传统绝对唯心论的反叛和对自然科学研究范式的推崇。皮尔士和詹姆士都对 20 世纪初的自然科学发展做出了突出贡献,杜威更是一位明确的科学主义捍卫者。但在他们的实用主义哲学中,自然科学研究仅仅是作为哲学研究的一个思想来源和范式展示,而不是他们思想的主要部分和观点集合。相反,他们在反思自然科学成就的过程中,逐渐发现了科学研究的基本方式与人类认识活动基本方式的高度一致,因而提出以考察人类认识活动基本方式为主要对象,以人类与外部世界的相互作用为主要内容,确立了以发现问题、确定实验和提出解决方案为主要路径的实用主义探究方法。认知主体在认知活动中的主导地位保证了认知活动的主动性和创造性,因而使得实用主义哲学成为一种积极进取的、在适应中改变认知环境的思想方法。从实用主义创始人对自己思想的阐述中可以看出,他们最初提倡的这种哲学并非为了某种科学研究的目的,也不是为了倡导某种科学研究方法,而是为了表明他们对人类知识获得的一种态度,即把认知活动看作人类与外部环境互动的结果,把人类知识理解为认知主体在与外部对象相互作用中的创造活动。由此可见,这与认知科学研究强调"具身"和"生成"的观念存在很大反差。

首先,正如前文所述,"具身"和"生成"在第二代认知科学研究中主要是针对第一代认知科学研究范式而提出的,试图表明认知活动并非表征和计算,而是主体参与的互动。就认知科学研究本身而言,这种观念的提出的确具有非常重要的实践意义。然而,需要注意的是,虽然第二代认知科学家们意识到了第一代研究的局限性,并以"具身"和"生成"观念作为认知科学研究的重要方法论指导,但这并不意味着认知科学家们完全放弃了以表征和计算去理解认知活动性质的工作。应当说,认知科学家们不过是拓展了认知科学的研究视野,更新了自己的研究方法,所以被称作"实用的转向"(a pragmatic turn),而不是"实用主义转向"(a pragmatist turn)。这里的转向并非认知科学研究真的转向了实用主义,或者开始用实用主义的方法去从事认知科学研究,而是在他们的研究中注入了一些类似实用主义的元素。做一个不太恰当的比喻:跨学科研究的出现并非意味着原有学科的失败或衰落,而只是更充分地发挥原有学科的各自长处,使其相互补充,以达到对研究对象更为全面的认识。同样,认知科学研究中的实用转向,并非意味着认知科学采用了实用主义的方法而放弃了原有的研究方法,而是拓展了自己的研究方法,试图用新的方式去尝试原有方法所无法解决的问题。所以,实用主义对认知科学研究而言并非哲学上的指导,而是认知科学家们的自觉意识。

其次,无论是具身、生成,还是嵌入,都表明认知科学研究强调的认知主体与对象之间的互动关系和参与作用;是为了更好地理解认知活动的性质和机制,而不是为了表明实用主义哲学对认知科学研究的强大作用。事实上,在第二代认知科学研究中,我们看到,认知科学家们不仅强调了具身、情景、嵌入和生成的作用,而且强调了生态、情感、演化和拓展适应性等作用,其中包括三个主要隐喻,即具身隐喻、交互隐喻和突现隐喻。①显然,认知科学家们并不是把实用主义作为新一代认知科学研究的唯一方法,而只是为了凸显认知主体的主导地位才把具身和生成看作认知活动中的相关元素。正如刘晓力指出的,具身性纲领更多吸收了来自美国哲学家皮尔士、杜威的实用主义和以海德格尔、梅洛-庞蒂为代表的现象学传统,以及社会心理学、生态心理学、复杂动力系统理论的思想。这一纲领最终的理论抱负则是企图建立对于认知本质的大一统说明。②这是一个综合性的宏伟抱负,但在当代哲学视野中却难以实现。

① 刘晓力.认知科学对当代哲学的挑战[M].北京:科学出版社,2020:9.
② 刘晓力.认知科学对当代哲学的挑战[M].北京:科学出版社,2020:8.

最后,生成性概念在第二代认知科学研究中被越来越多的科学家所重视,但重视的原因在很大程度上并非来自实用主义的考量,而是各自有着不同的思想根源。例如,认知神经科学家更加强调从大脑神经网络的工作原理中寻找认知生成的路径,这是由于列文(Joseph Levine)提出认知上的"解释鸿沟"问题而迫使认知科学家从脑科学中寻找解决这个问题的路径,虽然至今尚未得到有效的解决。现象学家则更倾向于从认知主体的经验体验中寻求生成性概念的基本思路,特别是在现象意识的体验说明中确立认知主体的决定性地位。然而,随着人工智能技术的发展,意识研究越来越成为所有认知科学家关注的焦点。如果仅凭借认知主体的意识体验去描述认知活动过程,似乎难以说明认知的性质。因此,现象学家也开始放弃单纯内省式思辨的哲学研究方式,逐渐走向现象学认知研究的自然化道路。所以,刘晓力指出,现象学家并不否认诸如大脑活动与外部环境产生内在觉知的因果机制,他们所关注的更为基本的是能够更好地描述和理解人类具身性的精神生活的体验结构。在加拉格尔和扎哈维看来,正是现象学所揭示的主观体验的独特质性,可以成为认知科学与心灵哲学等自然主义解释的基础。[①]其实,对生成性的强调不仅是实用主义哲学的重要思想,也是梅洛-庞蒂哲学的重要内容。梅洛-庞蒂以其身体性哲学为出发点,详细分析了生成性概念在认知主体与外部世界相互作用中的核心地位。刘哲指出,梅洛-庞蒂对感觉经验的现象学反思就是要把主体性维度重新植入到我们本己身体同世界最原初和最直接的关联关系中。由此,我们可以期待性质感觉的体验性特征就基于原初意义的主体性经验。[②]在这里,我们可以清楚地看到,生成性概念总是与身体性概念密切相关,并切入到作为本己身体感受的原始经验与外部世界的相互作用关系之中。这种关系存在于詹姆士和杜威的实用主义哲学之中,也深刻地存在于梅洛-庞蒂的身体哲学之中。

由上可见,如果仅凭具身性和生成性概念就断定认知科学研究中存在实用主义的元素,那么我们依然无法确定认知科学中出现的实用主义转向问题。这就表明,我们必须有更多的方法才能确定这种转向。我认为,这些方法只能从认

①　刘晓力. 认知科学对当代哲学的挑战[M]. 北京:科学出版社,2020:39.
②　刘哲. 生成主体性:梅洛-庞蒂与唯心论[M]. 北京:北京大学出版社,2021:187.

知科学本身中去寻找。也就是说,认知科学研究采用实用主义方法,并非由于实用主义哲学对认知科学研究的影响,也不是由于认知科学家主动接受了实用主义,而是当代科学家反思认知科学发展面临的困境并努力寻找解决这些困境的出路的结果,也是认知科学家与哲学家共同合作,寻求探究认知性质和内在机制的结果。由此看来,实用主义对于认知科学而言就不是哲学上的转向问题,而是认知科学研究的视野变换和思维方式转换的问题,即从单纯强调可操作性、可计算性和可实验性的认知主义思维方式,转换为强调多元性、互动性、具身性以及生成性等性质的认知生成主义的思维方式。由此我们也就可以理解,为何关于认知科学中的实用主义转向的说法出自哲学家,而不是出自认知科学家。

当然,基于对认知科学研究性质的一般理解,即通过可观察的实验方式揭示认知活动性质和特征,哲学家们力图以实用主义方法解释认知科学从第一代到第二代转变的内在根据,由此表明实用主义哲学对当代科学发展的重要作用,无论是对当代哲学还是对科学的发展都具有一定的启发意义。但是,我们千万不要因为认知科学家强调了具身、生成等因素在认知科学发展中的作用,就一厢情愿地宣称认知科学研究受到实用主义哲学的影响,并夸大认知科学研究中的实用主义元素的作用。

(原载《浙江学刊》2021年第5期)

# 塞拉斯的"两种映像"及其说明观

成素梅　上海社会科学院哲学研究所

　　塞拉斯(Wilfrid Sellars)是继实用主义奠基人皮尔士(Charles Sanders Peirce)之后美国最卓越的哲学家之一,是科学实在论的创始人。他在1962年发表的《哲学与人类的科学映像》一文中,基于语言和逻辑分析技巧来探讨哲学的发展目标和内在动力时,阐述了自己实在论思想。他认为,哲学的目标是预设了真理性的反思知识。以此为前提,他把人类与世界之间根本不同的联系方式区分为两种"映像"。第一种映像被称为"常识的"或"明显的"映像(manifest image);第二种映像被称为"科学的"映像(scientific image)。然后,他立足于哲学史与科学史的双重视角,通过对这两种映像的形成过程、基本特征及相互关系的阐述,论证了科学理论的实在性与理论实体的本体性问题。①那么,塞拉斯是如何界定这"两种映像"的? 它们之间究竟存在什么样的关系? 这种区分有什么重要意义,又蕴含着怎样的不足? 对这些问题进行较系统的考察,对于反思当代科学实在论问题,促进更合理地理解科学,具有现实的理论意义与重要的学术价值。

---

① Kevin Scharp, Robert B. Brandom, *In the Space of Reasons: Selected Eassays of Wilfrid Sellars*. Cambridge, Massachusetts, London, England: Harvard University Press, 2007, pp. 369－408.

## "常识的"映像

塞拉斯所定义的"常识的"映像,是指人类第一次拥有自我并开始面对自己时形成的框架,或者说,是当人成之为人时,所拥有的一种关于人类自己的概念,是一种前科学的、未受批判的、朴素的人类世界观。这种世界观是从我们所说的"原始的映像"(original image)中提炼而来的。提炼的过程是一个不断地去人性化的过程①,是人类把自己与自然界中的其他事物逐渐区分开来的一个过程,同时,也是人类不断地反思自我的一个过程。他认为,反思总是在一个能够被评价的概念框架中进行的,人类能够思考,就是学会了通过一个正确的、相关的和证据的标准来衡量自己的思想。在这种意义上,各种类型的概念框架都是作为一个整体先于其部分而出现的,在特征上,不可能被解释为是各个部分的集合。因此,从人类行为的前概念的模式向概念思维的转变是一种整体性的转变,即跃迁到一个不可还原的新的意识层次,跃迁到产生了人类的层次。人类与其祖先之间根本不同的概念就是有了深刻的真理。在塞拉斯看来,人类从原始映像中对常识映像的提炼分为两种类型:一种是经验上的提炼;一种是范畴上的提炼。

塞拉斯所说的"经验上的提炼"主要指在广泛的常识映像框架内进行的提炼,这种提炼过程逼近世界的方式类似于"纯粹关联"的归纳推理和统计推理,是根据常识映像的概念框架来整理经验。关于事物的纯粹关联的概念,既是历史的虚构,也是方法论的虚构,因为这个概念包括从发现事物的条件和理论中抽象出来的相关成果。所以,人类的常识映像并不是人类世界观发展中一个已经过去的历史阶段。从哲学史来看,常识的映像对哲学研究而言是非常重要的,因为它定义了已有的哲学反思的一个端点。不仅古代和中世纪的哲学反思体系是围绕常识的映像建立起来的,而且,在近代和当代思想的许多体系和准体系中,有些似乎也与那些经典体系有着不同程度的共同之处。当代大陆哲学的主要流派

---

① 塞拉斯强调,一定不能把这里的去人性化误解为根据进步的科学观对人的去人性化。

也是如此。从发展趋势上来看,强调语言分析的当代英美哲学,近年来,在血缘关系上变得越来越明显。①因此,塞拉斯总结说,所有这些哲学都能够被解释为是对人类的常识映像的不同程度的说明,这种说明被看成对人类与世界本性的充分而全面的描述。

塞拉斯所说的"范畴上的提炼"主要是指使人成之为人的一种方式。这种人成之为人的范畴提炼方式,并不是指从原始映像中逐渐地消除迷信,而是指比改变信念更根本的一种变化——改变范畴。因此,塞拉斯认为,常识映像的对象是"人",而且,这里所说的"人",并不是意指"灵魂"(spirit)或"心灵"(mind),个人的概念包括两样东西,即心灵与肉体,是一个合成的对象。人类是从原始映像中提炼常识映像的过程,是从周围的自然现象中"删除人"的一个过程。在这里,自然界成为"被删除了人"的场所,"人"的范畴则以一种被删除的形式应用于自然界。因此,形成了与人无关的事物和与人无关的过程之类的新范畴。在原始映像中,所有的"客体"都是人性化的。因此,所有类型的客体都是使人成之为人的一种方式。塞拉斯以刮风为例做了进一步的说明。在原始映像中,说风刮进屋子里,意味着风是带有某种目的而故意这么做的,也许经过劝说之后,风就不会刮进屋子里了。在常识映像的早期阶段,不再认为风刮进屋子里是一种带有目的性的故意行为,而是出于风的本性。这样,除在诗歌等文学作品中外,像刮风这样的自然事件,就被去人性化了。从哲学意义上来说,人明白了人在做什么,也明白了环境是什么。或者说,只有在形成常识的映像之后,人才懂得把自己与周围的环境区别开来。

塞拉斯明确地指出,他并不是出于分类哲学的兴趣才定义常识映像的,常识映像确实在哲学思维和一般的人类思想中是客观存在的。常识映像超越了个人思维成为产生哲学思维的一个开端,特别是,它使得世界能够成为描述客观映像对错的一个评价标准,或者说,常识映像可以被理解为是对可理解的世界结构的不同程度的反映。这样,在定性的意义上,我们不仅能够把构成思想的要素看成

① Kevin Scharp, Robert B. Brandom, *In the Space of Reasons: Selected Eassays of Wilfrid Sellars*. Cambridge, Massachusetts, London, England: Harvard University Press, 2007, p. 376.

是与世界的构成要素相类似,而且可以把世界看成产生这些构成要素的原因,思维方式中发生的事情是对事件方式的模仿。正是在这种意义上,塞拉斯认为,在从柏拉图(Plato)开始一直追溯到当代的整个西方哲学史中,有许多哲学体系只限于根据实在或世界来说明个人的概念思维框架。直到黑格尔(G. W. F. Hegel)时代,哲学家才真正意识到,在人与人的行为之间,如果没有正确而适当的判断标准,就不可能进行有效的概念思维。这是因为,在"我"的所作所为与"他人"的所作所为之间的比较,才是理性思考的本质。因此,从根本意义上看,对个体思想家的概念框架的固定与超越,是一种群体行为或社会现象。这一事实意味着,关于人类的常识映像的社会特征,直到 19 世纪才得到说明,但是,这种说明是很不充分的。①

塞拉斯把常识映像的社会特征理解为一种主体间性。他认为,在当代实践中,没有主体间的比较标准,就没有概念思维,也不会出现像下棋或打球之类的游戏。不过,他强调指出,概念思维这种游戏与日常生活中的一般游戏完全不同,它有两个值得重视的非常独特的重要特征:其一,人们不能根据被告知的规则来玩概念思维的游戏;其二,无论其他类型的概念思维是否有可能,人类的概念思维确实包括对世界的表征方式。这意味着,一方面,作为个体的思想家在根本意义上是群体成员之一;另一方面,一个群体只有当组成它的每个成员都把自己看成与"他人"相比较的"我"时,才能作为一个群体而存在。因此,在一个存在着的群体中,其成员已经自觉地表征了他们自己。这样,在塞拉斯的定义中,概念思维不是偶然的,而是与他人沟通的一个基本前提,群体成为个人与可理解的秩序之间的一个中介。

但是,塞拉斯认为,在常识映像的框架内说明这个中介的任何一种企图都是注定要失败的。原因在于,对这样一种企图而言,常识的映像所包含的资源,提供了把科学理论确定为一个说明框架的基础。或者说,正是在人类的科学映像中,我们才开始注意到,人类拥有一个自我映像的主要轮廓,因为我们开始把常

---

① 我们知道,在 20 世纪的哲学发展中,哈贝马斯的社会交往理论正是建立在强调集体思维的基础之上的。另外,按照塞拉斯的观点,现象学家的研究应该属于常识映像范围内的研究。

识的映像看成像一种群体现象是一个进化发展的问题。但是,这个进化发展的过程是在非常简单的水平上进行的。"常识的映像"通常会受到有限感觉阈限的制约,只有"科学的映像"才能超越人类自身感觉阈限的制约,才能透过表面现象达到对客观世界本质的认识。因为单纯的主观感觉只是对外界作用的一种消极反映,还称不上严格意义上的认识,只有把这种感觉纳入能动的思维领域,才能使认识成为可能。那么,在什么意义上以及在多大程度上,人类的常识映像能够幸存下来,不被结合到科学映像中呢?塞拉斯认为,只有考察了科学映像的陈述时,这个问题才能得以回答。

## 科学的映像

塞拉斯把"科学的"映像定义为一种经过反思、批判和逻辑加工而形成的框架,是用假定感觉不到的客体和事件,即不可感知的量(imperceptibles),来说明能感觉到的客体与事件,即可感知的量(perceptibles)之间的相互关联,或者说,科学的映像是从假定的理论结构的成果中演绎出来的映像,并且,与常识的映像一样,也是理想化的和在过程中形成的。塞拉斯强调指出,他对"科学映像"这个概念的阐述,不是在人类的非科学的概念和科学的概念之间做出对比,而是在下列两个概念之间做出对比:一个是只局限于根据关联技巧阐述感知与反省事件的概念;另一个是假定不可感知的客体与事件,来说明可感知的量之间的关系的概念,即是与常识的映像相比较而言的。塞拉斯认为,在科学史上,能够利用理论阐述的许多新关联来重新说明先前建立起来的旧关联。因此,在关联程序与假定程序之间存在相互影响。他举例说,在物体的电磁辐射理论与物体的化学构成联系起来之后,我们才能更加详细地阐述过去常见的石蕊试纸在酸性液体中会变红的内在机理。这意味着,科学映像比常识映像更深刻地揭示了事物的内在本性。

塞拉斯认为,"科学的"或"假定的"映像这个概念,实际上,是综合了各门学科的理论映像(theoretical image)的一个概念,其中,每一个理论映像都适用于具有一定自主性的人类的概念框架。因为不同的学科涉及人类行为的不同方面,有多少与人相关的学科，就有多少个理论映像。例如，有理论物理学家、生物化学家、生理学家、行为科学家、社会学家等，他们的映像都与常识的映像形成了对比。从方法论的意义上来看，每一门学科都是从不同的"地方"通过不同的程序在主体间性的意义接近可感知的物质世界。这些不同的理论映像之间是相互协调与彼此促进的，它们在整体上的合作与协调关系形成了一个统一的科学映像。他举例说，我们能够让生物化学的研究对象遵守理论物理学所阐述的定律，从而把生物化学的映像与物理学的映像统一起来。这体现了理论实体的内在"同一性"。也就是说，生物化学的物质是由物理学阐述的粒子构成的，它们所遵守的定律，是基本粒子遵守的定律的特殊情况，或者说，生物化学的化合物与亚原子粒子的图样是一致的。但是，反过来，基本粒子的特殊图样不可能遵守生物化学的定律。因此，基本粒子的复杂图样不可能以简单的方式与不太复杂的图样联系起来。

为了进一步说明科学映像的形成过程，塞拉斯接着考察了生物化学的映像与生理学的映像之间的关系。他指出，把这两种映像结合到一种映像当中，将会表明生理学（特别是神经生理学）的实体能够被等同于复杂的生物化学系统，在很弱的意义上，与生理学相关的理论原理能够被解释为生物化学的一种"特殊情况"。但是，当我们根据行为学的理论来考虑人在这个科学的映像中所处的位置时，就会带来一个非常有趣的问题。首先，"行为心理学"这一术语具有多种含义，至少在一种含义中，这门学科不属于科学映像的范围，而属于常识映像的范围。这是因为，在更广泛的意义上，心理学还是一门行为科学，心理学中所使用的概念范畴属于常识的框架，并且总是根据人的行为标准来确证假设与心理事件，或者说，是用可观察的行为作为心理事件的证据。然而，在常识的映像中，可感知的行为只有在主体间性的意义上，才能成为精神事件的证据。行为主义不仅把证据局限于一致性的观察行为，而且把自己的任务定位于寻找不同行为模式之间存在的关联。这种关联所带来的一个有趣问题是："有理由认为，行为模式之间的关联框架能够建立起关于人类行为的科学理解吗？"①

---

① Kevin Scharp, Robert B. Brandom, *In the Space of Reasons: Selected Eassays of Wilfrid Sellars*. Cambridge, Massachusetts, London, England: Harvard University Press, 2007, p. 391.

塞拉斯以动物的行为为例进行了说明。他认为,众所周知,动物既有复杂的生理系统,也是一个生物化学系统。但是,这并不意味着动物行为学必须用神经生理学或生物化学的术语来阐述。至少我们可以根据进化论提供的关于动物行为与其环境相互作用的宏观变量,比如,刺激、反映、目标行为等概念,来研究动物的行为。行为学家通常运用统计方法来发现动物的行为与其环境的相互作用之间的关联。但是,根据行为学的程序所得到的发现与确认,当然不同于根据神经生理学假定的实体与过程所做出的说明。当生理学的考虑有可能提出有待检验的新关联时,这些关联本身必须是独立于生理学的考虑而建立起来的,它们一定属于不同的行为科学。然而,动物的关联行为学总是在当时的物理学、化学、寄生虫学、医学和神经生理学等相关学科提供的"标准条件"的背景知识范围内才会有效。关联行为学是对生物体在刺激-反应条件下的特性的描述,因此,这些特性是"不确定的"。如果把假定的实体与生物体的各种各样的宏观行为变量尽可能地联系起来,则会有助于预言新的关联。塞拉斯明确地说,在这里,他的分析夸大了对低等生物体行为的假定程序的方法论效用,因为 20 世纪 60 年代的神经生理学还没有发展到这个程度。但是,这种分析思路至少表明,在科学映像的语境中所研究的动物行为,比在常识映像的语境中研究的动物行为更具体和更深入。

塞拉斯认为,在人类行为学中,情境从一开始就有些不同。这是因为,人的行为的一个重要特征是,任何两个相继的可观察行为,在本质上,都包含有非常复杂的与言语行为相关的"不确定的"事实。因此,在人类的行为学中,假设一个内在的事件系列来解释行为状态与特性之间的关系,确实证明是有帮助的。但是,就当前的科学发展水平来说,这种假定还没有达到神经生理学那样的程度。然而,不管人类的行为学是否包括关于假定实体的陈述,在"假定的"映像或"理论的"映像中,一定能找到已建立起来的关联的对应物。或者说,没有一位行为主义者会否认,他所寻找与建立的关系,在某种意义上,对应于神经生理学的关联和生物化学的关联。因此,他初步假设,尽管行为学与神经生理学是不同的学科,但是,行为学的关联内容指向神经生理学理论所假定的过程与原理的结构。塞拉斯根据这种假设最后得出的结论是,人类的科学映像被证明是复杂的物理系统的映像。

这种观点显然与逻辑经验主义者倡导的物理主义有某种一致之处。不过，我们应该注意到，塞拉斯虽然与卡尔纳普(Paul Rudolf Carnap)一样，都站在统一科学的立场上[①]，主张把所有的学科最终还原为物理学。但是，两者的思路与论证方式是不同的。卡尔纳普认为，一个科学理论包括理论定律、经验定律和对应规则三个层次。其中，理论定律只包含理论术语，是从经验观察中推论出来的，是超越经验的一种假设，是关于不可观察的或不可测量的客体或特性的定律，它只能说明和预言经验定律，不可能得到直接观察的辩护；经验定律只包含观察术语，是对观察经验的归纳概括，是关于可观察的或可测量的客体或特性的定律，它能够说明与预言经验事实，并得到经验事实的直接证实；对应规则是把明确的理论陈述与可定义的观察陈述联系起来，或者说，是连接理论定律与经验定律的中间桥梁，它既包含理论术语，也包含观察术语。理论的任务是借助对应规则从理论中演绎出经验定律。最后，各门学科都能够被还原于或统一于物理学的语言与定律。

塞拉斯则根据整体论的思想并立足于过程论的立场认为，关于科学理论的这种"夹心蛋糕模型"(layer-cake model)或"层次图像"(levels picture)在方法论意义上强调了三种不同类型的陈述，在本体论意义上隐含了观察框架本身就是一种理论的观点，这个层次的概念是一种神话，这种图像本身是一种误导。其原因在于，一方面，关于理论术语的意义和理论实体的实在性的困惑与对应规则的地位联系在一起；另一方面，在实际的科学发展中，经验定律与理论定律并没有独立的自主性层次。只有从理论的视角来看，与理论定律相对应的经验概括才具有自主性。或者说，我们只有在一个理论框架中，才能说明为什么可观察的对象会遵守如此这般的经验定律。例如，物理学家根据气体的分子运动理论说明了气体为什么会遵守波义尔定律。因此，接受了气体的分子运动论的解释，就意味着接受了理论框架所假定的客体，同时也意味着我们有很好的理由相信这种

---

① "统一科学"的目的是表明如何把各种各样的科学活动(例如观察、实验和推理)综合在一起，而所有这些又是如何共同有助于发展出统一的科学的。

理论实体是存在的。①塞拉斯通过分析不同的理论映像之间在说明机理方面存在的相互借鉴与协调关系,得出由此而来的科学映像最终必然会统一于物理学的映像的观点。所以,在塞拉斯看来,至少科学的映像比常识的映像更真实地反映了自然界的内在本质,常识的映像只是对经验关联的一种概括,科学的映像则能对这种经验概括提供一种机理性的说明。那么,这两种映像之间存在什么样的关系呢?

.

## 两种映像之间的关系

塞拉斯认为,"常识的映像"和"科学的映像"虽然都是人类对外在世界的映像,但是两者是有区别的。一方面,由于它们有时会得出相互矛盾的陈述,因此它们是人类从两个不同的视角和不同层面得到的相互竞争的映像;另一方面,它们又都是"理想化的",需要进行相互补充,而不是相互替代。常识的映像是从史前史的迷雾中产生出来,并立足于人的宏观感知,通过对常识经验中的关联关系的提炼和范畴的提炼而形成的;科学的映像则是假定了不可观察的实体或事件来说明可观察的实体与事件之间的联系。就常识映像的提炼适当地运用了科学方法而言,"常识的映像"本身就是一种"科学的映像"。但是,不同的是,人类提炼常识映像所运用的科学推理并不包括假定的科学推理,即不包括运用"假定不可感知的实体及其相关的原理,来说明可感知事物的行为"。在这里,塞拉斯实际上提供了科学映像不同于常识映像的一个重要的判断标准:科学的映像是运用假设了作为不可观察量(unobservables)的实体来说明可观察量(observables)之间的关系。塞拉斯认为,在这种意义上,与人类的常识映像相比较,人类的科学映像"可能称之为'假定的'或'理论的'映像更恰当"。但是,他认为,在大多数

---

① Wilfrid Sellars, "The Language of Theories," *The Problem of Scientific Realism*, ed. Edward A. MacKinnon, New York: Meredith Corporation, 1972, pp. 182 - 207.

情况下,如果继续使用"科学的映像"这种说法也不会引起误解。①

从方法论的意义上看,提炼常识的映像所运用的方法主要是关联方法(correlational methods),而提炼科学映像所运用的方法则主要是假定方法(postulational methods)。但是,关联方法与假定方法一直与科学的进化相伴随,两者在辩证的意义上是相关的,假定的假设预设了有待说明的关联,提出了有可能被研究的新关联。为了进一步阐明这两种映像之间的内在关系,塞拉斯在说明主义的意义上区分出三种选择:第一种选择是,在森林完全等同于许多树木这种简单的意义上,常识的物体完全等同于无法感觉到的粒子系统;第二种选择是,只有常识的物体是真实存在的,不可感知的粒子系统是对常识物体的一种"抽象的"或"符号的"表征方式;第三种选择是,常识的物体是人们关于由不可感知的粒子系统构成的实在的一种心理"表象"。

塞拉斯首先明确地指出,第二种选择曾得到有能力的哲学家(比如工具主义者和经验主义者)的拥护,但是,他拒绝接受这种把科学映像仅仅看成常识映像的"符号工具"的观点,或者说,他把这种观点看成一种给定的神话而加以拒绝。接着,他从分析一个系统的整体与部分之间的关系出发,论证了第一种选择的不可能性。他认为,单从逻辑上来看,一个物体既可能是一个拥有感知变量的可感知的物体,也可能是一个没有可感知变量的不可感知的对象系统,这种观点并没有直接的矛盾。但是,第一种选择预设了作为一个整体的系统只能拥有其部分所具有的特性。无论是在常识意义上,还是从当代科学的发展来看,这种观点都是不能令人接受的。或者说,如果一个物理系统是一个在严格意义上不可感知的粒子系统,那么它作为一个整体不可能具有常识映像中可感知的物体的特性。这样,他得出的结论是,常识物体是感知者关于不可感知的粒子系统的"表象",这就是第三种选择。然后,塞拉斯用了大量的篇幅,对第三种选择可能会遭到的反对意见进行了反驳。

他认为,第三种选择通常受到的一种异议是,如果认为宏观物体是人关于不

---

① Kevin Scharp, Robert B. Brandom, *In the Space of Reasons: Selected Eassays of Wilfrid Sellars*. Cambridge, Massachusetts, London, England: Harvard University Press, 2007, p. 375.

可感知的粒子系统的"表象",那么我们周围的所有物体将会全部是无色的。这种观点的价值在于,它注意到这样的事实:在常识的框架内,说一个看得见的物体是没有颜色的,就像说一个三角形是没有形状的一样荒谬。这里实际上涉及爱丁顿(Arthur Stanley Eddington)所讲的两个桌子的问题:一个是看得见的宏观桌子,另一个是由看不见的微观粒子构成的桌子。①在塞拉斯的情形中,相当于常识映像中的桌子和科学映像中的桌子。塞拉斯认为,这种异议没有任何价值,是一种幻觉。因为它错误地把包括了桌子之一的可观察层次的物体看成是"绝对的",这不是否定同一个框架之内的信念,而是用在一个框架语境中已接受的常识观念来否定另一个框架语境中的观念。所以,这种异议实际上是对给定的概念框架本身的挑战。尽管关于宏观物体的概念框架,即日常生活中的常识框架,对日常生活的目的来说是适当的,但是,当它说明所有需要考虑的事物时,最终是不适当的,也是不应该被接受的。一旦明白了这一点,我们就会看到,这种反对观点是无效的,因为它并没有提供一种超出常识框架范围之外的观点。

塞拉斯认为,在机制说明方面不起作用的常识世界中的那些特性,已经被笛卡尔(René Descartes)及其新物理学的解释者所抛弃,这是一个熟知的事实。接着,塞拉斯进一步通过对笛卡尔的身-心二元论观点的批评和对概念思维与言语行为之间的相似关系的分析表明,从当代神经生理学的观点来看,把概念思维等同于神经生理过程,原则上没有任何障碍。这种同一性比常识映像中的物体与复杂的粒子系统的同一性更直接。但是,应该注意到,人的概念思维与人的感知是有区别的,把概念思维等同于神经生理的状态和把感知等同于神经生理的状态,存在重要的差异。这不是说,原则上不可能把神经生理的状态定义为高度类似于常识映像的感觉。而是说,困难在于,描述物质的可感知性的特征,例如,颜色,似乎在可定义的神经态及其相互作用的领域内,是根本没有的,说物理学理

---

① 爱丁顿在《物理世界的本性》一书(根据他于1927年1月到3月在爱丁堡大学所做的讲座整理而成)中区分了两种桌子:一种是我们早已很熟悉的"普通的桌子",它具有外延性,占有空间,拥有颜色,是由物质构成的;另一种是量子力学产生之后才揭示的我们大家不熟悉的"科学的桌子",它不属于我们眼前所熟悉的世界,在大多数情况下是空虚的,我们不可能把它转换成旧的物质概念。但是,爱丁顿认为,在他写科学研究论文时,第二种桌子与第一种桌子一样,也是真实存在的。

论中的粒子带有颜色是没有意义的。那么,应该如何把常识的感知与它的神经生理学的对应物结合起来呢? 在这个问题上,我们面临着一种选择:是否承认有意识的感知能够与大脑的视皮层中的相似物一致起来。

塞拉斯认为,在这个问题上,二元论的选择并不是一个令人满意的解决方案。因为根据推测,感知是说明我们如何开始建构常识世界中的"表象"所必需的,或者说,感知是说明如何会存在有色物体所必需的。如果科学的映像本身有可能作为一个封闭的说明系统呈现出来,那么,这种说明将会是一个神经生理学的建构。常识映像中的表象只是一个被说明的对象,不能最终达到与神经生理过程的同质性。因此,我们面临着一种相矛盾的选择:要么,神经生理学的映像是不完备的,即必须补充拥有最终产生同质性的新对象,比如"感觉场";要么,神经生理学的映像是完备的,感觉特性的最终的同质性在时空世界中根本不存在的意义上只是一种"表象"。塞拉斯赞成后一种选择。在他看来,目前,科学的映像还很不完备,我们还没有揭示出自然界的所有秘密。如果有朝一日证明,被看成时空连续统中的奇点的粒子系统能从概念上分解成相互作用的粒子,我们就不会在神经生理学的层次上面临着理解感觉与粒子系统联系起来的问题。我们必须揭示出粒子映像的非粒子基础,并且意识到,在这种非粒子的映像中,感觉的性质是只有与复杂的物理过程相联系才能发生的自然过程的一个维度。

塞拉斯认为,即使上面的提议足以阐明科学的映像能够运用自己的术语重新创造出常识映像的感觉、映像和情感,但是,接受科学映像优先性的论点必须表明,如何把与人相关的范畴与科学所描述的人的观念协调起来,即必须重构与人相关的范畴。一方面,根据科学的映像重建与人相关的范畴,就像用亚原子物理学重构生物化学的基本概念一样,不会带来任何损失;另一方面,重建本身必须考虑到"自由意志"的问题。因为人既有自然属性,又有社会属性。即使对人的自然属性的描述可以超越常识的映像而最终统一于科学的映像,人的社会属性也为人定义了什么是"正确的"或"不正确的",什么是"对的"或"错的",什么是"应该做的"或"不应该做的",或者说,社会最基本的原理是为其组成成员的行为提供共同的意向性。因此,人的概念框架不需要还原为科学的映像,而是与科学的映像结合起来,这样,我们就能够把科学理论描述的世界与我们的目的直接联系起来,形成我们自己的世界,而不再是我们生活的世界的外在附属物。塞拉斯提出,尽管把科学的映像与我们的生活方式直接结合起来还只是一种想象,但是这种做法超越了认识论意义上关于人类的常识映像与科学映像的二元论。哲学研究正是应该向着把这两种既相互竞争又相补充的映像统一起来的方向发展。

## 意义与不足

从当代科学哲学的发展来看,塞拉斯所阐述的把常识的映像与科学的映像区分开来的观点至少具有两个方面的重要意义:

其一,塞拉斯立足于常识映像和科学映像的定义对整个哲学史的批判与反思是非常有新意的。如果说在 20 世纪之前传统哲学的大多数概念体系局限于常识映像的范围之内谈论问题,是由于近代自然科学的发展对日常经验的认识与把握所做出的修正,还没有带来深刻的认识论的冲突的话,那么 20 世纪以来,在当微观物理学的研究成果已经革命性地推动了人类文明进程的今天,如果仍然排斥新的认识论教益,局限于常识映像的经验范围,否定理论实体或科学映像的实在性,这种态度是值得商榷的,它只不过是反过来揭示了常识映像框架本身的不足和证明了现有哲学框架的陈旧。因此,当代的哲学研究既需要深入科学发展的前沿来重新阐述传统的哲学概念,更需要以科学研究成果为基础,特别是立足于当代理论物理学和神经科学等学科的前沿性认识,超越常识映像的经验关联层面,来阐述新的哲学体系。塞拉斯的研究显然在这个方面迈出了关键的一步。他试图把常识性认识与对世界的说明性理解之间的紧张状态,转化为有可能把两者有机结合起来的一个"立体的"映像。在这个"立体的"映像中,把语言和思想的意向性内容、感知与想象的感觉内容和行为与知识的规范性维度协调起来。或者说,他试图站在人文主义的立场上把人理解为自由与理性的行动者,并使这种理解与日益全面的自然科学描绘的图像的清醒认识达成一致性。这种思维方式对促进当代科学哲学的发展具有重要的启迪作用。

其二,塞拉斯立足于人类概念思维的起源所阐述的思想要素与世界要素之间的统一性观念,以及通过把科学看成一种不断接受批评的进化过程来阐述科学实在论的做法,在方法论意义上,具有非常重要的借鉴价值。塞拉斯虽然与休谟(David Hume)一样,也在逻辑和方法论的意义上预设了常识映像在实体意义上的先优性,但是,他最终通过科学映像对常识映像的超越来表明,我们应该尽可能从理论的高度来理解世界,以科学的思维来辨别直观经验中的假象,并揭示自然界的内在规律。正是在这个意义上,他认为,不承认和不讨论经验之外所存在的客观实在的任何一种经验主义的观点,是荒唐可笑的。这是因为,不仅经验概括需要通过某种理论来说明,而且这种说明并不是从理论结构中得出的一般推论,而是包含了更多的东西,说明一个对象意味着告诉人们这个对象是什么。我们接受一个理论提供的说明框架,也就相当于接受了由这个说明性理论所假定的理论实体。科学的假定方法的似真性正是建立在这种观念的基础之上的。因此,真正的客体是科学假定为是存在的那些客体。在这里,塞拉斯的论证不仅使哲学家的本体论承诺发生了转移,即从常识的客体转向科学所假定的那些客体,而且从过程论的视角,把对科学实在论的辩护问题变成与科学成之为科学相伴随的一个历史过程。从当代科学哲学的发展趋势来看,塞拉斯的这种哲学观和对问题的论证方式是超前的。

尽管如此,我们也注意到,塞拉斯对人类认识的常识映像与科学映像的定义与阐述也存在自身难以克服的困难和不彻底之处。

首先,塞拉斯的这篇文章与库恩(Thomas Kuhn)的重要著作《科学革命的结构》是同一年面世的,两者都看到了人类概念思维的社会特征。库恩运用范式概念,过分地强调了科学研究的社会特征,得出了否定科学进步的观点,特别是他对范式的不可通约性概念的阐述,有走向相对主义之嫌疑;而塞拉斯则只限于从人的概念思维的视角,强调常识映像中的人类判断标准的主体间性,而没有深入到科学活动的过程中对科学共同体的社会性,特别是,科学家接受新概念与新理论的社会性,做出进一步的阐述。他所定义的科学映像事实上还是立足于经典自然科学的思维方式,运用还原论和因果性的方法,接受整体论的观点,通过对逻辑经验主义的观察与理论二分法的批判,根据当代科学发展的内在趋势,凭借想象力建构出来的。显然,这种建构过程是经典与当代的融合。他把人类概念思维的社会的、伦理的和价值的维度留给常识映像,把认知与说明维度留给科学映像的做法,或者说,把"应该怎么样"的问题留给常识映像,把"是什么"的问题留给科学映像的做法,既忽略了科学家群体本身的社会性,也忽略了自然科学与社会科学交叉领域内的问题。因此,这种做法在一定程度上有可能会加深自然科学与社会科学之间的分离,甚至是科学主义与人文主义之间的分离。

其次,塞拉斯根据科学映像的优先性观点推论出科学实在论立场的做法,虽然使哲学家的本体论承诺发生了转移,但是,他对理论实体的本体论地位的论证方式,实际上是从批判逻辑经验主义者由于过分强调观察层次的绝对性而有可能陷入的理论家的困境,即使理论在原则上成为多余的,走向了另一个极端,主张在原则上放弃关于物质的观察框架,只留下理论框架,把理论的说明与辩护联系在一起。也就是说,他认为,只有在一个理论能够提供一种说明的条件下,我们才能说它得到了辩护。然而,这种推理方式无法解释曾经在科学史上起到过认知作用的假定实体,后来却被证明是不存在的科学案例。例如,在经典物理学的发展史上,"以太"作为一种假定的实体,曾经是麦克斯韦(James Clerk Maxwell)阐述的电磁场理论与牛顿力学协调起来的一种假定基础,根据塞拉斯的理论说明观,"以太"无疑在当时的物理学背景中起到了说明的作用,同时,它还激发了物理学家设计种种实验来寻找"以太"的动机,直到1905年爱因斯坦(Albert Einstein)的狭义相对论力学的建立,向人们阐述了"以太"不存在的一个新的力学体系,才使物理学中的场拥有了本体论地位,"以太"被证明是一种不存在的假定实体。这说明,塞拉斯单纯从说明的角度为理论实体的本体地位的辩护缺乏负反馈的纠错机制,因而是不全面的,也是没有说服力的。

(原载《洛阳师范学院学报》2010年第6期)

# 心智的生命观：从实用主义到预测心智

李恒威　浙江大学哲学系

## 一、引言：心智的生命观

遗传学家费奥多西·多布然斯基（Theodosius Dobzhansky）有一句名言：
"除非从演化的角度看，否则生物学中的一切都无法理解。"[①]我们想马上补充一
句："除非从生命——生命的存续、安康、繁荣、适应和演化——的角度看，否则心
智的本性、机能以及诸机能之间的关系就无法获得全面和恰当的理解。"我们将
这种理解心智的观点称为"心智的生命观"（view of mind from life）。如果将这
种观点贯彻在科学的实证研究中，那么它就是一种研究进路（approach）；如果将
这种观点扩大，使之成为实证科学遵循的信念、指引和纲领，那么它甚至会成为
一种研究心智的范式（paradigm）。

关于心智的生命观，我们在不同的地方做过一些表述：

> 心智的生命观本质上是一个关于心智的存在论，它内在地要确定一
> 个关于心智-物质关系的哲学立场。首先，这个立场是自然主义的；心智
> 是一个自然物质现象，更是一个生命现象，人们无法离开生命来谈心智，
> 说得更强一点，生命蕴含了心智，生命的起源也是心智的起源。其次，这

---

[①] 转引自 Christof Koch, *The Feeling of Life Itself: Why Consciousness is Widespread But Can't be Computed*. London: MIT Press, 2019, p. 119。

个立场排除了二元论，它是一种一元论，说得更确切一点，是两面一元论。①

要描述生命活动，即使是最简单生命的活动，我们也不可避免地需要一些属于心智范畴的概念，诸如评价、目的、价值反应（趋利和避害）等。"一个植物的反应能够显示出分辨力和目的性。我们甚至能够说，它们是该植物如何评价刺激的一种行为表达：雏菊欢迎阳光，含羞草躲避鹿的注意。"但另一方面，如果不从有机体与环境的互动出发，对心智的研究就很难超越前现代关于灵魂的观念，也无从超越近代实体二元论所基于的直观观念和由此造成的逻辑困境。因此可以说，唯有与现实生命活动联系起来，属于心智范畴的诸多概念才能被理解，心智才有一个自然主义的基础。我们将这一点称为"心智的生命观"。②

事实上心智的生命观蕴含了心智的环境观，因为生物体的生存始终处于与环境的互动中，必须从与环境互动的角度来理解生命的演化、神经系统的演化以及心智的演化。③

从生命的角度看，心智的知（认知）、情（情感）、意（意志）三者的统一性和整体性是自然的和易于理解的。因为，生命是一个本然的价值系统和情感系统，活着（staying alive）以及处于一个安康（well-being）的状态是生命的第一价值和第一目的，并因此是生命所展现的所有情感的源泉，它是生物演化中日益丰富的情感谱系（从简单的兴趣、情绪、感受、动机、驱力到复杂的欲望、伦理、审美等）的根基；生命的认知和意志系统因为共同服务于表现为情感的价值系统而构成一个彼此依赖的认知-行动循环。要在不确定的环境中生存和适应，生命机体的活动就不能仅仅停留在对环境的感知、表征和表征操作的认知阶段或层面，它必须通

---

① 李恒威. 意识：形而上学、第一人称方法和当代理论［M］. 杭州：浙江大学出版社，2019：171.
② 李恒威，王昊晟. 心智的生命观及其对人工智能奇点论的批判［J］. 哲学研究，2019（6）：75.
③ 李恒威. 意识：形而上学、第一人称方法和当代理论［M］. 杭州：浙江大学出版社，2019：171.

过引导或指导行动,并最终通过具身行动(embodied action)的物质因果力(material causal power)来应对环境提出的现实的、物质性的要求和挑战。对生活在自然-文化混合环境中的人类来说,整个生活(生命)不能仅仅停留在观念的阶段或层面①,要应对生活世界中各种现实的物质性力量的刺激、威胁或挑战,人类同样必须采取具身的行动和实践,当然这种具身的行动和实践不是"赤膊上阵",而是得到了思想和理论的观念武装和支持。②

心智的生命观所强调的这种关于认知与行动的循环统一性与实用主义传统的认识论相当契合,也与当前认知科学中的预测加工理论相当契合。因为这种契合,在认知科学中出现了一股"实用主义转向"(pragmatism turn)或"行动转向"(action turn)的潮流。鉴于上述观察和领悟,我们将开展这样一项研究:以心智的生命观为枢轴和纽带,探讨实用主义的认识论与生成认知(Enactive Cognition,缩写为EC)理论,特别是与新一代认知科学范式预测加工(Predictive Processing,缩写为PP)理论的相关性。在开始这一探讨之前,我们先简要地概述一个有关(认)知-行(动)关系在生命演化中的故事。

## 二、生命演化中的(认)知-行(动)关系

对于生命宏大的演化进程,我们可以将生命机体应对环境刺激的方式的演化进阶做一个粗略但不失精髓的划分。这个划分也是汉弗莱(Nicholas

---

① 我们所说的"观念阶段或层面"是指这样一种意义:例如,要满足饥饿,你必须吃几个物质性的现实的大饼,而在观念上或心智中想象地吃饼是无法充饥的。正如杜威所言,"除非进行种植和耕作,否则农夫不会获得粮食;将军将根据他的指挥方式而赢得或输掉一场战争;如此等等。粮食和耕作,战争结局和指挥战争,所有这些都不是'心理'事件"。参见约翰·杜威.杜威全集·晚期著作(1925—1953)第12卷(1938)[M].邵强进,张留华,高来源,等,译.上海:华东师范大学出版社,2015:79。

② 行文至此,我们要加一个关键的注释,即我们将心智表征、观念、思想、模型、理论都归在习惯上所说的认知范畴的一侧,而将与物质环境对接、互动并发挥物质效力的身体行为和实践归在习惯上所说的行动范畴的一侧。

Humphrey)讲述的演化故事。①

生命是一个空间上有界的物质整体，无论是小至变形虫这样的单细胞生物，还是大至蓝鲸这样的多细胞生物。机体的边界将自身的构成成分保存在里面，而将非机体的成分阻隔在外面，在边界的一边是"我"，另一边则是非我的环境。机体的边界形成了一个前沿，在这个前沿处，外界对生命施加影响，并且穿过它进行物质、能量和信息的交换。现在，让我们看看生命对外界施加的影响是如何做出反应的，以及在生物演化进程中，出现过什么样的应对策略、方案和模式。

### (一) 浑然一体的感觉-运动

让我们想象一只浮游在太古海洋中的单细胞的原始变形虫。环境会对它施加各种刺激和影响，比如，光线会照射在它身上，一些声波会冲击它，水流会挤压它，硬物会撞击它，热源会烧灼它，而微粒或微尘会黏附在它的表面。无疑，刺激和影响它的这些事物，一些是有益的，而另一些则是有害的。如果这只变形虫想生存下来，就必须演化出一种最基本的分类（categorize）能力，即区分和分辨对自身有害还是有益的事物的能力②，以及基于这种分类做出不同反应的能力③。

在演化早期，变形虫对刺激的反应发生在机体的局部，即在受到刺激的表面处有选择地做出反应：反应可能是该表面处的局部收缩，从而回避刺激物；或者，在该表面处形成凹囊，从而吞噬刺激物。④ 这时感觉器官与反应器官是一体的，感觉同时也是反应："至少一开始，动物既以相同的那一点皮肤识别刺激也以

---

① Nicholas Humphrey, *A History of the Mind: Evolution and the Birth of Consciousness*. New York: Springer Science & Business Media, 1999.
  Nicholas Humphrey, *Seeing Red: A Study in Consciousness*. Cambridge, Massachusetts: The Belknap Press of Harvard University Press, 2006.
  Nicholas Humphrey, *Soul Dust: The Magic of Consciousness*. Princeton, N J: Princeton University Press, 2011.
② 这种分类既蕴含认知成分，表明刺激是什么，也蕴含情感（即价值）成分，表明刺激是有益的还是有害的。
③ 这种反应既有"客观的"行为成分，因为行为是他者可观察的，也有"主观的"情感（即价值）成分，表明生物是趋利还是避害。
④ 在某种程度上，我可以将阿米巴虫对刺激物的吞噬看作皮亚杰（Jean Piaget）意义上的同化（assimilation）反应。

它对刺激做出反应——感觉上皮（sensory epithelium）也是反应上皮（responsive epithelium），并且感觉器官（如果它配得上'感官'这个名字）同时也是效应器官。"①可以说，这是一个感觉与反应还未分化和分离的阶段，即一个浑然一体的感觉-运动（sensori-motor）阶段，这时感觉就是反应，反应就是感觉，或者说认知就是行动，行动就是认知（见图1a）。同时，无论是感觉还是反应，都蕴含了服务于生命的生存这样根本的内在目的和价值，并受这个内在目的和价值的引导。感觉，是变形虫对发生的身体表面刺激所做出的一种个体的评价性反应——接受、拒绝或无动于衷。"当拥有感觉时，好像你既记录了刺激的事实，也表达了你个人对这个刺激的身体评价。"②

### （二）感觉-运动循环

为了适应更广泛的刺激和扩展其生态环境的广度，汉弗莱认为，生命演化的下一个阶段是，生物会演化出一种类似反射弧的东西，即先把刺激通过传入神经传到一个中央神经节或原脑（protobrain），然后通过传出神经传到效应器。③ 之后在进一步的演化中，位于身体表面的感觉区会分化，形成各种功能特异的感官（感受器），从而对刺激的分辨和分类更加专门化和精细化，同时反应器（效应器）也会出现相应的演化（图1b）。这样，更复杂、更多样的感觉-运动类型随之出现；代之以图1a中的一个刺激诱导一个局部反应。现在，在图1b的阶段，刺激机体某一个部位的信息会被转发到其他部位，并在那里产生反应，并且不同的刺激会引发截然不同的行动模式，这样一来，生命的反应就能更好地适应自己多样化的需求。可以看出，在这个阶段，对刺激的感觉与对刺激的反应之间开始出现延迟和分离，即认知与行动之间开始出现延迟和分离。表现在时间上的延迟就

① Nicholas Humphrey, *A History of the Mind: Evolution and the Birth of Consciousness*. New York: Springer Science & Business Media, 1999, p. 157.

② Nicholas Humphrey, *Soul Dust: The Magic of Consciousness*. Princeton, N J: Princeton University Press, 2011, p. 44.

③ 一个典型的反射弧包括感受器、传入神经、中间神经元、传出神经和效应器五个部分。其中，感受器为接受刺激的器官；传入神经为感觉神经元，是将感受器与中枢联系起来的通路；中间神经即神经中枢，包括脑和脊髓；传出神经为运动神经元，是将中枢与效应器联系起来的通路；效应器是产生效应的器官，如肌肉或腺体。

是，刺激要经中央神经节或原脑的调节再形成反应；表现在空间上的分离就是，机体受到刺激的部位与机体做出反应的部位不再是同一个部位。尽管感觉与刺激之间存在一定程度的时空上的延迟和分离，但就它们服务于生命的生存这个根本的内在目的和价值而言，它们通过一种循环的方式依然保持着统一性——现在最初浑然一体的感觉-运动演化为感觉-运动循环。在一般的意义上，这个循环也可以看成认知-行动循环。

 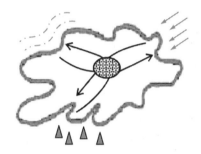

**图 1a　浑然一体的感觉-运动**

在生物演化的这个阶段，感觉与反应是一体的。

**图 1b　感觉-运动循环**

在生物演化的这个阶段，感觉与反应出现了时空上的延迟和分离，但它们仍然统一于感觉-运动循环的反射弧中。①

### （三）基于表征的行动

尽管出现了中央神经节或原脑，但经它们调节的感觉-运动循环仍然不过是一种纯粹生理反射弧。我们没有理由假定这种原脑能形成与现象学意义上的心智意象（mental image）或心智表征（mental representation）相对应的神经表征（neural representation）。②"我们确信我们遥远的祖先对刺激一直很敏感，在它

---

① Nicholas Humphrey, *Seeing Red: A Study in Consciousness*. Cambridge, Massachusetts: The Belknap Press of Harvard University Press, 2006, p. 85.

② 在达马西奥（Antonio Damasio）、汉弗莱等人看来，心智的出现是以表征能力为标志的，以神经科学的术语来说就是，有机体能对刺激形成神经表征。简言之，当动物首次具有使用、储存、回想和改进表征的能力时，它们就首次拥有了"心智"。心智的物质基质是神经组织，在高等有机体中，这些神经组织以中央神经系统或脑为中心。

们有任何可称为心智的能力之前,它们以纯粹反射的方式对环境刺激做出反应。"①面对复杂、快速变化的环境,即使生命具有丰富的反射弧,但相对于环境刺激的不确定程度来说,这种应对策略和反应模式仍然过于局限和缺乏灵活性②;面对环境压力,生命若要提高它的适应性和竞争力,就不得不发展出能更灵活地应对环境的不确定性挑战的方式。回顾生命演化的图景,我们可以合理地假定,反射弧之后的下一个阶段是,生命能对它做出反应的刺激形成某种内部图像(意象或表征),以便它可以基于这个内部图像进行认知规划和决策,并在内部形成预演的应对策略和方案。这种内部图像依现象学术语就是心智表征,而依神经科学术语就是相应的神经表征。"我们可以想象,随着这种动物的生活变得越来越复杂,当它对影响它的事物具有一种内部知识时,这将不可避免地给它带来一种优势,因为它可以基于这种内部知识形成复杂的规划和决策。它需要这种对身体表面的刺激形成心智表征的能力。"③

为什么这种基于表征的行动具有更强的适应性优势呢?一个根本原因在于表征能以指数增长的方式进行组合④,这就为基于灵活组合表征而形成灵活应对策略提供了一个一般性机制。人类的语言系统就是这种以有限来应对无限的机制的一个最好例证——基于有限文法规则的有限词汇可以生成数量无穷、语义无限的表达。

那么,在生物界如何产生这种心智表征(内部图像)或神经表征,以及如何基于表征形成灵活的应对策略呢?汉弗莱为这种机制的实现提供了一种说明。

(1) 关于刺激是什么的必不可少的信息已经编码在有机体做出恰当反应时

---

① Nicholas Humphrey, *Soul Dust: The Magic of Consciousness*. Princeton, N J: Princeton University Press, 2011, p. 44.

② 事实上,环境刺激的不确定程度可以说是无限的。因此,以有限数量的反射弧来应对无穷可能的新环境带来的无限数量的挑战就是一项不可能胜任的任务。

③ Nicholas Humphrey, *Seeing Red: A Study in Consciousness*. Cambridge, Massachusetts: The Belknap Press of Harvard University Press, 2006, p. 87.

④ 例如,两个表征 a 和 b 可以形成 $2^2 = 4$ 种组合 {a}、{b}、{a,b} 以及空集 ∅,三个表征 a,b 和 c 就可以形成 $2^3 = 8$ 种组合 {a}、{b}、{c}、{a,b}、{a,c}、{b,c}、{a,b,c} 以及空集 ∅,以此类推。表征形成的指数增长的组合空间为有机体基于表征形成灵活的行动策略提供了基础。

所发布的指令信号中。"当有机体对到达其身体表面的刺激做出某种反应，特别是当这些反应是专门针对特定的刺激及其重要性（significance）时，有机体所做的反应潜在地包含该刺激是什么以及它意味着什么的丰富信息。"①这些信息是有机体对刺激形成神经表征的基础。

（2）有机体想要发现刺激是什么（即刺激的神经表征）以及如何感受它（对刺激的评价），它只需监控自己如何对刺激做出反应就足够了。"这就好比，若想知道某个讲电话的人从电话里听到什么内容，有时你只需要听他怎样回答，甚至只需要观察他脸上的表情就足够了。"②一个实际的可能性是，有机体可以通过监测由脑发出的运动指令信号做到这一点，也许是通过一个"输出副本"（efference copy），即这些指令信号的一个副本，分流它的目的就是以供监测。

（3）伴随着生命演化，有机体越来越独立于它的即刻的现实环境，从而越来越不需要对所受的刺激予以直接的身体反应；另一方面，既然它赖以形成刺激的神经表征的方法就是监测那些指示身体反应的指令信号，因此完全停止做出身体反应是根本不行的，也就是说"不可能既消除这个反应又通达这个信息"③。要解决这个"矛盾"，一个简洁的解决方案就是，外显的身体反应被内化（internalized）了，或者依汉弗莱的另一个说法，被私有化（privatized）了。

（4）也就是说，对刺激做出的反应不再是实际发生的身体反应，而只要将原先实际的身体反应转换成在虚拟身体（virtual body）上不同部位的虚拟反应（virtual response）就可以实现。为此，所要求的一点就是，反应线路开始缩短。现在，这个线路无需到达身体表面，而是将目标集中在离输入感觉神经越来越近的点上，直到最终整个过程作为内部线路被限制在脑中。这就与在人类身上发生的情况类似，如今输出指令信号最远投射到的身体地图仅仅局限在前运动

---

① Nicholas Humphrey, *Soul Dust: The Magic of Consciousness*. Princeton, N J: Princeton University Press, 2011, p. 46.

② Nicholas Humphrey, *Seeing Red: A Study in Consciousness*. Cambridge, Massachusetts: The Belknap Press of Harvard University Press, 2006, p. 87.

③ Nicholas Humphrey, *Soul Dust: The Magic of Consciousness*. Princeton, N J: Princeton University Press, 2011, p. 48.

皮层上,这些输出指令信号与来自感觉器官的输入信号在感觉-前运动皮层相互作用,从而立刻在皮层区创造出一个自我缠绕的环(self-entangling loop)(见图2)。

在刺激的位置　　　　　　反应开始　　　　　　　反应"被内化"
出现局部反应　　　　指向输入感觉通道　　　或"私有化"在脑中

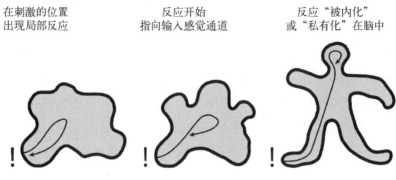

图2　感觉-反应逐渐内化在脑中

随着自我缠绕的环所造成的内化,环境、有机体以及二者之间的互动(即刺激、感觉和反应)都被建模在脑中,也就是说,脑建构了一个关于环境、有机体以及二者之间互动的内部模型。当有机体拥有这样一个内部模型,从感觉到反应就将由这个内部模型来介导,这时,对刺激的反应就可以是一个不涉及实际身体的而不过是一个表达在内部模型中的虚拟的反应。[1]

(5)随着内部模型建立起虚拟环境、虚拟身体和虚拟反应,现如今,当你感觉到刺激时,你可能仍旧会做出实际的身体反应;但你也会经常"不露声色",尽管你内心可能经"翻江倒海"——你的反应已经变成发生在虚拟身体层面上的虚拟表达[2],这个虚拟的身体就隐藏在你实际的头颅中。

我们现在来总结一下,生命演化到这一步所造成的结果。首先,有机体应对

---

[1]　Nicholas Humphrey, *Seeing Red: A Study in Consciousness*. Cambridge, Massachusetts: The Belknap Press of Harvard University Press, 2006, p. 95.

[2]　在这个阶段,有机体还会继续发出指令信号,就像它们真的会贯穿在身体行为中,并在身体的正确位置引发恰当的反应一样。然而,由于这些外显身体反应不再需要了,因此这些指令遂变成是虚拟的或拟似的(as-if)指令,尽管这些指令仍然保留原来的意向和索引的属性,但没有任何实际的效果。参见 Nicholas Humphrey, *Seeing Red: A Study in Consciousness*. Cambridge, Massachusetts: The Belknap Press of Harvard University Press, 2006, p. 94。

环境刺激的感觉-运动策略被内化了，出现了以虚拟的内部模型或以虚拟的表征操作为形式的智力，在人类社会，这表现为高度发达的符号思维以及逻辑思维形式的智力。现在，面对环境刺激，有机体采取的应对不仅超越了认知-行动浑然一体的"局部感觉-局部反应"的方案，也超越认知-行动存在时空延迟和分离的"反射弧"的方案，它开始采取一种经表征（即内部模型）介导行动的方案。这个方案的巨大演化优势在于，对于环境刺激，有机体在付诸实际的物质性身体反应之前，可以通过内部模型给自己创造一个"深思熟虑"的"空间"，从而为优化应对策略提供尽可能多的选项和可能性。事实上，这种基于表征的优化应对策略的能力，就是人们习惯上所称的"智力"。

其次，这种应对策略的内化和虚拟化造成认知与行动的延迟与分离进一步加剧，这种加剧不仅是量变的积累，甚至可以说是质变的。至此，在生物界，表征和内部模型——也就是心智活动（mental activity）——变得越来越重要；在人类社会，内部模型自身的活动——事实上，就是有意识的言语思想，或詹姆士所说的"思想流"——在人类生活中的地位、重要性和占据的时间更是达到无以复加的程度，尤其是在当今的数字时代，人类越来越多的时间被思想所构建的虚拟的、数字化的观念世界所占据。在某种程度上，这造成一种错误的观点，即认为知觉、心智意象、思想这类观念范畴是独立自足的，是一个独立自足的世界，从而将认知与行动割裂开来，并过度关注和强调观念性的认知。

我们在这篇文章中要做的核心工作就是，重新确定认知与行动在服务于生命的存续、安康、繁荣和适应中的循环统一性，尤其是在人类这种具有高度发达的观念能力的生物中。在近代哲学史上，实用主义是从生命出发恢复这种统一性的最显著的哲学派别。也正因为如此，在当代从认知与行动服务于生命的循环统一性的角度来理解和研究认知的进路被称为认知科学中的"实用主义转向"。

### 三、实用主义：认识论与生命

作为一个诞生于19世纪70年代的美国本土哲学运动，实用主义是以改造西方传统哲学的某些重要的方面而出现在哲学历史舞台上的。在认识论上,实用主义拒绝近代自笛卡尔以来以感知经验、知觉、思想等观念性范畴为中心和出发点的认识论传统,反对这种传统认识论孤立地看待思想并由此对思想和理智过度推崇。与传统哲学认识论不同,实用主义从生命以及生命的存续、安康、繁荣和适应出发,认为感知、思想、理智和知识等观念性成分和过程只是生命活动的一个环节,是工具性的,它们唯有通过行动和介导行动才能最终达成服务于生命的功能,才能最终兑现其作为工具的价值;而另一方面,行动唯有借助感知、思想、理智和知识才能使生命形成富有智能的、灵活的应对环境不确定危机和挑战的策略。因此,实用主义发展了一种从生命出发、关注行动和实践以及强调认知与行动统一的认识论和哲学。

### (一)实用主义之根本

皮尔士(Charles Sanders Peirce)是实用主义的创立者,他提出了最初作为方法的实用主义——实用主义是一种确定观念之意义的方法。1878 年,在《如何使我们的观念清楚明白》一文中,皮尔士将观念的意义同它的实际效果联系在一起,从而阐明了"实用主义准则"的基本含义:考虑一下我们认为我们概念的对象具有一些什么样的效果,这些效果具有一些可以想象的实际意义。这样一来,我们关于这些效果的概念就是我们关于这个对象的概念的全部。[1] 一个概念,即一个词或其他表达式的理性意义,完全在于它对生活行为产生一种可以想象的影响。[2] 它(即实用主义准则)规定,在哲学、宗教和其他学科里所用的任何概念,除了指我们所能想到的那个概念所具有的实际效果的整体以外,什么也不是。实际效果指的是,影响将来的理性或思考行为的经验效应。[3] 皮尔士认为,离开一个概念的可感觉的实际效果,就不可能理解这个概念,而对一个儿童来说,也就不可能习得这个概念。

詹姆士是古典实用主义的另一个中坚人物。他很自然地将实用主义引申到

---

[1]　皮尔斯.皮尔斯文选[C]. 涂纪亮,周兆平,译. 北京:社会科学文献出版社,2006:95.
[2]　皮尔斯.皮尔斯文选[C]. 涂纪亮,周兆平,译. 北京:社会科学文献出版社,2006:4.
[3]　科尼利斯·瓦尔. 皮尔士[M]. 郝长墀,译. 北京:中华书局,2003:45.

对真理的研究上——"实用主义的范围是这样的：第一，是一种方法；第二，是一种真理的发生论"①，提出了一个如何判定观念为真的实用主义的真理观。詹姆士的实用主义的真理观也是人本主义的②，也就是说真理深深地嵌在生命活动的世界中，而不是那种他所批判的理性主义者所信奉的超越一切生命经验的、与生命经验无关的、抽象的、静态的、决定性的、完满的、自在的观念体系。知识和真理不是孤立自足、孤芳自赏的东西，而是关涉到生命得以维持的活动和行动，对生命来说，知识和真理是手段和工具：拥有真理在这里根本不是什么自在的目的，而只是进而求得其他生活上满足的一个先决的手段。③ 拥有真的思想，无论在哪里总是意味着拥有极其宝贵的行动工具。④ 一个观念的真理性并不是这个观念所固有的静止的属性。真理性是一个观念所碰到的。观念变成了真的，是事件使它为真的。它的真实性实际上是一个事件，一个过程：也就是它证实自身的过程，它的证实活动。它的有效性就是使之生效的活动过程。⑤ 正如杜威评论的，"我认为，詹姆士整个哲学的核心观点是：观念的价值不在于它们的

---

① 威廉·詹姆士. 实用主义：一些旧思想方法的新名称[M]. 李步楼，译. 北京：商务印书馆，2017：39.

② 实用主义也是人本主义的，这一点詹姆士在《实用主义：一些旧思想方法的新名称》的第七讲《实用主义与人本主义》中做了专门的阐说。(参见威廉·詹姆士. 实用主义：一些旧思想方法的新名称[M]. 李步楼，译. 北京：商务印书馆，2017：134 - 153)在这里概括地说一下我们的表达：真理(真的知识)，或者更一般地说，知识，总是并且必然是与人相关的；因为知识的发生是这样的：知识是在主体与客体相互作用时，在主体内形成的对客体的表征；而主体形成客体表征的目的在于服务主体，因为主体本然是一个价值、目的和意义性的存在，离开了价值、目的、意义这样的概念，主体也就无法理解了；任何相互作用都是一种触动、影响，并且必然会带来改变——无论多么微小，因此，人类无法不经过这个相互作用而先验地知道事物不受这种相互作用影响的本然的样子。正因为如此，并没有认识论意义上的事物的本然的样子，所有知识——无论是意见，还是真理或谬误——都隐含了人类本性和人类形象于其中，而这就是人本主义的根本所在。

③ 威廉·詹姆士. 实用主义：一些旧思想方法的新名称[M]. 李步楼，译. 北京：商务印书馆，2017：113.

④ 威廉·詹姆士. 实用主义：一些旧思想方法的新名称[M]. 李步楼，译. 北京：商务印书馆，2017：113.

⑤ 威廉·詹姆士. 实用主义：一些旧思想方法的新名称[M]. 李步楼，译. 北京：商务印书馆，2017：112.

起源,而在于它们被用来引导新观察和新实验时产生什么结果"①。

古典实用主义到杜威这里发展到了顶峰,他也成为古典实用主义的集大成者。杜威对近代认识论的种种问题,特别是对衍生出这些问题的"背后的主张"进行了深入分析和批判。"现在难道不是哲学家从试图对(认识论)问题的不同回答进行比较,转向对这些问题背后的主张进行思考的时候吗?"②他发现,离开了生命,孤立地谈论感觉、知觉、思维、理性和知识是传统认识论出现各种"古怪的智力问题""谜团"和困境(诸如怀疑论)的根源。③ 杜威认为哲学的源泉和本质都来自"人的问题"④,或者更一般地,生命问题。杜威深受达尔文主义的影响,他将"生命"概念放置于哲学的核心地位。人不是孤离在环境和世界之外的看客,而是生活在不确定环境中的生物,人生活在危险的世界之中,便不得不寻求安全⑤,为此,人就必须采取足以消除危险的行动。哪里有生命,哪里就有行为与活动。为了生命延续,活动就必须既是连续的又是与其环境相适应的。而且,这个适应的调节不是全然被动的;不是有机体受环境的塑造。即使是蛤蜊,也会对环境有所反应,并加以某种程度的改变。它选择原料作为食物,或作护身贝壳。它对环境有所为,对自身也有所为。没有哪个生物只一味地顺从环境,尽管寄生物接近于这个界限。为维持生命着想,就需要改变周围媒介中若干的要

---

① 约翰·杜威. 杜威全集·晚期著作(1925—1953)第 11 卷(1935—1937)[M]. 朱志方,熊文娴,潘磊,喻郭飞,李楠,译. 上海:华东师范大学出版社,2015:61.

② 约翰·杜威. 杜威全集·中期著作(1899—1924)第 10 卷(1916—1917)[M]. 王成兵,林建武,译. 上海:华东师范大学出版社,2012:19.

③ 例如,罗伯特·塔利斯(Robert Tallis)写道:"虽然传统经验论者的研究从'日常事件'的世界开始,但是它迅速变成了一种逃离世界的方式,一种孤立的智力训练,最终得出了知识不存在以及他们开始研究的世界不存在的结论。"参见罗伯特·塔利斯. 杜威[M]. 彭国华,译. 北京:中华书局,2016:64。

④ "当哲学不再成为处理哲学家提出的问题的工具,而成为一种由哲学家为解决人的问题而培养出来的方法时,哲学才实现了自身的复兴。"参见约翰·杜威. 杜威全集·中期著作(1899—1924)第 12 卷(1920)[M]. 刘华初,马荣,郑国玉,译. 上海:华东师范大学出版社,2012:35。

⑤ 约翰·杜威. 杜威全集·晚期著作(1925—1953)第 4 卷(1929)[M]. 傅统先,译,童世骏,译校. 上海:华东师范大学出版社,2015:3.

素。生命形式越高,对环境的主动改造就越重要。① 杜威坚持认为,哲学就产生于生命对其所面临的不确定处境的回应。因此,相比于皮尔士和詹姆士,杜威的实用主义与生命的关联要更加直接、紧密和全面;而他对哲学和认识论(尤其是经验概念和知识概念)的改造或重构都源于他对生存于不确定环境中的生命的强有力洞见。

### (二) 反对旁观者式的认识论和对经验概念的改造

杜威批评传统认识论(无论是理性主义者,还是经验主义者)是一种"旁观者式的认识论"。传统认识论一开始就假定主体或认识者处在一个旁观者的位置,他超然地观看和观察一个与之对立和分离的世界,发现其中的事实,形成关于它们的观念性判断,以至理论,但从不介入其中对它们采取行动和实践。传统认识论预设:观念本质是内在的、心性的(mental),而行为、行动和实践如世界中的事实一样是外在的、物性的(physical);世界是既定的(given)、固定的、完备的实在,它孤立地凌驾于任何认识活动之上,不会受到认识活动的影响而发生任何改变和变化。传统认识论的这些预设(或"背后的主张")在主体上产生了心智与身体的分离和分裂,在世界上产生了内部感觉世界(经验)与外部对象世界(自然)的分离和分裂,在认识过程上产生了感觉经验与理性的分离和分裂。二元论以及二元性成为近代哲学根深蒂固的特征。杜威对传统哲学的批判和改造的一个根本结果是连续性和统一性的思想。在杜威看来,世界是一元的,经验与自然是连续的,生命与环境是统一的②;感知与理性是连续的,认知与行动是统一的。如果说二元性是造成近代哲学各种理论死结的根源,那么连续性和统一性就是解开这些死结的关键。"把自然与经验彼此分裂孤立开来,这就使得思想、知识的效用和目的性行动的效用与身体之间的这个不可否认的联系成为一个不能解

① 约翰·杜威. 杜威全集·中期著作(1899—1924)第 12 卷(1920)[M]. 刘华初,马荣,郑国玉,译. 上海：华东师范大学出版社,2012：101.
② 例如,杜威说:"生命之历程乃由环境与有机体一同参与,因为它们是一个综合整体。"参见约翰·杜威. 杜威全集·晚期著作(1925—1953)第 12 卷(1938)[M]. 邵强进,张留华,高来源,等,译. 上海：华东师范大学出版社,2015：20。

决的难题了。我们指出,恢复两者之间的连续性就消除了这个心-身问题。……
自然与经验的连续性解决了许多问题,而当我们忽视这种连续性时,这些问题就
只能变得更加繁难。"①

与旁观者式的认识论的出发点——无论是经验主义的感觉经验,还是理性
主义的理性——是内在的、心性的观念或表征不同,实用主义认识论的出发点是
生命。以生命为枢轴,杜威对传统认识论中的经验概念、理性概念以及二者之间
的关系做了一番彻底的改造,提出了"新经验概念和新型经验主义"②。在《哲学
复兴的需要》(*The Need for a Recovery of Philosophy*)这篇文章中,杜威讨论了
传统认识论的经验观与他改造后的经验观之间的主要差异。在正统的观点中,
经验有五点内涵:第一,经验被认为是有关知识的事情(knowledge-affair);第
二,经验是一种内在的、心性的事物,即心理的事物;第三,经验是对既定事物
(the given)的关注、记录和表征;第四,经验是离散的、个别的,由一个个原子式
的感觉构成;第五,经验与思想和理性是对立的。尽管杜威也是经验主义者,但
在他的新型经验主义或彻底的经验主义(radical empiricism)中,经验被赋予了
与上述五点对应的被改造过的或全新的内涵:第一,经验首先是一种生命现象,
一种"生命体与其物理和社会环境之间交往的事情(affair of the intercourse)"③,
一种解决生命问题的行动和做(doing)的事情④,一种生命体维持自身的中介,
而不是一种内在的、观念性的认识现象;第二,经验并非首先是心理的,而是对

---

① 约翰·杜威. 杜威全集·晚期著作(1925—1953)第 1 卷(1925)[M]. 傅统先,郑国
玉,刘华初,译. 上海:华东师范大学出版社,2015:7.
② 约翰·杜威. 杜威全集·晚期著作(1925—1953)第 11 卷(1935—1937)[M]. 朱志
方,熊文娴,潘磊,喻郭飞,李楠,译. 上海:华东师范大学出版社,2015:61.
③ "在利用环境以求适应的过程中,有机体与环境之间所起的相互作用[才]是首要的
事实、基本的范畴。"参见约翰·杜威. 杜威全集·晚期著作(1925—1953)第 12 卷
(1938)[M]. 邵强进,张留华,高来源,等,译. 上海:华东师范大学出版社,2015:102。
④ "经验变成首先是做(doing)的事情。有机体决不呆在那儿,像米考伯一样等着什么
事情发生。它并不是被动、无生气地等待外界有什么东西给它打上印记。生物体按
照自己或繁或简的机体构造作用于环境。作为结果,环境中所产生的变化又反作用
于这个有机体及其活动。这个生物经历、感受它自己行为的结果。这个做(doing)
与经受(suffering)或经历(undergoing)的密切关系,就形成了我们所谓的经验。"参
见约翰·杜威. 杜威全集·晚期著作(1925—1953)第 12 卷(1938)[M]. 邵强进,张
留华,高来源,等,译. 上海:华东师范大学出版社,2015:102。

（与环境）互动和（对刺激）反应的经历（undergoing）和经受（sufferings）；第三，经验与其说是对既定事物的被动反应或表征，不如说是一种改变既定事物的积极的、实验性的（experimental）行动和努力，而面向未来的筹划和规划是它的显著特征；第四，经验并不是一堆"与联系（connexions）和连续性"不相干的混乱而孤立的殊项（particulars），而是"在自身内就含有联系和组织的原则"①，而不是如休谟所言的那种在思维中形成的习惯性联想；第五，经验并非不包含推理的一系列无关联的心智意象，思维也并非一种超越经验的抽象的逻辑推理，相反，思维和理性是一种特殊的经验活动，它规划生命的未来和对行动进行组织。概言之，传统理论将经验视为呈现环境状况的被动的观念性活动，而杜威的彻底经验论则从生命维持自身的活动的角度来看待经验，这样经验与自然就是连续的，而不是对立的。

### （三）探究的模式

"成功和失败是生命的首要'范畴'；趋利避害是生命的首要兴趣；希望和忧虑（这些不是感受的自我封闭状态，而是欢迎和谨慎的积极态度）是经验的显著品质。"②为了趋利避害，为了存续和繁荣，生命首先关心的不是对环境进行超然的静观、再现（表征）和沉思，不是知识，相反，它的首要任务是如何采取有效的行动策略来应对不确定环境造成的问题、挑战、危险和困境，从而解决它们，摆脱它们，逃离它们，或忍受它们。因此，杜威将它的认识论看作一种关于"探究"（inquiry）的理论。面对不确定情境带来的问题和挑战，生命通过改变现有情境来解决问题的整个活动过程就是探究。正如我们在第二节中所讲述的，在人类生活中，基于表征的行动是占支配地位的探究方式，它不是排斥前两个探究阶段（即"浑然一体的感觉-运动阶段"和"感觉-运动循环阶段"），而是在演化中包容前两者。事实上，杜威的探究理论所揭示的正是这种基于表征的行动的策略，这

---

① 约翰·杜威. 杜威全集·晚期著作（1925—1953）第12卷（1938）[M]. 邵强进，张留华，高来源，等，译. 上海：华东师范大学出版社，2015：104.
② 约翰·杜威. 杜威全集·中期著作（1899—1924）第10卷（1916—1917）[M]. 王成兵，林建武，译. 上海：华东师范大学出版社，2012：9.

也是生物界高级智能的本质。就此而言,杜威关于认知-行动统一的探究理论与当代预测加工理论所描述的认知-行动关系是一致的。为了与下一节,特别是与本文的主旨呼应,我们简单地介绍一下杜威对探究模式的阐述。

在《逻辑:探究的理论》中,杜威对探究的定义是:"探究就是将一种不确定情境受控或有方向地转变为一个其构成的区别(distinctions)和关系变得如此确定情境,使得原初情境的各要素转变为统一的整体。"①杜威在《民主与教育》的"经验与思维"一节中将探究活动的一般模式分解为五个步骤:(1)不确定的情境给生命带来"困惑、混乱和怀疑";(2)推测产生困惑、混乱和怀疑的原因;(3)在想象中推演消除困惑、混乱和怀疑的方案;(4)提出解决问题的假说,"使这个假说由于与范围更广的事实相一致而更准确、更融贯";(5)将所提出的假说视为一种可以应用于现存事态的行动方案,采取行动以实现预期的结果,从而检验这个假说。②

## 四、预测加工、行动与生命

以生命为出发点,实用主义认识论可以产生这样几个结论:(1)知识③——换言之,表征或模型——是工具性的④;(2)表征(或观念)本身不是独立自足的,

---

① 约翰·杜威. 杜威全集·晚期著作(1925—1953)第 12 卷(1938)[M]. 邵强进,张留华,高来源,等,译. 上海:华东师范大学出版社,2015:77.

② 约翰·杜威. 杜威全集·中期著作(1899—1924)第 9 卷(1916)[M]. 俞金吾,孔慧,译. 上海:华东师范大学出版社,2012:125.

③ 在这里稍微界定一下我们所谓的"知识"。知识分为三个层次,第一个层次是观念;第二个层次是命题,它是一个由若干观念有机构成的体系;第三个层次是理论,它是一个由若干命题有机构成的体系。从分析的角度来看,知识的基本单元是观念。换一个说法,观念就是表征。不论哪个层次,一个表征也可以说是在生命主体那里形成的一个关于某一实在事物的模型。

④ "概念、学说和思想体系……是工具,与所有工具一样,其价值不在于它们本身,而在于在使用它们之后所产生的结果中体现出来的工作能力。"参见约翰·杜威. 杜威全集·晚期著作(1925—1953)第 12 卷(1938)[M]. 邵强进,张留华,高来源,等,译. 上海:华东师范大学出版社,2015:109.

它的意义在于其在服务生命的活动中通过行动所产生的实际效果；（3）在服务于生命这个根本目的时，感觉与运动、认知与行动形成了一个不可分割的统一的整体。事实上，实用主义这种富有强烈生命色彩、强调认知与行动统一的认识论在当代认知科学中既有印证者，也不乏有力的回应乃至全面的深化者。

### （一）生成认知

最初由瓦雷拉（Francisco J. Varela）等人发展的生成认知进路就是一个印证实用主义认识论的典范。瓦雷拉等人认为，在传统认识论中有两个极端，一个是实在论的客观主义，一个是观念论的主观主义。前者认为，认知就是对世界既定（given）属性的再现（re-presentation）；后者认为，认知就是主体的既有观念（idea）向外的投射。瓦雷拉等人认为，这两个极端有一个共同点，就是将表征视为认知的核心。与认知的表征主义不同，生成进路特别强调行动以及认知与行动在生命活动中的统一，强调生命通过认知-行动循环与世界持续互动。我们认为，生成进路有三个重点：（1）认知存在于由认知引导的行动，认知本质上是一种具身行动（embodied action）；（2）认知结构产生于反复出现的认知-行动循环，正是这个认知-行动循环促成了由认知引导的行动；（3）认知与行动在生命活动中是一个无法分割的统一体，它们各自的独立性是分析抽象的结果，始终是相对的。①

### （二）预测加工概要

预测加工理论是近十年来强势兴起的一个认知研究范式，它与当代认知科学中的"实用主义转向"或"行动转向"紧紧交织在一起。预测加工理论试图将人类（或者一般来说高等生物）应对和解决各类问题、流畅而高效地适应环境的方式——或者简言之，智能②——概括为一个统一的一般机制。这个机制的核心

---

① F.瓦雷拉，E.汤普森，E.罗施. 具身心智：认知科学和人类经验［M］. 李恒威，李恒熙，王球，等，译. 杭州：浙江大学出版社，2010：139.

② 我们对"智能"的一个简单定义是：智能就是生命应对和解决其在生活环境中面临的各类问题的能力。

是一个简单而有效的策略：在生命与环境互动之时，生命会根据其之前习得的有关"环境中的事物是什么、对之采取反应(或行动)的方式是什么以及经历该反应(或行动)方式时的感受是什么"的模型，对即将出现的整个状况进行永不停息的预测：如果预测状况与实际状况符合或匹配，那么生命与环境的互动就会顺利进行下去，这时环境回应和满足了生命的需求和需要；如果预测状况与实际状况不符，就会产生"预测误差"(prediction errors)①，为了消除预测误差或使之最小化②，生命必须采取行动以改变整个状况的某个方面，或者修正自身已有的模型，从而消除预测误差，重建与环境的顺利互动。

我们举两例子，一个来自杜威，一个来自霍金斯(Jeff Hawkins)，来展示一下预测加工机制实际是如何运作的。杜威的例子是，假定你是一个做记录的记录员③。你在书写顺利和流畅的时候，感觉不到铅笔在纸上或你手上的压力，与之相伴的是自动地、无意识地进行的书写动作④；如果笔尖断了或太钝了，书写的习惯动作就不能顺利和流畅进行，这时你会有一种感觉异常——你的手突然抖动了，或者你写起来比较吃力，通常，这个感觉异常会刺激你采取行动——或者削尖铅笔，或者换一支铅笔。就这个例子来说，你对流畅书写的整个状况会有一个模型，这个模型包括支撑书写活动的诸要件——椅子、桌子、记录本、铅笔等，以及你自己——之间关系图式的模型，你的握笔方式和握笔力度的模型以及你对流畅书写时铅笔在纸上或手上的压力的感觉的模型。模型正常运行时的一切都是你熟悉和习惯的，它们自动地、无意识地运行，你不会自寻烦恼地去操心它。现在，当正常状况中断或出现阻滞，你感觉到异常，也就是出现了预测误差，这个异常或预测误差刺激你采取行动，进行误差控制，重建与环境的顺利互动。在预测加工理论中，已建立的模型(或者知识)只具有假设和暂行的(hypothetical and tentative)地位，它不是一个独立自足的终点，而是生命采取行动策略的基础。正如杜威所言，"作为中断，它们提出这样的一些问题：这个冲

---

① 事实上，"预测误差"表示生命在与环境互动时出现了问题。
② 消除预测误差，表示要解决生命遇到的问题。
③ 约翰·杜威. 杜威全集·晚期著作(1925—1953)第 12 卷(1938)[M]. 邵强进，张留华，高来源，等，译. 上海：华东师范大学出版社，2015：103.
④ 杜威已经提出，这个预先形成的关联是一个反映在神经系统中的习惯。

击是什么意思？发生了什么？怎么了？我与环境的关系如何受到干扰？对此应该做什么？我要怎样改变行动的进程去适应环境所起的变化？我该如何调节自己的行为去应对？因此，感觉就如同感觉论者所主张的那样，是知识的开端，但这只是在如此意义上来说的，即经验到的变化冲击对于那最终会产生知识的考察和比较是一个必要的刺激"①。

霍金斯在 *On Intelligence* ②一书中设计了这样一个思想实验，他称之为"被改变的门"。实验是这样的：

> 每天你回到家时，都会用几秒钟的时间穿过大门。你伸出手，转动门把手，走进去，然后关上门。这已成为固定的习惯。你经常做，而且很少注意它。假设在你外出时，我溜进你的家，对你家的大门做了一些手脚，比如把门把手向旁边移动几厘米，将球形把手换成指按门闩，或是将黄铜把手换成镀铬把手。我也可以扩大或缩小门框，改变它的颜色，在猫眼的位置安上一个门环，或是加上个窗户。我可以想出上千种你所不知道的变化。当你回到家，准备开门时，会很快觉察到有些异常。你可能需要几秒钟才能反应过来到底发生了什么，但你能立刻认识到某种变化。伸出手转动把手时，你会认识到它不在原来的位置，看到门上新开的窗户时，你会觉得怪怪的；如果改变了门的重量，你会觉得使错了劲，感到很惊讶。总之，你会在极短的时间内注意到这上千种变化中的任何一种。③

你是如何在极短的时间内注意到这上千种变化中的任何一种的呢？如果你在与环境事物互动时，每次都是现场地获取事物是什么的各种信息，诸如门的类型、宽度、质地、颜色、门锁的位置、门把手的形状，那么每次你确定的都将是一个全新的、独一无二的东西，你就不会在互动时有任何感觉差异或异常；你之所以

---

① 约翰·杜威. 杜威全集·晚期著作（1925—1953）第 12 卷（1938）[M]. 邵强进，张留华，高来源，等，译. 上海：华东师范大学出版社，2015：103.

② 中译名为《人工智能的未来》。

③ 杰夫·霍金斯，桑德拉·布拉克斯莉. 人工智能的未来[M]. 贺俊杰，李若子，杨倩，译. 西安：陕西科学技术出版社，2006：87.

会在极短的时间内注意到变化或异常,是因为你遇到的并不是一个全新的、独一无二的东西,而是某个你多少已经熟悉或习惯的东西,也就是说,在你的记忆中已经有一个关于你与之互动的事物是什么的模型,一个对比和参照的样板。从认知神经科学的角度来说,所谓的预测,就是指参与感觉被改变的门的神经元在确实收到感觉输入之前就已经活跃起来,在感觉输入信号实际到达之后,会与活跃的神经元所代表的预测信号进行对比,当你走近门时,大脑皮层会根据已习得的模型形成大量预测信号。当你伸出手时,它会预测你的手指将会感觉到什么,什么时候你会接触到门;当真正接触到门时,你的关节会是什么角度;当你推开门时,大脑皮层会预测门的阻力会有多大,门会发出什么样的响声。当所有的预测部分与实际相符合时,你已经走进门了,根本意识不到这些核验预测信息的过程。然而,其中对门的某一项的预测一旦被破坏,这个差异就会引起你的注意,使你产生疑惑和警觉。如果是门把手转不动了,那么假如你还想进门,就必须采取行动,找到消除这个"中断"的解决办法。另外,如果有一天,你家的门改成全智能门,那么在这个过程中,你会逐渐修正乃至更新你关于门的模型。我们可以用图3形象地展示预测加工机制。

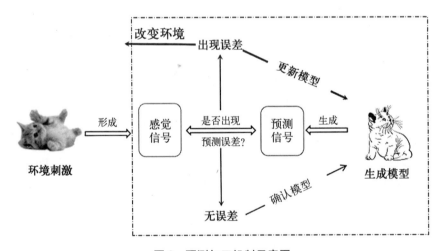

**图 3 预测加工机制示意图**

在预测加工理论中,模型的一个基本功能就是生成预测,因此,模型也称为"生成模型"(generative model)。预测加工理论认为,脑是一种预测机器:生物体不断地尝试将作用于机体的自下而上的感觉信号与脑内已习得的环境模型主动生成的自上而下的预测信号进行匹配，它既通过这两者之间的相互作用以形成知觉，同时也基于这两者之间的匹配（无预测误差）或失配（出现预测误差）来采取可能的行动策略——当无预测误差（匹配），模型得到确认；当出现预测误差，生物体要么通过改变环境来消除预测误差，要么通过修正和更新已有的模型来消除预测误差。

认知者的本质不是遗世独立的心智，而是处于环境之中并通过环境而得以生存的生命。我们要再次强调，预测加工与实用主义认识论的一致性在于，它不是一个狭义的认知理论，而是一个关于认知与行动如何结合最终服务于生命的理论。正如克拉克（Andy Clark）反复申说的，预测误差的基本功能与其说是帮助生命更新其关于世界状况的知识，不如说是引导生命与现实世界实现流畅的互动，因此，不能将预测加工单纯地理解为将证据（感知输入）、先验知识（产生预测的生成模型）以及对不确定性的评估（通过调整预测误差的精度权值）结合起来，产生一个关于世界状况的多尺度最佳猜测。① 这种理解是片面的，它遗忘了建立模型本身并不是生命活动的终点，而是预测现实的全部意义在于选择和控制恰当的行动以便介入它在其中遭遇问题的世界。在最基本的层面，基于模型预测的整个加工体系唯一的存在意义便是通过行动帮助生命实现其存续、安康、繁荣和适应的目标。

## 五、结语

一旦开始从生命的角度来思考心智，就会产生一些完全不同的见解，"哲学上的某些重要意蕴就随之产生了"。我们不妨再梳理一下杜威所言的若干哲学上的重要意蕴：（1）存续、安康、繁荣和适应是生命的首要追求和目的，因此，在利用环境以求存续、安康、繁荣和适应的过程中，生命在与环境互动时采取的具

① 安迪·克拉克. 预测算法：具身智能如何应对不确定性[M]. 刘林澍，译. 北京：机械工业出版社，2020：285.

身行动是"首要的事实、基本的范畴";(2)相对于生命的首要追求,观念性的知识处于从属的地位,它在起源上是次生,在演化上是后来的,正如"基于表征的行动"中的表征在演化故事中是第三个出场的,即便它一旦出场就展现出无与伦比的演化优势和重要性;(3)感觉不仅仅是认知的和理智的,也是情绪的和实践的,因为对生命来说,来自感官的感觉不只是关于其所生活的环境中的无足轻重的事物的一些无关紧要的信息,而是引发生命采取适当行动的诱因和指导因素。[①]

如果生命的心智观是研究心智的一个恰当的指导性观念,那么认知科学中的实用主义转向或行动转向就有其合理性和必然性,它就必然会反映在当代预测加工的实际的科学研究工作中,而我们看到这个趋势越来越显著——"脑不是为理性或精确感知而演化的。所有脑都要完成一个相同的首要任务:有效地确保动物身体内的生理系统(即内环境)所需的资源,这样动物才能成长、生存和繁衍。这种平衡行为被称为'异稳态'(allostasis)。生长、生存和繁殖(以及由此的基因传递)需要不断摄入代谢和其他生物资源。代谢和其他支出需要计划和执行必要的身体运动,以便首先获得这些资源(和保护免受威胁和危险)。"[②]

(原载《社会科学战线》2021年第9期)

---

① 参见约翰·杜威. 杜威全集·晚期著作(1925—1953)第12卷(1938)[M]. 邵强进,张留华,高来源,等,译. 上海:华东师范大学出版社,2015:102‐103。

② Lisa F. Barrett, "The Theory of Constructed Emotion: An Active Inference Account of Interoception and Categorization," *Social Cognitive and Affective Neuroscience*, 2017(12): 1‐23.

# 习惯：杜威和预测心智的相遇

叶菲楠　　郁锋　华东师范大学哲学系

## 导　言

自休谟（David Hume）提出"习惯是人生的伟大指南"以来，赖尔（Gilbert Ryle）、皮尔士（Charles Sanders Peirce）、詹姆士（William James）、杜威（John Dewey）等人均在不同层次和语境下论述了习惯。在认知科学兴起的背景下，人们越来越重视行动在认知中的作用，探寻认知科学与实用主义交融的可能性。[①] 弗里斯顿（Karl Friston）和弗里斯（Chris Frith）提出的心智的预测加工理论（Predictive processing）更是将认知和行动统一于一个框架之内，重新探索实践维度的"习惯"对知行关系的影响。

2013 年，恩格尔（Andreas Engel）等人发表论文《何处安放"行动"？认知科学中的实用主义转向》，提出一个重要却被人忽视的问题：习惯和习惯的形成在行动导向的概念框架中扮演什么角色？结合近年来最有望实现神经科学、认知心理学、心灵哲学领域大一统的预测心智模型，笔者想在本文中探索以下问题：哲学史上的习惯概念（自休谟到实用主义）经历了怎样的变化和发展？有没有可

---

[①] Andreas K. Engel, Alexander Maye, Martin Kurthen, Peter König, "Where's the Action? The Pragmatic Turn in Cognitive Science," *Trends in Cognitive Science*, 2013(17): 202‑9; Shaun Gallagher "Pragmatic Interventions into Enactive and Extended Conception of Cognition," *Philosophical Issues*, 2014 (24): 110‑126.

能用预测心智模型解释习惯？尽管这些问题对认知科学整体发展至关重要，当前的研究视野却并未聚焦这些问题，而本文则力图呈现这些问题，对习惯概念做一个大致勾画。

本文将以如下脉络展开：首先，在古典经验论和实用主义的背景下，梳理从休谟到皮尔士对"习惯"概念的定义，展现其概念之演进，落脚于实用主义者皮尔士的论断"习惯是行动的基本原则"；其次，详述杜威经验论视域下的习惯的三个面向，突出习惯与环境和理性的关联；第三，在预测心智的框架中，指出习惯就是精确加权误差最小化，阐明习惯在预测心智中的三大意义。最后在结论中提出，杜威与预测心智的认知科学进路共同反映了对理性与经验、认知与情感、思想与行动二分的突破。

## 一、习惯是行动的基本原则：从休谟到古典实用主义

本文不区分习惯中的意识或智力因素，也不强调行动和倾向的差异，而着重于习惯由一系列重复经验产生的行动的属性，因此涵盖了最广泛意义上的人类熟练行动或默会倾向的集合。意指在日常生活中，习惯是个体因重复经验而产生的行动或倾向。

休谟将习惯作为一切知识和推论的前提，认为"习惯就是人生的最大指导。只有这条原则可以使我们的经验有益于我们，并且使我们期待将来有类似过去的一串事情发生"。若不是这样，"一切行动都会立刻停止，大部分的思维也会停止"。① 可以看到，休谟视习惯为思维和行动的基石。可以从经验层面和心灵层面来分别进行理解。

首先，从经验的角度，休谟把习惯看作一种不借理解而重复的偏向。"因为任何一种动作在屡次重复之后，如果产生了一种偏向，使我们不借理解的任何推论或过程，就容易来再度重复同样动作，而我们总说那种偏向就是习惯。"② 不借

---

① 大卫·休谟. 人类理解研究[M]. 关文运，译. 北京：商务印书馆，1972：43.
② 大卫·休谟. 人类理解研究[M]. 关文运，译. 北京：商务印书馆，1972：41.

理解也就是不运用理性，只要重复数量够多，人就会建立两个现象之间的联系。既然动作的偏向是习惯，那么作为根源的信念也是习惯。他又说："凡不经过任何新的推理或结论而单是由过去的经验重复所产生的一切，我们都称为习惯，所以我们可以把下面一种说法立为一条确定的真理，即凡由任何当前印象而来的信念，都只是由习惯那个根源来的。"①在这里，休谟提到信念来自印象，而印象来自重复的经验，即习惯。其次，在心灵的角度，这种习惯是人心的联想造成的本能。由于我们恒常看到两个现象前后相接，便自然地拥有了这种信念，"这种信念就是人心处于那些情景中以后所生的必然结果。这种信念就是灵魂处于那种情势时所有的一种自然作用"②。在这里休谟还指出，习惯是自然的本能，与生俱来，且不需要由思想来影响。换言之，他已经剔除了智力因素在习惯中的作用。

通过区分休谟"习惯"概念的两个层次，与赖尔进行比较，可以发现休谟与古典实用主义对"习惯"的理解具有某种呼应。赖尔在阐述能力之知（knowing-how）时，把训练（discipline）划分为习惯（habituation）和教育（education），或操练（drill）和培养（train）。习惯或操练对应的是盲目、机械、无意识的行为，是不需要使用智力的一种规训。③ 从这里看出，赖尔的"习惯"和休谟的"习惯"的第一个层次与"不借理解而重复的偏向"类似。不同的是，赖尔的"习惯"还要经过人为的规训和塑造。比如，在赖尔这里，drill 体现为新兵被操练着使用武器、练习军姿，马戏团的海豹完成各项高难度动作。因此，赖尔将习惯和操练等同，是撇弃了休谟的习惯的第二层含义，即"人心的联想造成的本能"。

接下来，我们主要聚焦于古典实用主义者（以皮尔士、杜威为例），来审视习惯在实用主义中的地位。

皮尔士对习惯的论述与休谟遥相呼应。1878 年，在《如何使我们的观念清晰明白》一文中，皮尔士提出"实用主义准则"（pragmatic maxim），体现了行动先于认知的地位。他写道："设想一下，概念的对象会有什么样的效果，这些效果可

---

① 大卫·休谟. 人性论（上）[M]. 关文运，译. 西安：陕西师范大学出版社，2009：136.
② 大卫·休谟. 人类理解研究[M]. 关文运，译. 北京：商务印书馆，1972：43.
③ Gilbert Ryle, "Knowing How and Knowing That," *Proceedings of the Arisotelian Society*, 1946(46): 14.

以想象为具有实际的意义。那么,我们关于这些效果的概念就是关于这个对象的概念的全部。"①概念的意义取决于它的实际效果,由此皮尔士强调了行动是认识的条件。在行动的内涵中还包含"可设想的行动",同时,这种行动的可能性或行为的模式以行动的基本法则为基础。这种普遍基本法则就是皮尔士的"习惯"②。皮尔士进而将习惯定义为最终逻辑解释项:"最终逻辑解释项……就是一种习惯的变化。"他又说:"对一个概念而言,最终逻辑解释项的意义被包含在行为习惯之中。"③通过以上论述,皮尔士将习惯说成行动的基本法则和最终逻辑解释项,从实用主义和符号学两方面来强调习惯的地位。习惯是概念和行为的基础,在其无法还原的意义上,皮尔士的习惯恰好呼应休谟的第二层次的习惯——"人心的联想造成的自然本能"。然而,皮尔士所说的习惯不是心理学意义上的、个人自然行为的反应,而是一种行动者对周围环境进行主动回应的解释能力。④在皮尔士那里,习惯几乎等同于自然法则,心灵获得了习惯并"凝结"。⑤ 总之,皮尔士先用实用主义准则来提出行动是认识的条件,再把习惯说成行动的基本法则和最终逻辑解释项,从实用主义和符号学两方面来强调习惯的地位。

## 二、置身环境中的习惯:杜威的交换方法论和经验观

不像休谟的习惯带有神秘的色彩(休谟将其说成人心的自然本能),杜威断言

① Charles Sanders Peirce, *The Collected Paper of Charles Sanders Peirce, Vol. 1*. eds. C. Hartshorne and P. Weiss. Cambridge MA: Harvard University Press, 1931, p. 132.

② Charles Sanders Peirce, *The Collected Paper of Charles Sanders Peirce, Vol. 2*. eds. C. Hartshorne and P. Weiss. Cambridge MA: Harvard University Press, 1932, p. 148.

③ Charles Sanders Peirce, *The Collected Paper of Charles Sanders Peirce, Vol. 5*. eds. Hartshorne and P. Weiss, Cambridge MA: Harvard University Press, 1934, p. 476.

④ 何静. 论生成认知的实用主义路径. 自然辩证法研究,2017(33):105 - 110.

⑤ Robert Burch, "Charles Sanders Peirce", *The Stanford Encyclopedia of Philosophy* (Fall 2021 Edition), Edward N. Zalta (ed.), https://plato. stanford. edu/ archives/fall2021/entries/peirce/.

"生物知识的发展已经消除了习惯的'神秘'品质"①。他认为，我们通过习惯来获取能力之知（know how）。② 通过大量重复行动的积累，我们才会知道如何把一件事做好、做对。在皮尔士等人的基础上，杜威对习惯的论述有更广的理论面向。

在杜威看来，习惯是理解人类存在和发展的关键概念，"人，是一种习惯的创造物，习惯不是理性的，也不是本能的"③。个人"性格"可以被识别为"习惯的相互渗透"。习惯是人的"第二天性"的一种真实形式。④

杜威关于习惯的理论散见于从早期对情绪的关注到后期"交换方法论"的扩展中。总体上体现在以下三个方面：⑤

首先，杜威强烈反对"习惯是私人的"内在主义观点，而是用一种交互社会性的视角来描绘习惯。他认为，习惯作为生物体和环境之间的互动而存在，是由社会和语言的互动塑造的；它们不是"内在的力量"，而是社会性的。

其次，通常习惯与某种僵化、机械、重复，甚至是某种形式的依赖或成瘾联系在一起。尽管杜威承认有这类"不明智的习惯"的存在，但他认为习惯是一种非常灵活和适应性强的行为方式，"习惯的本质是对反应方式或方式的后天倾向"⑥。在吸收达尔文的进化论思想后，杜威强调习惯在我们身体上所展现出来的适应性和类稳定性，特别是它们的灵活性，即它们的"可塑性"。因此，习惯可能是"积极的""创造性的"和"明智的"。积极的或创造性的习惯"涉及将能力应用于新目标的思想、发明和主动性"⑦。

---

① John Dewey, *Logic: The Theory of Inquiry*. New York: Henry Holt, 1938, p. 244.

② John Dewey, *Human Nature and Conduct: An Introduction to Social Psychology*. New York: Carlton House, 1922, p. 177.

③ John Dewey, *Human Nature and Conduct: An Introduction to Social Psychology*. New York: Carlton House, 1922, p. 125.

④ John Dewey, "Freedom and culture," *The Collected Works of John Dewey*. vol. 13. ed. J. A. Boydston, Carbondale: Southern Illinois University Press, 1939, p. 308.

⑤ David Hildebrand, "John Dewey", *The Stanford Encyclopedia of Philosophy*（Fall 2021 Edition）, Edward N. Zalta（ed.）, https://plato. stanford. edu/archives/fall2021/entries/dewey/.

⑥ John Dewey, *Human Nature and Conduct: An Introduction to Social Psychology*. New York: Carlton House, 1922, p. 42.

⑦ John Dewey, *Democracy and Education: An Introduction to the Philosophy of Education*. New York: Macmillan, 1916, pp. 52‐53.

在杜威的哲学中,习惯表现出强大的适应能力和可塑性。习惯具有在环境中维持有机体的重要功能。一个主体或有机体通过与他人的接触以及与周围环境的关系,以一种持续和渐进的转换状态存在着,习惯则是促进主体或有机体适应环境变化的"行为或反应模式"。然而,正如有机体和环境之间的关系随着时间的推移以动态的方式交互发展一样,习惯也代表着对环境的实时调整。换句话说,习惯"是环境的功能,就像一个人的功能一样"①。

如果不联系杜威后期著作中发展出来的"交换方法",就无法完全理解习惯的概念。习惯和环境之间紧密、持续的联系说明了"交换方法"对理解人类行为的重要价值。交换本质上是指有机体和环境持续地共同构成。对习惯而言,交换方法意味着习惯不局限于个人,它也是环境的一部分。只有掌握个人与其环境之间存在的动态交互,我们才能正确理解习惯的转变。杜威的交换不仅仅是简单的"交互",而是以一种非二元论的方式进行,因此,他批评传统的二元论模式,指出:"许多传统上谈论的东西好像是由不可调和的分离组成的"②。交换方法不是试图用不同的、单独的原因来解释给定的现象,而是要求我们从现象本身开始,并将其视为不断发展的整合过程中的一个时刻。对杜威来说,习惯的概念重新被定位为情感、认知和思想连续整体不可分割的一部分。杜威认为,"习惯、思想和情感的动态相互作用是必不可少的","通过与世界交往形成的习惯,我们也习惯于世界。它变成了一个家,家是我们每一次体验的一部分"。③ 正是由于这种对习惯、认知、情感和思想相互作用的整体关照,习惯对杜威来说,不仅具有经验的基础地位,也是动态变化的。

最后,杜威的习惯概念的独创性和特殊性只有在他的经验哲学的更广泛背景下才能充分把握。经验无疑是杜威思想体系中最核心的概念。只有在杜威的经验概念中,我们才能理解习惯之间的冲突以及如何导致习惯的转变。从本质

---

① John Dewey, *Human Nature and Conduct: An Introduction to Social Psychology*. New York: Carlton House, 1922, p. 14.

② John Dewey, *Human Nature and Conduct: An Introduction to Social Psychology*. New York: Carlton House, 1922, p. 120.

③ John Dewey, *Art as Experience*. New York: Minton, Balch & Company, 1934, p. 104.

上讲,经验的概念对应于主体与环境之间关系的转变,这种转变是由于有机体功能的破坏或障碍而产生的。经验总是存在于更广泛的动态中。它与寻求恢复有机体与环境之间和谐关系的探究过程有关。当不同的习惯之间发生冲突,或者当某些习惯被证明不合适或不相容时,探究便开始启动。只要没有遇到任何特殊的障碍,习惯就会和谐而无意识地运作。

对由习惯冲突所带来的问题所做的反应不能建立在完全合乎逻辑的基础上。然而,这并不是说理性被排除在这个过程之外。杜威与他的实用主义者同行一样,坚持认为:"习惯并不排斥思想的使用,但它决定了思想运作的渠道。思维隐藏在习惯的缝隙中。"①没有习惯,理性就无法运作,因为探究的过程必然依赖于过去养成的旧习惯:"不受先前习惯影响的纯粹理性是虚构的。"②

习惯具有社会性、可塑性、支配性等特征,它决定了我们的行动。在此意义上,皮尔士和杜威的立场是一致的,即习惯是行动的基本原则。杜威关于习惯的研究强调了在理性经验和交换方法论的视域下重新配置习惯、情绪、认知和思想的关系,强调理性和习惯概念密不可分。习惯的介入打破了认知与情绪之间的二元对立,以及"智力活动"与"无意识活动"的截然区分。

至此,我们梳理了从休谟、赖尔到皮尔士、杜威对"习惯"的论述,发现古典经验论者和实用主义者对"习惯"有潜在的共识,那就是:习惯是多次经验的重复得出的结果,它涉及一系列行动的积淀。然而他们也有内部分歧。休谟的习惯从经验层次上看是一种不借理解而重复的偏向,从心灵层次上看是人心的联想造成的本能,带有杜威所说的"神秘的联结"的特征。赖尔的习惯是纳入了命令等命题性知识的盲目、机械、无意识的行为,不同于休谟的不强调智力因素的习惯。皮尔士将习惯定义为行动的基本法则和最终逻辑解释项,从实用主义和符号学的角度将习惯作为概念和行动的基础。杜威和皮尔士相同之处在于,他们都强调习惯受环境影响,是社会和语言的产物。不过杜威观点的新颖之处在于,

① John Dewey, *The Public and its Problems: An Essay in Political Inquiry*. Oxford: Oxford University Press, 2016, p. 128.

② John Dewey, *Human Nature and Conduct: An Introduction to Social Psychology*. New York: Carlton House, 1922, p. 31.

习惯不再是被动、惰性的,而是可塑的,而且我们的行动被习惯所塑造。杜威强调习惯与环境和理性的关系,这对我们理解知识和行动的关系也有莫大启发。这些充满前瞻性的理论洞见在当代认知科学预测加工的经验研究中进一步得到了证实。

### 三、精确加权误差最小化:预测心智视域下的习惯

预测心智或预测加工(Predictive processing,缩写为 PP)框架由计算神经科学家弗里斯顿(Karl Friston)提出,经弗里斯(Chris Frith)、霍伊(John Hohwy)以及克拉克(Andy Clark)等人发展,成为当代认知科学中蔚为壮观的研究进路。

预测心智的基本观点是:大脑是一个分层排列的预测机器。与曾经流行的前馈方法不同,大脑并不是简单地从外部世界获取输入、处理它们并向外传递信息。相反,每当来自世界的信息影响感官表面时,即使是在最初阶段,神经系统就已经受到自上而下流动的预测的影响。这些预测来自大脑对世界信息的最佳解释模型,并且这个模型会根据“预测误差”不断更新,保持误差在最低限度。在最近的版本中,这些预测信号是根据大脑估计感觉信息相对于其最佳预测的可靠性或显著程度来加权的。这种“精确加权”可在每个处理级别运行,使大脑能够灵活地平衡自上而下的预测和自下而上的感觉刺激。[1]

基于预测心智框架,大脑的核心功能是最小化感觉输入预测中的精确加权误差[2]。重要的是,精确加权预测误差的最小化并不总是通过大脑更新其世界模型来实现的,有时它是通过使世界(通常是身体)与模型保持一致来实现的。该框架的创新之处在于,大脑不再如传统认知中假设的那样,是一个只会计算的表征之镜,而是一个时刻进行主动预测和推理的机器。从预测加工颠倒了主体和世界的认识关系的意义上看,它可谓认知科学上的“哥白尼革命”,其理论渊源

---

① Andy Clark, “Whatever Next? Predictive Brains, Situated Agents, and the Future of Cognitive Science,” *Behavioral and Brain Sciences*, 2013 (36): 181-204.

② 下文有时简称为“预测误差”。

可追溯到康德。因为康德认为，不是我们的观念去符合认识对象，而是认识对象符合我们的观念。我们将自己的先天直观形式加之于感性杂多，才产生了对客观事物的范畴。在预测心智中，这里的先天直观形式对应的是大脑产生的先验概率，但先天直观形式和先验概率的差异在于，先验概率是由过去的重复经验产生的，是后验的，它只不过是我们早期大脑对外部世界的取样（sample）而形成的信念而已。

在克拉克看来，先验概率依靠精确性评估（precision estimation）而产生。精确性评估是大脑选择初始信念的过程，它们决定了分配给处理层级中的特定预测和未来感觉信号的权重，这些权重反映了对不同生成模型和感官输入的信赖度。① 也就是说，大脑根据不同信念的精确度对它们进行二次评估，从中筛选出更高级的信念。一个信念只有能够减少预测误差，才能被大脑选择为初始信念。信赖度越高，则该信念成为初始信念的概率越大。在这种层级系统中，不同的信念产生、消失、重组，从而进入我们的观念。克拉克的激进 PP 理论认为，保守的 PP 理论错误地把认知描述为用神经编码对客观现实进行重建的过程。这样的话，就像把世界"扔掉"（throw away）了，主体认识到的不是外在的世界，而是自己大脑中的模型。而激进的 PP 理论强调大脑是精确度减去复杂度的过程。也就是说，认知和行动都遵循节约的原则，尽量增大精确度，减少复杂度。只有这样，才能让大脑以最小的努力达到最大的效果。

为何过去的重复经验（先验概率）能够应用于未来的经验（后验证据）？预测心智以贝叶斯定理作为解答。所谓贝叶斯定理，即后验证据的概率＝初始信念的概率×观察（observation）的似然函数。② 简而言之，我们知觉到的任何经验都是初始信念（先验概率）③和后天观察综合作用的结果。比如，我持笔写字时，毫不惊讶地看到笔流畅地写出了字，这是因为我之前一直能够用这支笔写出字

---

① Andy Clark, "Radical Predictive Processing," *The Southern Journal of Philosophy*, 2015(53): 3–27.

② Jakob Hohwy, *The Predictive Mind*. New York: Oxford University Press, 2013, p. 35.

③ 先验概率是在概率的层次上表述我们的初始信念，二者是对同一事物的不同描述，因此本文是在相同意义上使用先验概率和初始信念。

(初始信念很强),并且现在这支笔真的写出了字(后天观察验证)。但是如果有一天,这支笔写不出字了,我会感到很惊讶,因为这支笔几乎没有写不出字的时候(后天观察概率极小),这就是预测误差产生的时刻。如果初始信念很高,后天概率很低,那么我会选择积极推理(active inference),也就是主动地寻求后天证据,以验证先验假设。我会再试试这支笔能否写出字,或者换一支笔。如果后天概率很高,初始信念很低(通常发生在我们接触新事物时),那么我会选择修改内在模型和初始信念。通过这两种方式,我减少了预测的误差,这就是预测误差最小化的过程(Prediction error minimization,缩写为 PEM)①。霍伊的《预测的心灵》(*The Predictive Mind*)全书论证的首要目标就是:大脑所做的一切就是预测误差最小化。② 因为大脑就是一台预测-推理机器,所以我们认识的不是外界,而是大脑对于外界的模型,这体现了 PP 模型鲜明的内在主义的特点。③

霍伊认为,行动也是一种 PEM。我们的神经系统做出预测,然后我们将其实现在身体运动中。④ 但我们如何保证自己的行动不会增加预测误差呢? 比如,当我过于紧张而失手打翻了一杯茶,感官输入(茶打翻了)与初始信念(一杯茶完好地立在桌上)不符,就产生了预测误差。霍伊用感知的层级结构来解释这个问题。从短暂的扫视到长期的努力(如爬山),我们的每个行动对感官输入都有不同的交互作用。所以只要我们的内部模型适应这种感知层级结构,就可以预测自己的行动对感官输入的影响,由此避免自己的行动在无意中增加预测误差。

那么,如何用预测心智来解释习惯? 或者说,习惯与预测的关系是什么? 可从三个方面解答这个问题。

首先,习惯消除预测误差,同时又是先验概率和后验概率极大化的极端状

---

① 即上文的"精确加权预测误差的最小化"。

② Sam Wilkinson, "The Predictive Mind by Jakob Hohwy," *Analysis*, 2014, 75(1): 169-172.

③ Chris Frith, *Making Up the Mind: How the Brain Greates Our Mental Worlds*. Cambridge: Blackwell, 2007, p. 132.

④ Jakob Hohwy, *The predictive mind*. New York: Oxford University Press, 2013, p. 81.

态。预测加工理论虽然是以神经生物学的角度解释个体的内在主义的知觉机制，但是这种机制本身包含了大脑-身体-环境的交互作用。当我们在实施一系列行动时，按照预测心智，大脑首先会对即将输入的知觉信号做一个自上而下的预测，这就是我们的初始信念或先验概率。由于习惯是经过多次重复而可以不经理解的行动（休谟的第一层含义），大脑通过以前的重复经验默认我们完全知道这一知觉信号，因此先验概率将会极大。而又因为在实施习惯时，我们都是在与自己熟知的东西打交道，环境相对于我们是几乎不变的，所以后天概率也极大。由贝叶斯定理，这就导致后验证据的概率（初始信念的概率＊观察）很高，几乎没有预测误差。这意味着大脑用最小的努力完成了最大的功效，正如克拉克说的大脑"高效的懒惰"①。克拉克认为，大脑虽然高效，但很擅长偷懒并减少惊讶，秉持着节约认知资源和高效的原则。这导致个体总是选择用最小的成本去采取能带来最大效益的行动。另一方面，如上所述，因为行动能适应感知层级结构，个体总是能最大程度地避免自己的行动带来的预测误差。因此，在实施习惯的过程中，预测误差几乎为零，先验概率和后天观察概率都处于极大的状态，大脑节约而高效地完成了任务。

其次，习惯是层级预测编码选择的最佳结果。如前所述，先验概率依靠精确性评估而产生。而精确性评估正是由不同层级神经环路之间的信息传递来实现的。大脑不同层级的神经环路彼此刺激，不断地形成关于下层传入信息的各种预测。大脑所要做的就是根据内部的层级编码模型对"自身神经经济（neural economy）接下来的状态进行猜测"②。也就是说，预测并不依赖外部感觉输入，而是在自身神经环路之间传递信息。在实施习惯时，大脑将会不断验证原有的预测是正确的，从而增加该预测的精确性评估，对其他信念进行更新。这种自上而下的迭代更新使大脑始终保持低耗能、高效率的运转方式。因此，我们说习惯是层级预测编码选择的最佳结果。

① Andy Clark, "Radical predictive processing," *The Southern Journal of Philosophy*, 2015(53): 3 - 27.
② Andy Clark, "Whatever Next? Predictive Brains, Situated Agents, and the Future of Cognitive Science," *Behavioral and Brain Sciences*, 2013 (36): 183.

最后,习惯是由行动导向的表征之网所预示的。克拉克用"行动导向的表征之网"来说明大脑对行动的控制发生在行动之前。他认为,预测并非依赖大脑独立的模块,而是依赖整个动态的神经系统而完成,行动导向的表征之网有效地利用了身体的形态结构以及实时环境中的不确定信息。① 在行动发生之前,大脑就已经对可能的视觉、触觉表征进行了模拟。因此,当预测结果符合情境时,在实际感觉输入进入大脑之前,我们的身体就已经进入最佳的应对模式。在实施习惯之前,大脑已经预测了我们下一步的行动。如果外界感觉输入信号与之前的情境相符,我们会提前知道在这种情境下会怎么做,即不经理解地做习惯的事。

这也印证了前文提到的杜威的观点,习惯是由一系列灵活的行动构成的,并且习惯达成身体和环境的耦合。在论述"写不出字的笔"的例子时,上文提到我们有两种方法减少预测误差。第一种是感觉推理(perceptual inference),即选择和调整初始信念以适应感官输入的信号,改变内部模型以适应世界。这适用于后天概率很高、初始信念很低(通常发生在我们接触新事物时)的情景。第二种是积极推理(active inference),也就是主动改变感官输入,以验证初始信念。这是改变世界的感官输入以适应内部模型。② 积极推理的工具就是行动。我们在世界中行动,通过改变身体的位置和状态来改变感觉输入。预测使我们把认知任务分摊到环境中,大脑减轻了负担,从而更好地应对环境的不确定因素。在习惯中,如果外界感觉输入与以往不同,我们会采取积极推理来使感觉输入符合初始信念。相较于普通的行动,习惯进行积极推理的阻力更小,也更能使身体和环境达到耦合。

总之,由于习惯是由不断重复的经验引起的不经理解的一系列行动,因此习惯只有极少或几乎没有预测误差,是先验概率和后验概率都极高的状态,让大脑实现了高效而节约的状态。其次,习惯是层级编码选择的结果。大脑会不断验

① Andy Clark, "Radical predictive processing," *The Southern Journal of Philosophy*, 2015(53): 16.

② Jakob Hohwy, *The predictive mind*. New York: Oxford University Press, 2013, p. 76.

证原有的预测是正确的，从而增加该预测的精确性评估，对其他信念进行更新。最后，习惯是由行动导向的表征之网所预示的，大脑对行动的控制在行动之前。又因为相较于普通的行动，习惯进行积极推理的阻力更小，所以它同时印证了杜威的交换方法论：习惯能与身体和环境更好地达到耦合。同时，预测心智对习惯的解释也使得理性与经验、思想与行动、认知与情感的界限不再坚固。

## 四、小结

本文主要勾画了在实用主义和预测心智的视域下，习惯作为个体因重复经验而产生的行动或倾向在不同哲学家那里产生的概念和地位分歧，尤其是在认知科学的新兴理论——预测心智中的意义。从休谟对习惯的经验和心灵两方面含义，到赖尔发扬休谟经验角度的习惯，把习惯说成是纳入了命令等命题性知识的盲目、机械、无意识的行为，习惯概念逐渐失去了理性因素，而更偏向无意识、机械重复的行为主义内涵。皮尔士由实用主义准则引出行动对认识的优先地位，进而说习惯是行动的基本法则和最终逻辑解释项，从实用主义和符号学两方面来强调习惯的地位。实用主义的集大成者杜威则用一种社会性的视角来描绘习惯，提出习惯的可塑性，肯定习惯塑造了我们自身。其概念变得愈发重要，而且面向更加广阔。

预测心智模型将大脑当做预测-推理机器，可谓引发了认知科学的哥白尼革命。它的核心是贝叶斯定理，强调了先验概率和后验证据的综合作用，认为大脑所做的一切就是精确加权误差最小化。对习惯性行为来说，它既没有预测误差，又是先验概率和后验概率的最大化，实现了大脑高效又节约的状态。并且，习惯是层级编码选择的最佳结果。大脑依据精确性评估产生先验概率，再由精确度减去复杂度，来产生最小误差的预测。而习惯就是由最多后验证据收集到的最高精确度的预测。最后，习惯是由行动导向的表征之网所预示的，使身体和环境达到耦合。在这一意义上，预测心智和杜威的交换方法都承认习惯和环境之间紧密、持续的联系。

综上所述,习惯在行动导向的概念框架中发挥着重要作用。习惯不仅在经验论、行为主义、实用主义那里得到重视,其意义更是在当今认知科学(以预测心智为代表)中得到彰显。预测心智中的先验概率、积极推理、层级编码等概念都能很好解释习惯的内在机制。本文凸显了杜威与预测心智的相遇,突出它们共同反映了打破理性与经验、认知与情感、思想与行动二分的理论探索;习惯在当代认知实用主义转向,尤其是预测心智模型中的地位做了一个大致勾画。但关于习惯的更多细节,还需要行动哲学、认知科学等领域学者的进一步研究。

# 论生成认知的实用主义路径

何静　华东师范大学哲学系

## 一、认知科学的实用主义转向

在过去的几十年中,认知科学发展最显著的一个特点就是:愈加关注科学实验对心智现象的研究成果。在这一背景下,认知科学研究经历了两次革命性变革,形成两代认知科学[①]。第一代认知科学基于表征-计算范式,将认知看作对大脑表征的计算。这种经典范式沿着心理学、生理学和计算模拟三条进路展开,促进了认知科学早期的发展并在许多领域取得了令人瞩目的成就。然而,20世纪70年代以来,这种表征-计算范式由于其不可克服的内在局限,暴露出越来越多的理论困境和实践困难。[②] 研究者逐渐认识到,认知不是一种源于客观世界模型、基于抽象运算法则的思维、计划和问题-解决能力,而是一种在身体-环境的动力作用中涌现出来的、具身的行动能力。这种以行动-导向为核心的认知观,将关注知识的实践维度,提出了一些新的概念和研究方法,促成了第二代认知科学"4E"(embodied cognition,具身认知;embedded cognition,嵌入式认知;extended cognition,延展认知;enactive cognition,生成认知)研究范式的形成。以下基本观点共同构成了第二代认知科学的观念

---

① 李恒威,黄华新."第二代认知科学"的认知观[J].哲学研究,2006(6):92.
② 刘晓力.认知科学研究纲领的困境与走向[J].中国社会科学,2003(1):99-108,206.

基础：

（1）关注身体和行动在认知实现中的积极作用；

（2）具身心智的认知活动与环境是动态耦合的，它嵌入在自然和社会环境的约束中；

（3）要理解身体、大脑和世界之间复杂的相互作用，就要诉诸对涌现、离散和自组织等新概念、工具和方法的合理运用；

（4）认知不是一开始就处于高级的认知水平，而是在人类经验活动的文化和历史基础上生成的。

这些观点具有革命性意义。它们反对将认知视为对既定外部世界的表征；抛弃了那些对心智/世界、心智/身体、表征/映射、内部/外部、主体/对象、行动/知觉以及行动/认知的传统二分，并试图通过运用新的解释工具，将认知论和形而上学从对立的严格逻辑中释放出来。这种从本质上将人类认知视为一种在具体境遇中的、熟练的身体活动的第二代认知科学研究范式，从学脉上说直接出自胡塞尔等人所开创的现象学。研究者对胡塞尔的"交互主体性"（intersubjectivity）、海德格尔的"此在"（Dasein）以及梅洛-庞蒂的"身体间性"（intercorporality）等思想成果进行了深度挖掘。除此之外，萨特、斯坦因（E. Stein）、古尔维奇（A. Gurwitsch）等对人类认知现象的反思也留下了丰富的现象学遗产。

然而，只要将视域稍加扩展，我们不难发现，这种"行动""环境"与"认知"的交融，早在古典实用主义者（如皮尔士、詹姆士和杜威等）那里就已呈现。部分研究者已经注意到这种新的研究范式与实用主义思想之间的关联，并将第二代认知科学研究在研究范式、基本观点方面的变革定义为"实用主义转向"①。所谓"实用主义转向"，是指第二代认知科学强调认知作为行动的一种形式，并强调"反笛卡尔主义"和实践认识论框架中的实用主义能够成为当代认知科学的另一

①　Andreas K. Engel, Alexander Maye, Martin Kurthen, Peter König, "Where's the Action? The Pragmatic Turn in Cognitive Science," *Trends in Cognitive Science*, 2013(17)：202-209.
Shaun Gallagher, "Pragmatic Interventions into Enactive and Extended Conception of Cognition," *Philosophical Issues*, 2014(24)：110-126.

哲学基础。这种转向的重要意义在于：它关注认知主体与环境的动态交互过程，并试图将认知的研究模型从环境输入和输出的边界系统中解放出来，为我们理解认知和思维的交互性本质提供新的研究框架。不仅如此，神经科学中的发现也揭示了与行动相关的知觉和认知过程能够在新的框架(实用主义)中得到更恰当的解释。例如，实验研究表明、主体与环境之间的知觉运动交互以及主体对环境的积极解释能力极大地影响了视觉神经环路和视觉运动技能活动的发育。① 这不但减弱了实用主义思想的思辨成分，更从实体层面拓展了实用主义对认知科学的建构意义。

但是，正如怀尔(Jean-Michel Roy)所说，能够为认知科学研究哲学基础的实用主义所发挥的作用应当既是建构的，也是批判的。② 从建构层面来说，我们应当考察认知科学中的实用主义维度如何与实用主义相关联：这要求我们不仅要关注这一基础的基本概念与原则，更要关注这一基础的理论研究界限及其依据的科学概念等问题。因为这些限定能够帮助我们进一步思考认知科学是否应当采用实用主义路径，以及它如何能被有效地展开。从批判层面来说，我们需要考察认知理论已经在多大程度上明确地(抑或隐含地)采纳了实用主义的理论资源。如果科学应当采用实用主义路径，那么相较于其他理论基础，实用主义如何彰显自身优势？

这两个层面至关重要且密切相关，任何一种对认知"实用主义转向"的全面考察都必须涉及它们。在这里，我们希望从建构性和批判性两个层面，通过阐释第二代认知科学中的生成认知观与皮尔士(Charles Sanders Peirce)的符号心智理论之间思想交汇，呈现当代认知科学的实用主义转向并揭示古典实用主义的当代效应。

---

① Andreas K. Engel, Alexander Maye, Martin Kurthen, Peter König, "Where's the Action? The Pragmatic Turn in Cognitive Science," *Trends in Cognitive Science*, 2013(17): 203.

② 让-米歇尔·怀尔. 认知实用主义问题[J]. 黄远帆，胡扬，译. 哲学分析，2016(7): 114.

## 二、认知中的行动：生成认知视角下的认知和心智

生成认知(Enactivism)的概念及其基本主题最初由瓦雷拉(F. J. Varela)、汤普森(E. Thompson)和罗施(E. Rosch)在《具身心智：认知科学和人类经验》一书中引入认知科学。"生成"意味着"制定和颁布法律的行为，但是在更一般的意义上，它意味着施行或执行一个行动"①。与经典认知主义的个人主义方法论不同，生成认知反对将人类心智看作与抽象任务相关的大脑计算过程，提倡对人类日常生活中的常识性知识提供解释。这就要求我们抛弃那种主客分离的思想以及仅用"命题性知识"(knowing-that)来解释人类认知的表征主义观点，转而对我们与世界打交道过程中最重要的知识类型——"上手"(readiness to hand)或"能力之知"(knowing-how)提供解释。

这种生成认知观包含两重意义：首先，认知是一种由知觉引导的行动。认知并非建立在普遍的、脱离情境的世界模型之上，而是主体在具体的境遇中生成与行动相关的结构的能力。行动不仅仅是认知活动的结果，而且是认知活动的构成性要素。正如诺伊(Alva Noë)所说，"我们所感知到的是由我们所做的事情(或者说我们的能力之知)决定的"②。在诺伊看来，主体的知觉运动知识(作为主体对感觉刺激和主体运动之间共变关系的实践体会)构成了主体的知觉能力。这种知觉-运动能力(就其物理作用而言)产生了知觉序列和认知序列，并塑造了不同的知觉的内容和认知形式。但是，尽管"行动"建立在基本的知觉运动行为之上，却不等同于"运动"或"行为"(例如，反射性运动或者本能行为就不属于"行动"范畴)；它是厚实(rich sense)意义上的"意向性行动"，即行动者为了达到某个目的，有意识地去执行特定的行动。在发展学意义上，主体通过建立运动及其结果之间的联系习得特定的行动模式，从而达到对意向性行为进行调节的目的。

---

① 弗朗西斯科·瓦雷拉，埃文·汤普森，埃莉诺·罗施. 具身心智：认知科学和人类经验[M]. 李恒威，李恒熙，等，译. 杭州：浙江大学出版社，2013：11.

② Alva Noë, *Action in Perception*. Cambridge: MIT Press, 2004, p. 1.

由此,认知问题实际上就是一个现实世界中的实践问题(practical issue):认知作为一种熟练的身体活动,运用预见手段对世界中的问题进行回应。

其次,行动具有基本的认识作用(epistemic role)。认知结构和过程从知觉-运动模式中涌现出来;认知主体与世界之间的知觉-运动耦合与内在的动力模型进行相互调节。这意味着,认知主体嵌入在行动的可能性(身体运动)和知觉的变化之中。一方面,在行动中得到表达的实践知识是其他知识类型的前提,是认知成为可能的条件。另一方面,主体与知觉变化和行动之间相互建构的关系对我们熟练应对知觉世界的方式进行了规定。通过将完成行动的必要认识条件定义为身体的运动准备以及将认知定义为由实践知识进行调节的行动,生成认知者主张,认知就是能够被(实际)执行的行动;它的根基在于我们(熟练的)身体。对人类认知而言,身体的关键作用在于身体所拥有的、能够与知觉-运动依赖性原则相协调的知觉-运动结构及其与世界进行耦合的能力。认知主体以一种结构性的方式与世界进行耦合,在这个过程中,那些关于具身实践知识的法则对主体应对世界的方式进行了建构和规范。

然而,就研究现状来看,生成认知观还仅仅是一种理论立场,而非某种实践的或应用的哲学。它拒斥那种预设认知过程独立于知觉和行动的认知主义观点,而通过将人类的认知基础根植于身体与行动,为认知的交互性和实践性本质提供具身的说明。它主张我们通过利用环境的线索以及与他人的交互而成为一个积极的认知主体,而人类的认知就是那种能够令主体在与世界交互中生成有意义行动的"能力之知"。这种解释框架关注有机体与所处环境之间的知觉-运动交互过程,同时强调行动以及行动在引导认知活动中的意义。


## 三、符号习惯:对行动的实用主义和符号学说明

生成认知理论基于实践认识论的框架,倡导一种积极的外在主义心智观。尽管生成认知理论很少提及"实用主义",也没有明述自己在多大程度上采纳了实用主义的资源,但其核心议题却与古典实用主义一脉相承,并构成了认知科学

实用主义转向的重要方面。早在生成认知理论问世百年前,古典实用主义哲学家皮尔士就已经建构了与生成认知类似的外在认识论主张。其哲学标志就是皮尔士提出的根植于行动(实践)的符号学理论以及对知识和心智的符号学说明。可以说,目前哲学家们对皮尔士思想的研究仍停留在半个世纪以前①,他关于心智的符号学说明更鲜少得到认知研究者们的重视和挖掘。我们希望以皮尔士为例,审视第二代认知科学到底以何种方式并且在多大程度上切合于实用主义传统。

1878年,在《如何使我们的观念清楚明白》一文中,通过对"实用主义准则"(pragmatic maxim)基本内涵的清晰阐述,皮尔士论述了行动的核心地位。皮尔士写道:"设想一下,我们概念的对象会有什么样的效果,这些效果可以想象具有实际的意义。那么,我们关于这些效果的概念就是我们关于这个对象的概念的全部。"②这意味着,我们应当将我们所思考的东西(认知或者关于一个对象的概念)理解为,在给定的情形中我们倾向于做的事情。皮尔士实用主义准则的独特之处在于,将对象概念的意义理解为对象概念自身蕴含着的实际效果。因此,要形成关于对象概念的意义,我们只需决定这个概念适合于引导何种行为。对我们而言,行为是概念唯一的意义,离开了概念的实践意义,我们无法对概念的意义进行考察。他进一步说:"我用'实际的'是指适合于影响行为,而行为则是指得到自我控制的自愿行动,即可以由恰当的审慎加以控制的自愿行动。"③也就是说,当我们关注某一个对象的时候,我们关于这个对象的认知实际上包含了某种行动的倾向。

皮尔士不仅关注行动、实践和行动倾向所具有的基本认识作用,还特别关注思维对象的实际效果及其限制条件。他写道:"思想是依据推理规则而发展的符号过程,这些符号的作用在于:为行动提供受规范制约的、具有普遍化特性的解

---

① Alva Noë, *Action in perception*. Cambridge: MIT Press, 2004, p. 13.

② Charles Sanders Peirce, *The Collected Paper of Charles Sanders Peirce*, *Vol.1*. eds. C. Hartshorne and P. Weiss, Cambridge MA: Harvard University Press, 1931, p. 132.

③ Charles Sanders Peirce, *The Collected Paper of Charles Sanders Peirce*, *Vol.8*. ed. A. W. Burks, Cambridge MA: Harvard University Press, 1958, p. 322.

决方案。"①这样，认知就不可能如笛卡尔所说的那样，仅内在地存在于我们关于对象的清晰概念或对概念的精确表征中，而是存在于概念意义的实际效果中。行动的认识作用不仅包括行动与认知的同一（行动作为一种认知结果），还包括行动在认识论中的基础性作用（行动作为认知产生的条件）。因而在皮尔士看来，行动的内涵中还应当包括"可设想的行动"，即主体在对未来条件的回应中可能执行的行动。认知就是在未来可能的条件中，主体以某种方式采取可能的行动。同时，这种行动的可能性或行为的模式以行动的基本法则为基础。这种普遍基本法则就是皮尔士所说的"习惯"。②

通过以上论述可以看到，皮尔士认知观的核心就是将认知看作可设想的实际效果；认知主体依赖于行动能力的条件，在习惯中获得认知。这种特殊的实践知识具有某种规范性本质，它是将实践知识看作对世界中可能性条件进行回应的、普遍意义上的"能力之知"。正是以这种实践知识的普遍化和规范性特征为前提，皮尔士强调世界与认知主体之间的结构耦合："正如我们说身体处于运动之中，而非运动处于身体之中；同样，我们处于思维之中，而非思维处于我们之中。"③一方面，思维在我们所处的情境和世界中得以生效（executed）。他举例说，如果一个医生切除了我的大脑，那么我将无法进行说话和思考。从某种程度上说，我的语言能力（faculty of language）位于我的大脑中。同样，如果有人拿走了我的墨水瓶，我的思绪也无法继续。因此，我的思维能力位于墨水瓶中。这种人工物发挥的认知作用表明思维能够延展到社会活动和社会制度之中。对一个化学家而言，对烧杯和试管的使用能够"唤起"他作为化学家特定的思维方式。皮尔士主张，思维不但在世界中得到表达，而且在世界中得以生效。另一方面，

① Charles Sanders Peirce, *Writings of Charles S. Peirce: A Chronological Edition*. eds. M. Fisch, C. Kloesel, E. Moore, N. Houser et al. Bloomington I N: Indiana University Press, 1982, p. 402.
② Charles Sanders Peirce, *The Collected Paper of Charles Sanders Peirce, Vol. 2*. eds. Hartshorne and P. Weiss, Cambridge MA: Harvard University Press, 1932, p. 148.
③ Charles Sanders Peirce, *The Collected Paper of Charles Sanders Peirce, Vol. 5*. eds. Hartshorne and P. Weiss, Cambridge MA: Harvard University Press, 1934, p. 189.

在解决现实世界中的实践问题的时候,我们所运用的工具和观念能够对所处环境进行改造。对皮尔士而言,这里的"工具"还包括语言工具。例如,在人与人交往的情境中,语言工具(如手势、语言行为等)能够对情境动力学进行塑造。由此可见,皮尔士的认知观表明了符号、意向和表征之间的复杂关系。这种复杂关系涉及主体自身的身体机制以及主体与主体所处情境之间的协调机制。而符号行动既是内部的也是外部的,它分布于大脑、身体和世界之中。我们应当无偏见地看待这个符号行动过程所涉及因素的空间位置。这种隐含着的"认知资源的空间对等性原则"①,使得认知并不必然要与特定的身体结构和过程相连。换言之,认知过程不一定受到身体的"束缚"。通过对经验和意义的符号化,皮尔士将认知过程从"身体"延展到了"世界"。

我们不难发现皮尔士的符号心智观与生成主义的认知观的切近。生成主义的认知所批判的心智/世界、心智/身体、表征/映射、内部/外部、主体/对象、行动/知觉以及行动/认知的传统二分和内部主义的哲学假说,恰是百年前皮尔士所竭力挑战的。两种理论都主张通过某种特殊的实践知识来定义认知的可能性,并由此捍卫了行动在认知中的核心地位——行动作为认知产生的条件以及行动作为认知的结果。值得注意的是,这种实践知识在皮尔士和生成认知主义者却那里有着不同的基础。生成认知主义者将实践知识的规范性作用建立在生物学的维度之上,将实践知识看作通过身体图式而建立的具身知识。而皮尔士对实践知识规范性的剖析则有着显著的符号学和逻辑学基础。皮尔士认为,符号形式、符号对象和符号解释项三者有机结合,共同构成了符号世界的关系结构。其中,符号解释项将符号和符号对象联系起来。但这个作为解释项的符号,还需要其他的符号解释项来说明,于是"思想就成了一种处于符号推论网络中的事情。我们不可能单独理解一个符号,要理解一个符号,就必须理解它与其他许多符号之间的推论关系"②。为了避免语义解释上的无穷倒退,皮尔士进而将习惯定义为最终逻辑解释项:"最终逻辑解释项……就是一种习惯的变化;由习惯

① Andy Clark, *Supersizing the Mind: Embodiment, Action and Cognitive Extension*. New York: Oxford University Press, 2008, p. 147.
② 陈亚军. 古典实用主义的分野及其当代效应[J]. 中国社会科学,2014(05): 62.

变化而产生的意义能够对一个人的行为倾向进行调节……对一个概念而言,最终逻辑解释项的意义包含在行为习惯之中。"①在这一"思想-符号"(thought-sign)理论中,皮尔士将思想和认知看作符号处理过程,将作为基本实践知识的习惯看作对以往表征和对象进行调节并揭示其意义的特殊表征。所以,皮尔士所说的习惯不是心理学意义上的、个人自然行为的反应,而是一种行动者对周围环境进行主动回应的解释能力。由此皮尔士主张,要揭示思维和认知的意义,我们只需了解它们所产生的习惯就可以了,因为思维和认知的意义就是通过最终逻辑解释项(即习惯)得到说明的。

这对我们进一步理解生成认知和皮尔士认知观之间的关系来说至关重要。两者在某种程度上是契合的。它们都主张心智不以我们的大脑为边界,而与行动有着千丝万缕的联系。但在更深的层面,两者仍有着重要差异。生成认知观将"行动"作为认知得以实现的首要因素,将"身体"视为行动的必要条件。然而在皮尔士看来,行动和认知的根基不在身体,而在于主体积极参与到解释性过程(最终逻辑解释项)中去的能力。他认为"有机体仅仅是思维的工具"②,我们应当通过非身体性的因素——符号——来考察行动和思维的可能性。由此,皮尔士超越了内部的、外部的、身体的、抽象的或者可设想的等因素,主张从解释功能中来定义认知。

## 四、结语

当代认知科学的发展正在经历一个缓慢的实用主义转向。梅纳里(R. Manary)总结了认知实用主义的三个核心观点:(1)思维由有机体和其所处环

① Charles Sanders Peirce, *The Collected Paper of Charles Sanders Peirce, Vol.5*. eds. C. Hartshorne and P. Weiss, Cambridge MA: Harvard University Press, 1934, p. 476.

② Charles Sanders Peirce, *The Collected Paper of Charles Sanders Peirce, Vol.5*. eds. C. Hartshorne and P. Weiss, Cambridge MA: Harvard University Press, 1934, p. 315.

境之间的交互建构;(2)认知通过解释推论而得到发展;(3)问题-解决过程始于主体在特定情境中的困惑,并通过解释推论得以展开。① 这种转向伴随着实用主义在当代的复兴以及认知科学家对经典实用主义哲学思想的浓厚兴趣。

作为认知"实用主义转向"重要组成部分的生成认知主义,通过赋予认知和心智以积极的动力学解释,为认知的交互性和实践性本质提供了具身的说明。沿着这条进路,它不可避免地与经典实用主义相遇。首先,通过对生成认知观与皮尔士的符号心智理论之间关系的考察,我们发现,皮尔士的认知观与生成认知主义共享许多重要观点:两者共同关注行动在认知中的积极作用,倡导实践认识论。但同时,两者在更深的层面却有着重要的差异。它们对身体在认知过程中的认识价值又有不同的思考。生成认知主义认为身体在认知中发挥着至关重要的作用,离开了世界中的、情境中的身体,认知将不复存在。而在皮尔士看来,认知依赖于身体而实现,但认知的基础不在于身体,而在于符号。

其次,皮尔士的符号认知观能够为生成认知主义提供有益的完善和补充。沿着从胡塞尔到梅洛-庞蒂的现象学传统,生成认知将解释的哲学框架限制在知觉模型中,过分强调身体的认识作用,从而无法对那些认知的非身体性方面的特征(如心智的社会性、机器人的实践性知识、非身体的符号意义建构过程等)提供令人信服的解释。而在这方面,实用主义者通过语言转向带来的新视角,能够赋予"生成""表征"等概念以新的内涵,从而为我们提供更具说服力的认知和心智图景——认知的可能性在于行动中的"符号及其对对象某个方面的表征功能"②。这里的"表征"不再是对知觉-运动经验的直接记录,而是一系列对我们所不了解的对象提供解释的解释项。皮尔士的符号心智观正是为"表征如何通过解释项与对象之间的交互生成关于对象的意义"这样的问题提供了一种关系型的、动力系统的和非空间的解释。长期以来,实用主义在很大程度上被归结为

① Richard Menary, *Cognitive Integration: Mind and Cognition Unbounded*. Basingstoke: Palgrave Macmillan, 2007, p. 237.

② Claudine Tiercelin, "The relevance of Peirce's semiotic for contemporary issues in cognitive science," in *Mind and Cognition: Philosophical Perspective on Cognitive Science and Artificial Intelligence*, eds. L. Haaparanta and S. HeinäMaa, Philosophical Society of Finland, 1995, p. 53.

方法论。但是,如果我们能够充分发掘实用主义的基本意蕴及其当代效应,那么它将为生成认知理论提供一种更具操作性的定义和解释框架。

当然,当代认知科学的实用主义转向呈现的更多是对经典实用主义的改良或者对实用主义影响的传递,而非在全盘接受的意义上回到经典实用主义。所以,就研究现状来看,当代认知科学与实用主义的交汇更多的只是"实用主义转向的序曲,而非华章"①。因为,要想进一步推进认知实用主义的研究,还有许多问题需要我们来厘清。例如,到底如何界定"行动"的概念? 它与"做"以及"实践"有何不同? 我们习惯将实用主义理解为一个家族相似性的范畴,那么"行动"作为认知的核心特征对认知实用主义来说是充分的、必要的,还是充分必要的条件? 实践知识或能力之知在多大程度上蕴含了行动的核心意义? 这些问题对认知实用主义的整体发展来说至关重要,亟待进一步的深入研究。

（原载《自然辩证法研究》2017 年第 4 期）

---

① 让-米歇尔-怀尔. 认知实用主义问题[J]. 黄远帆,胡扬,译. 哲学分析,2016(7):115.

# 延展认知科学的实用主义解析 *

黄侃　贵州大学马克思主义学院

## 一、认知科学的实用主义哲学评析

认知科学的基础问题与心智的计算－表征有关，"针对行为主义（behaviourism）发起的挑战所做出的努力，以及建立认知主义（cognitivism）研究纲领，标志着这个学科正式问世。心智的计算理论力图说明，心理表征对心理内容的状态进行处理，进而把心智的标志放在通过计算实现的心智表征上，这一理论强调心智的位置定位在大脑内，而不是大脑之外。认知科学的分支之一人工智能的诞生和实际成果坐实了认知科学的科学地位。但是，好景不长，随着人工智能的第一场寒冬的来临（20 世纪 70 年代末），认知科学的核心纲领逐渐开始受到质疑。计算-表征主义和形式主义工作原则将认知过程限定在大脑内被认为过于狭窄，形式语言将活生生的语言交际世界划定在符号逻辑的使用规则上同样有诸多局限。由于这些分歧的出现，以及对新路子的探索逐渐聚集人气，第一代认知科学和第二代认知科学之分逐渐浮出水面。值得一提的是，新旧纲领之间曾短暂出现联结主义的替代方案，但是这个方案并没有得到更好的响应。第二代认知科学认为认知过程要么和身体有关，要么和环境有关，要么和外部的一些认知装置（cognitive vehicle）有关，这些新的认知理论被人们称为"4E"，因

---

＊　本文为国家社科青年项目"延展认知的哲学基础研究"（项目编号：14CZX016）阶段性成果。

英文首字母都是 E 而得名,它们分别是具身认知(embodied cognition)、嵌入式认知(embedded cognition)、延展认知(extended cognition)和生成认知(enactive cognition)。

4E 认知的登场,大致来自两层危机:一层是计算主义纲领与形式主义的联姻遭到 4E 认知的怀疑;另一层是在证据和解释之间有一条鸿沟,不同阵营在这方面并未达成一致意见。语言的形式化解释与现实生活之间的鸿沟还是这场革命的导火索。美国哲学家德雷弗斯(Hubert Dreyfus)将海德格尔(Martin Heidegger)现象学引入到对认知主义纲领的批判中。他指出,人工智能传统进路的缺陷实质上来自于形式化的自然语言。因为语言的形式化既不涉及当下的社会情境,也不涉及人与人的情感。这些批判工作主要对计算-表征主义和形式主义不满。这正好表明,从哲学角度上来说,现象经验和现象意识(包括知觉经验等)与符号认知之间有着难以调和的隔阂和张力。正是因为这股张力才有了布鲁克斯(Rodney Brooks)放弃好的老式的人工智能,在机器人领域开辟了以行动为导向的新人工智能,赋予了具身的人工智能以实际的应用成果。正是这股张力赋予了 4E 登场的理论和现实空间。客观地讲,人类的认知或心智能力知识计算-表征的观点是过强的观点。认为人类的认知或心智能力只有知觉行动,同样是过强的观点。如若在解释认知的时候既能考虑认知的计算特性,又能保证知觉行动在认知中的有效地位,还能确保那些外部的认知装置对认知的积极贡献,又会如何呢? 对认知的多元解释和理解是否能被允许呢?

尽管认知主义存在诸多纰漏,但是作为一门科学,它贡献了 20 世纪最好的关于人类认知和心智的解释,而且在工程学领域,为计算机科学、人工智能和机器人学提供了可参照的可贵样本。然而,随着人们在生产和现实领域对人工智能提出越来越高的要求,进一步把身体、环境和认知装置等要素纳入一个认知系统中加以考虑已经是大势所趋。通常 4E 认知被认为对认知主义做出了革命性的贡献,并被视为与后者同属一个阵营。实质上,这是一种误解,因为它们之间的观点不同,所持的哲学立场也不相同,它们缺乏统一的理论武器,而这是令人遗憾的。针对认知主义发起的挑战,主要还在于对哲学上康德式的表征主义和笛卡尔式内在主义工作原则的不满。一门脱离了生活世界的认知科学竟宣称以研究人类认知为目的，这无疑是难以想象的。第一代认知科学将认知束之高阁，放在一种理想化的状态加以研究，确实存在问题。但是要将认知从理想化的状态拉回到现实生活场景中加以研究和解释又不是简单之事。

具身认知和生成进路率先尝试运用现象学突破这层障碍。但是这些研究对象和研究所使用的术语，仍然无法摆脱德国哲学的理想化影响。虽说研究者承诺要找到活生生的人类认知，但是很多实际的例子表明，我们在这些研究中始终看不到活生生的人。即这些活生生的人在做什么具体事情时，我们可以从中找到关于认知的解释。但是运用现象学似乎看不到任何具体事情中认知者关于认知过程的解释。由此来说，以现象学为工作原则的确可以给具身认知科学带来学术增长点，同时为延展认知科学提供一些概念和思路上的启发，但是现象学不能作为延展认知科学坚定的哲学依靠和基础。如欲进一步推进延展认知科学向前发展，就必须比具身认知科学考虑一些更现实、更社会、更世界的方面来解释认知过程才行，或者说对这些内容需要做更彻底的解释，而不是停留在人类认知生活的活生生场景中，仅仅表现出一种术语上的重视。

与理想化或抽象的哲学立场看待认知不同，以现实的哲学立场作为衡量依据，与延展认知科学相匹配的哲学或许只有实用主义（pragmatism），而不是现象学。众所周知，实用主义是美国内战开始到第二次世界大战之间兴起的一个学派，经由皮尔士（Charles Sanders Peirce）和詹姆士（William James）的发展，最终成就于杜威（John Dewey）。"实用主义"与实践（practice）和实践的（practical）密切相关。皮尔士在1878年开始使用这个哲学术语，意在指出思想的意义在于行动。詹姆士在《实用主义》一书中表示："实用主义的方法主要是一种解决形而上学争论的方法……实用主义方法在诸如此类的情形中，是想尝试追踪其实际效果来解释每个概念。"①同时，"实用主义者讨厌抽象与不恰当之处，拒绝纸上谈兵，避开糟糕的先天（a piori）理由，避开固定的原则与封闭的体系，厌恶去虚构出绝对之物和本源。他趋向于具体与恰到好处，认可事

---

① William James, *Pragmatism*: *A New Name For Some Old Way of Thinking*. New York: Longmans, Green and CO., 1922, p. 45. 中文版参见詹姆士. 实用主义[M]. 陈羽纶，孙瑞和，译. 北京：商务印书馆，1997：26。

实、行动和能力（power）。这意味着，经验主义的气质占据上风，而理性主义则乖乖地被唾弃了"①。詹姆士在这里说的理性主义气质应被拒绝，是因理性主义者善于通过抽象、纸上谈兵以及先天理由来虚构出"绝对之物"和"本源"。如若我们有意翻开一本认知科学的教科书或认知科学史就可以看到，这种气质也深深地刻在认知主义者的骨子里，而第一代认知科学就带着这种浓厚的理性主义气质。② 就连这个行当里的专业人士也对此表示赞同。③

从简单的几句詹姆士的评论看来，实用主义具有一种经验主义哲学特征，而理性主义则对理想化的对象感兴趣。两者在方法论上的差异决定了研究者会把同一个对象摆放在研究的不同位置上。实用主义把对象或实践看成一个事后的结果加以研究，而理性主义哲学通过形而上学祈求一个绝对之物和本源的基础，并以此为出发点理解世界。于是，詹姆士接着解释道："实用主义方法，不是什么特别的结果，而是一种朝向某处的姿态。这个姿态不是把目光紧紧盯着首要的事物、原则、'范畴'和假定是必然之物，而是去看后起的事物、成果、结果和事实。"④因此，可以这么认为，实用主义从事实出发的立场是一种现实主义，这表明认知就是去做的事，一旦在认知的范围就都是在做的范围中。区别在于，理性主义在头脑中构造的对象之所以具有绝对和本源的意味，是因为它的立场是一种理想主义立场。这样，我们便可以认为认知主义所持的内在主义立场来自理性主义传统，把认知和心智限定在颅骨内便是这一遗产的表现。然而延展认知科学则可以通过实用主义的解析找到适合自身的解释基础，并摆脱这种内在主义的束缚。这正是本文后面要讨论的问题。

---

① William James, *Pragmatism*: *A New Name For Some Old Way of Thinking*. New York: Longmans, Green and CO., 1922, p. 51. 中文版参见詹姆士. 实用主义[M]. 陈羽纶,孙瑞和,译. 北京：商务印书馆,1997：29。

② Margaret A. Boden, *Mind as Machine: A History of Cognitive Science*. New York: Oxford University Press Inc., 2006;哈尼什. 心智、大脑与计算机：认知科学创立史导论[M]. 王淼,李鹏鑫,译. 杭州：浙江大学出版社,2010.

③ 温诺格拉德. 常规人工智能中的理性主义传统[M]//邱仁宗编. 国外自然科学哲学问题. 北京：中国社会科学出版社,1991：319－327.

④ William James, *Pragmatism*: *A New Name For Some Old Way of Thinking*. New York: Longmans, Green and CO., 1922, pp.54－55. 中文版参见詹姆士. 实用主义[M]. 陈羽纶,孙瑞和,译. 北京：商务印书馆,1997：31。

## 二、实用主义注重经验事实

虽然詹姆士认为避开形而上学的抽象原则，走向事实、行动和能力才是哲学需要取舍的，但是避开并不是避而不谈，而是把形而上学的一些传统议题清理干净，以便将这些议题纳入实用主义讨论的范围。实用主义并不是一个新鲜的方法，詹姆士认为，早在苏格拉底（Socrates）、亚里士多德（Aristotle）、洛克（John Locke）、贝克莱（George Berkeley）和休谟（David Hume）那里即对实用主义有过零散的贡献。① 这些哲学家的论断或多或少带有经验主义色彩。从哲学传统看，大问题无疑与物质和精神之间的关系有关。经验主义和理性主义在这个问题上做出各自的解释。

第一，与物质实体概念的比较中，詹姆士借用贝克莱的辩护来说明实用主义的解释。在经院哲学中对实体的解释显示了实用主义的价值。"中世纪经院哲学家有关一个物质实体的概念是我们无法达到的，它是在外在世界背后，它比外在世界更深远，更真实，还需要它来支持外在世界。"②也就是说，经院哲学通过设定不可企及的实体表明上帝的存在。实用主义的价值主要表现在贝克莱的论证上："贝克莱不但没有否认我们所知的外在世界，还证实了它。……贝克莱主张这个实体是一切把外在世界归结为非实在的东西中的最有效的一种。"③之所以说贝克莱的论证具有实用主义价值，因为他把"物质是以颜色、形态、硬度和喜好的感觉而为我们的。诸种感觉像现金兑现的价值那样。我们之所以感到物质

---

① William James, *Pragmatism*: *A New Name For Some Old Way of Thinking*. New York: Longmans, Green and CO., 1922, p. 50. 中文版参见詹姆士. 实用主义 [M]. 陈羽纶，孙瑞和，译. 北京：商务印书馆，1997：28-29。

② William James, *Pragmatism*: *A New Name For Some Old Way of Thinking*. New York: Longmans, Green and CO., 1922, p. 89. 中文版参见詹姆士. 实用主义 [M]. 陈羽纶，孙瑞和，译. 北京：商务印书馆，1997：48。

③ William James, *Pragmatism*: *A New Name For Some Old Way of Thinking*. New York: Longmans, Green and CO., 1922, p. 89. 中文版参见詹姆士. 实用主义 [M]. 陈羽纶，孙瑞和，译. 北京：商务印书馆，1997：48。

的区别,是因为诸种感觉真实存在;如若我们没有了诸种感觉,那所谓的物质就不存在"①。这相当于说,实体和物质等概念皆因我们对其有感觉,如果没有了这些感觉所后起的事情,我们也就无法理解什么是物质了。将这种实用主义价值放在理解认知和心智上表明,如果在一个经验活动中理解认知和心智,就等于认知和心智是在活动中实际发生的事情,而不该被看成抽象的行为。

第二,与精神实体的比较中显示了实用主义的价值,具体表现在洛克的工作上。洛克关于"同一性"的论证,在詹姆士看来,与理性主义将灵魂实体视为同一性的基础有显著差别。洛克称:"人格同一性就只在于意识。……只有凭借意识,人人才对自己是他所谓的自我。"②洛克的论断即为一种实用主义,但是此处詹姆士引入同一性论题的分析并非将意识当做灵魂来看待,他直言道:"对于洛克来说,我们的个人的同一性唯有构成于用实用主义方法才可定义特殊事物。此同一性离开了这些可证明的事实难道还可以附着在一种精神原则内,这简直是一个奇思妙想。"③很显然,洛克并没有像今人一样将意识看作一种精神实体,只是将精神实体等同于灵魂,而意识之所以可以被看作同一性的基础,是因为意识是一个个体经验生活的内容。洛克曾举例说在特洛伊一个人被围困了,"他的灵魂曾在乃斯德或塞斯德的身上,不过他现在意识不到乃斯德或塞斯德的任何行动,那么他能想象他自己同其中之一人是一个人么?"④这里很清楚的是,洛克的实用主义之意识就是指一个人做过什么或发生过什么,以及对这些事情的经验。和我们在上一部分的判断一样,认知和心智是在活动中实际发生的事情,而不该被看成抽象的行为,或者意识乃是一个意识主体实际意识到了什么一般。

由此可见,实用主义倾向于以经验理解事情,或多或少和经验主义有几分相似。但是与经验主义相比,实用主义对事情的宏观方面理解的要求并不是很强

① William James, *Pragmatism*: *A New Name For Some Old Way of Thinking*. New York: Longmans, Green and CO., 1922, pp. 89‑90. 中文版参见詹姆士. 实用主义[M]. 陈羽纶,孙瑞和,译. 北京:商务印书馆,1997:48。

② 洛克. 人类理解论[M]. 关文运,译. 北京:商务印书馆,2019:334.

③ William James, *Pragmatism*: *A New Name For Some Old Way of Thinking*. New York: Longmans, Green and CO., 1922, p. 92. 中文版参见詹姆士. 实用主义[M]. 陈羽纶,孙瑞和,译. 北京:商务印书馆,1997:49。

④ 洛克. 人类理解论[M]. 关文运,译. 北京:商务印书馆,2019:334.

烈,反而对实时的(real time)或当下的效果尤其看重。这也非常好地印证了我们后面要讨论的,延展认知科学在看待认知和心智时,常常把这些心理行为发生的实际场景、当下时间遇到的难题,以及快速动用心理处理和外部的认知装置解决这些难题视为论证的描述性条件。赵鼎新教授对实用主义的考察尤为精准,他说:"对于实用主义者来说,理论和概念价值则取决于它们是否能产生即时的应用效果。可以说,实用主义是一个弱化本体承诺(ontological commitment)和强化科学认识论(scientific epistemology)的哲学体系。"①的确,少了一些本体论承诺的实用主义,就可以轻装上阵了。于是,当我们借用实用主义的视角来理解认知科学的具体工作时,可以这样看:认知是多样且复杂的,在不同场合认知的不同形态呈现是这些机制,而不是某个机制引导出认知行为。所以,当我们回顾第一代认知科学的工作时,研究者定位的认知机制认为是"某个",即所谓的心智计算-表征能力。这样的工作原则除了具有理想主义的姿态,还带有机制主义(Mechanism)的味道。机制主义者会认为,认知过程和心智能力是围绕着一个核心的认知机制和能力展开的,如果没有这个机制,整个认知过程就停摆了。按此思路,把心智理解为一台机器的观念也自然可以理解了。从本体论上而言,这个机制具有的本体论位置(place)才是研究认知的目标。所以说,第一代认知科学非常看重认知发生在什么地方,以及心智的位置在何处。

相反,假如没有了很强的本体论承诺,认知发生在颅骨内还是颅骨外就不再是一个重要问题,心智能否延展出认知者也不再是一个重要的问题。因此,我们现在可以理解了,为什么当克拉克(Andy Clark)和查尔默斯(David Chalmers)在其著名的《延展心智》一文中提出一种积极的外在主义时会受到如此多的批评,他们的核心任务是论证环境在驱动认知过程时的积极作用,认知过程并非全部发生在脑子里。② 这里的环境并非是理想化的环境,而是认知者的生活环境,这样的生活环境恰好对应上了实用主义现实经验效果的要求。另外,对认知过

---

① 赵鼎新.从美国实用主义社会科学到中国特色社会科学[J].社会学研究,2018(1):19.

② Andy Clark and David Chalmers, "The Extended Mind," *Analysis*, 1998 (58): 7-19.

程的发生位置的宽容,让更多参与认知的外部环境成为贡献认知过程的要素。延展认知科学在很多论证的案例中皆是以这种经验原则来理解认知活动和心智行为。当然在很多读者看来,这篇文章所举的案例其实不过是思想实验而已,谈不上现实生活中的事。没错,文章中所举的案例,他们皆是思想实验出场的人物,例如一位在电视机前拿着游戏手柄的玩家,正在专心致志打着《俄罗斯方块》,以及准备前往现代艺术博物馆的奥托和尹佳,但是我们有没有感同身受,觉得这些人物身上发生的故事和发生在我们身上的事是一样的呢?

奥托是一位阿尔茨海默病患者,当他听闻现代艺术展览馆有一场不错的展览时,他决定前往观看。奥托借助日常使用的记事本上记下的地址,和一个健康的人尹佳凭借记忆一样,来到纽约53号大街。按照克拉克和查尔默斯的论证,心智延展到了世界中是因为:(1)尹佳相信回想53号大街可以到展览馆的信念;(2)奥托相信借助记事本到展览馆的信念;(3)奥托的记事本所起的作用和尹佳的记忆是一样的。延展心智试图表明,在完成一项认知任务时,我们借助外部认知装置所起的作用解决了难题。对奥托而言,如果这样的像记事本一样的认知装置丢失了,就相当于自己的心智也丢失了。这样的故事放在我们日常生活中,同样会有类似的尴尬,丢失了手机就像要了老命一样。我们当然不是每时每刻处在类似极端的不停丢失手机的情形中,但是这些极端的例子出现时,我们仍然需要去解释它。即在经验生活中,如果我们坚持认知主义所主张的,奥托的心智延展到了记事本上,认知过程从颅骨内延展到了世界中,就没有办法说明认知的标志以及认知边界在何处了。按照这样的主张,我们没有办法说明奥托记事本所起的作用,也没有办法说明手机丢失后我因为何事而感到尴尬。

认知的标志是一种内在主义主张,认为心智现象或表征只能在脑内找到。从经验事实上来看,我们不需要太强的本体论承诺,来为奥托找到一个认知的标志。因为,对奥托的经验生活而言,记事本的作用和效果就是他心智的功能表现。自己的头脑没有记事本介入,不能产生效果,记事本在没有自己头脑介入时,也不能产生效果,只有当奥托面临一个难题时,借助记事本才完成了他的认知任务。从机制主义的角度来说,奥托的例子带来的困难在于没有办法定位奥托的心智究竟在颅骨内还是世界中。但是注重经验事实,而反对机制主义的内在原则恰好是实用主义可以赋予延展认知科学积极意义和哲学基础的地方。

### 三、延展认知的实用主义主张

认知科学可以持两个立场,一个是理想主义立场,另一个是现实主义立场,第一代认知科学通过计算-符号,以抽象的逻辑的方式理解认知,将认知视为一个头脑内处理的信息输入和输出,这种将人类认知活动视为一个中央处理器的运行是一种将认知活动抽象出一个认知主体生活环境,既无身体亦无情境。这等于将心智理解为一个逻辑推理装置,即心智的机器隐喻。这种祛身体和祛情境的立场即为一种理想主义立场。第二代认知科学扩展了认知或心智定位在脑内的传统观念。然而这一扩展工作的后果确实突破了一个纲领,即认知主义主张的计算-表征纲领,但是却令认知科学步入一个丧失统一研究纲领的时代。

对丧失统一研究纲领的担忧,学术界开始以"实用主义转向"(pragmatic turn)为名,尝试统一认知科学。2014 年在德国法兰克福召开的第 17 届恩斯特·斯特吕格曼论坛(Ernst Strüngmann Forum)的主题定位在与传统以表征为中心的工作框架相区别的以行动为导向的新范式。① 如前所言,光看重表征未免过强,光看重行动同样过强。对于不同形态的认知理论,需要区别对待。例如,具身认知科学的核心注意到身体的行动与环境互动对认知的影响,在知识产生的实践层面考虑的是如何行动。但是延展认知科学却不完全按照如何行动来理解认知,在知识产生的实践层面考虑的是如何做到,强调人类认知活动与环境耦合。在《认知科学研究的实践进路:具身的和延展的》一文,我对二者的区别做了详细论述,这里不再赘述。②

认知科学除了上述立场上的差异,在工作原则上也有区别。第一代认知科

---

① Andreas K. Engel, Karl J. Friston, Danika Kragic, *The Pragmatic Turn: Toward Action-Orented View in Cognitive Science*. London: The MIT Press, 2016.
② 黄侃. 认知科学研究的实践进路:具身的和延展的[J]. 自然辩证法通讯. 2019, 41(09): 15 - 21.

学所做的工作是以规范性的要求来讨论认知和心智。所谓的规范性表现为对认知和心智进行定位的要求,瓦雷拉(Francisco J. Varela)将这一要求视为"笛卡尔式焦虑",丹尼特(Daniel Dennett)将其视为"笛卡尔剧场",克拉克将其视为"表征饥渴症"。如果关于认知和心智的解释脱离了这种定位的要求,则相当于脱离了这种规范性。不过,我们还发现,延展认知科学的相关研究和这种规范性的要求有别。延展认知科学的案例通常以描述性方式来表达认知的某些特殊形态。例如描述一些特殊群体,例如阿尔茨海默病患者,在《延展心智》一文中的奥托,和另一篇《纪念品的复仇:延展心智、延展的》("Memento's Revenge: The Extended Mind, Extended")的文章中描述悬疑片《记忆碎片》中的阿尔茨海默病患者兰纳德。另一种特殊形态是因智能社会渐成趋势,人类的实际生活场景在发生变化,如智能手机等设备的使用,已经成为认知装置,我们借助它们完成日常的生活和生产。很显然,描述性适用于对实践的讨论,规范性则无法对实践展开说明。

克拉克在《超尺度的心智》(*Supersizing the Mind*)一书开篇就引用了杜威的一句话:"手和脚,装置和器械所有这些就和在头脑中的变化一样是它(思维)的一部分。因为这些物理的操作或设备是思维的一部分,思维是心理的,并非因为一种特殊的物质进入到它其中或特殊的非自然行为构成了它,而是因为物理行动和设备这样做了:不同目的所被采用的和完成的不同的结果。"[1]同样,查尔默斯在为该书撰写的前言中写道:"延展心智就是这样的主题:当环境的那部分与大脑以正确的方式耦合,它们就成了心智的部分。这个主题有一段漫长的历史:就我所知,其中有杜威、海德格尔和维特根斯坦。"[2]尽管克拉克注意到杜威哲学的实际意义,但是没有展开大规模的说明,从而为延展心智做出实用主义辩护。

实用主义在现代哲学中有一定的叛逆精神,它与现代哲学中有一些继承了

---

[1] John Dewey, *Essays in Experimental Logic*. New York: Dover Publications Inc, 1916, p. 14.

[2] Andy Clark, *Supersizing the Mind: Embodiment, Action and Cognitive Extension*. New York: Oxford University Press, 2008, p. x.

形而上学和二元论追求超越性的传统不同。前文我们已尝试从实用主义者詹姆士身上为认知科学做了实用主义解析,试图表明延展认知科学与实用主义更为贴近。从杜威身上,我们为延展认知科学找到更深一层的哲学基础。

关于杜威哲学,可以简单刻画为两个特点:第一,注重实践和现实生活,实践是解决人与环境的最佳办法。第二,反对人类(主体)中心论。杜威认为通过实践实现认知主体与环境的交互作用,而不是关注理想化的理智的运作过程。以康德(Immanuel Kant)为开端开创的"哥白尼革命"强调人的主体理性地位,忽视环境的作用。以笛卡尔(René Descartes)为开端开创的心-身二元论,把两个实体分割开。杜威尝试另外开辟一种不受现代哲学形而上学和二元论约束的哲学。如前所言,第一代认知科学是这种现代哲学的遗产,如若杜威哲学可以摆脱这种哲学的限制,那么我们也希望以这种哲学来为延展认知科学做出实用主义解析。延展认知科学以积极的外在主义为主张,看中心智在延展过程中外部认知装置扮演的重要作用。心智在通过外部认知装置完成认知任务的过程中,从大脑延展出身体到环境中。

有机体与环境的耦合是形成认知活动的根本条件,无论是低阶的感觉运动技能,还是高阶的意识活动,皆是与环境发生互动的产物。针对认知主体和被认知的客体之间出现的分离,杜威曾指出过,(逻辑学家们)"他们的作品仍然展现出的那种分离正是 17 世纪认识论中认知主体与被认识的客体之间的分裂的幽灵再现——而后面这些分离正是中世纪的'精神性'的本质与'质料性'的自然和身体之间的分离的幽灵的再现——经常还有一个混合了或选择了某些活动的'灵魂'居于其间"。① 无疑,杜威在这里暗示了像笛卡尔和康德等哲学家,这个"幽灵"的表述极其类似于豪格兰德的"小人"和丹尼特的"侏儒"。对于认知主体和认知客体所构成的认知(konwing)和所知(konwn)之间的关系,杜威给出了两种解释,一种是相互作用(iner-action),一种是交互作用(trans-action),他用这两个概念指出认知和所知是连续的探究过程,"认知和被认知的内容在同样的意义上是可观察的事实","认知作为一种正在进行的行为活动的事实来观察之后,

① 杜威. 杜威全集·晚期著作(1925—1953)第 16 卷(1949—1952)[M]. 汪洪章,吴猛,任远,马荣,译. 上海:华东师范大学出版社,2015:44.

将很快被感觉到。观察不仅进行区分,还将在其他时候被当作彼此孤立的东西加以对待、因而被要求通过某种外部媒介组织在一起的一系列的事物结合在一起","认知时时处处都无法与所知之物分开——二者是同一事实的两个方面"。① 基于认知和所知的表述,以及对二分法的反对,杜威强调认知和所知是一体两面的事情,表明了人类的认知活动与环境之间存在的动态耦合特征。同时,从漫长的演化过程来看,这种动态性在相互作用和交互作用中发生,在主观和客观以一种组合的方式和系统中发生,最终呈现了人类智能发展的形态学。

## 四、结语

实践转向是一场形态学意义上的革命。科学实践哲学在知识形态学上做了一场形态学革命,认知科学的实践转向则从智能的形态学上实现了一场革命。身体和世界之间的系统是一个形态学意义上的关系搭建起来的一个非静态、稳定的系统。作为一个动态的系统,在时间上这个系统在发生变化和变形。认知主体不仅存在从年幼到年长的认知形态变化,也存在认知主体在面对一个认知装置(一个人或智能体,一个物件,一支笔,一张纸),认知发生着一种智能形态学上的变化。"如果说所知者和认知者与社会、异质的工具和历史的演化之间存在一种相加、叠加、增加和整合的样式,不如说对实践的强调是一场形态学意义上的革命。"②

---

① 杜威. 杜威全集·晚期著作(1925—1953)第 16 卷(1949—1952)[M]. 汪洪章,吴猛,任远,马荣,译. 上海:华东师范大学出版社,2015:43,44,45.
② 黄侃. 认知科学研究的实践进路:具身的和延展的[J]. 自然辩证法通讯. 2019,41(09):21.

# 信念、隐念与行动

王球　复旦大学哲学学院

绝大多数哲学家和心理学家认为,我们可以不借助科学心理学专业术语,只需使用"信念""欲求""意图""希望"之类的常识心理学概念,即可在日常生活中很好地解释和预测人们的心理活动与行为表现。但在美国当代哲学家塔玛·詹德勒(Tamar Gendler)看来,这套信念-欲求-意图模型是有缺陷的。她的本意不是去质疑常识心理学因为不够"科学实在"而采纳取消主义立场,她试图表明:人们常常做出各种各样与自己的信念不一致的行为,为了合理解释这类现象,更是为了捍卫信念的理性特征,我们应当在常识心理学的概念框架里增设一个全新的概念,那就是她所说的"隐念"(alief)。这个概念非常重要,不仅因为隐念与信念、欲求一样真实,更因为它有广泛的解释效力和实践价值。

## 一、隐念与信念

要领会"隐念"这个新概念,我们不妨从一些日常事例入手。根据哈布斯(Graham Hubbs)的理解,这些事例大致分为三类:第一类,视觉外观(appearances)迫使人们在行动时忽视真实证据的存在;第二类,个人习惯(habit)迫使人们在行动时抑制了相关记忆;第三类,先入为主的启动效应(priming)产生了可预测的行为。[①]

---

① Graham Hubbs, "Alief and Explanation," *Metaphilosophy*, 2013(44): 608.

第一类：当你登上东方明珠塔的悬空走廊时，看见游客在上面嬉闹，你有充分的证据相信悬空走廊的玻璃板足以支撑你的体重，但你仍然感到惊恐，止步不前，甚至远离它。你真心相信(believe)悬空走廊很安全，但你仍然隐信(alieve)这地方不安全。此时你的隐念(alief)内容是："太高了！不安全！赶紧撤！"①类似的，当一位创意糕点师把软糖做成污秽物的形状请你品尝时，你有充分的证据相信这是安全可食用的，但你仍然感到恶心，不敢触碰。此时你的隐念内容是："脏东西！恶心！快拿走！"②

第二类：你出差来上海，到了机场才发现没带钱包。你的朋友慷慨地借给你五千块钱，你道了谢，一边接过钱一边做出掏钱包的动作。你有充分的证据相信自己的钱包遗落在千里之外的家中，毕竟此刻借钱正是因为钱包不在身上，但你同时隐信了相反的情况。你的隐念内容是："好多现金，找个安全的地方保管好，快拿出钱包。"③

第三类：心理学家巴尔(John Bargh)做了这样一个实验。让被试在给定的词库里完成填句任务，A词库只包含中性的词汇，B词库包含中性词汇和礼貌性词汇，C词库包含中性词汇和粗鲁的词汇。完成填句任务后，让被试跟一位实验员谈话，实验员滔滔不绝说了10分钟。那些做了C词库填句任务的被试很快就频繁打断实验员，A组被试则表现稍好，B组被试几乎都能耐心听完。实验发现，不同的启动训练产生了不同的可预测的行为。④这个案例与前两类不同，被试没有表现出与其信念不相符的行为。但是詹德勒认为，我们应该把"与粗鲁语词相关的一连串的情绪倾向和行为方式"归属给C组被试，他们在那个场景下表征的是隐念，而非信念。⑤

针对这个说法，有人立即反驳，我们无需引入所谓的隐念，不同的事例能用

① Tamar Gendler, "Alief and Belief," *The Journal of Philosophy*, 2008(105): 634 - 635.

② Tamar Gendler, "Alief and Belief," *The Journal of Philosophy*, 2008(105): 635.

③ Tamar Gendler, "Alief and Belief," *The Journal of Philosophy*, 2008(105): 636 - 637.

④ Tamar Gendler, "Alief and Belief," *The Journal of Philosophy*, 2008(105): 655 - 656.

⑤ Tamar Gendler, "Alief and Belief," *The Journal of Philosophy*, 2008(105): 656.

不同的解释资源讲清楚：有些用本能去说明，有些用习惯去说明；有些用遵从捷思法的认知系统1(相对于遵从逻辑规则的认知系统2)去说明，另一些用遗忘去说明；有些用想象去说明，有些可用自我欺骗或错误信念去说明。① 一方面，詹德勒对此给出了具体的澄清和反驳。② 另一方面她强调，这种经典的认知主义图景忽略了不同类型事例背后重要的相似性特征，该特征必须用不可还原的"隐念"才能充分刻画。③ 总之，"如果你想认真弄清楚人类的心智是怎样运作的，就必须为隐念这一观念腾出概念空间"④。那么隐念究竟是什么呢？

　　詹德勒其实并没有给"隐念"下过明确定义。考虑到这是一个生造的概念，她在不同的文章中多次谨慎地承认，对隐念的刻画是试探性的和可修正的。⑤ 大致而言，我们用信念和欲求去解释有意图的、归属于理性领域的行为，用反射(reflex，例如膝跳反射)去解释缺乏表征中介的刺激反应，隐念作为一种居于二者之间的心理状态，是一种本能的或习惯性的倾向，它触发了我们以特定的方式对外显的刺激(apparent stimulus)做出反应。⑥ 一个典型的隐念是这样一种心理状态：它由表征(representational)、情感(affective)和行为(behavioral)内容所构成，三者以关联的方式紧密结合；受主体内在或外在的环境特征影响，隐念有意识或无意识地被激活，它可以是当下发生的(occurrent)，也可以是倾向性的(dispositional)。⑦ 关于隐念的具体特征，詹德勒使用了一组字母"a"为前缀的概念来刻画。隐念是内容关联的(associative，例如我看到 A 立即产生情感 B 并做出行动 C)，不由自主的

① Tamar Gendler, "Alief in Action (and Reaction)," *Mind and Language*, 2008 (23): 556.

② 参见 Tamar Gendler, "Alief and Belief," *The Journal of Philosophy*, 2008(105): 638-641。

③ Tamar Gendler, "Alief in Action (and Reaction)," *Mind and Language*, 2008 (23): 556-557.

④ Tamar Gendler, "Alief and Belief," *The Journal of Philosophy*, 2008(105): 642.

⑤ 参见 Tamar Gendler, "Alief in Action (and Reaction)," *Mind and Language*, 2008 (23): 555; Tamar Gendler, "Between Reason and Reflex: Response to Commentators," *Analysis*, 2012(74): 803。

⑥ Tamar Gendler, "Alief in Action (and Reaction)," *Mind and Language*, 2008 (23): 553.

⑦ Tamar Gendler, "Alief and Belief," *The Journal of Philosophy*, 2008(105): 642.

(automatic,哪怕意识到了也不受意志的控制),无关理性的(arational,既不是理性的,也不是非理性),是人类与非人类的动物(animal)所共有的,它在概念上先行于(antecedent)其他认知态度(比信念和欲求更为原始),它有情感负荷(affect-laden),并且可以直接产生行动(action-generating,无需欲求作为中介)。①

除此之外,另有两点需要强调。首先,上文所述涉及隐念的事例,几乎都是与主体的信念不一致的行为,但是隐念涵盖的范围不止这一类。隐念和信念都会激活行为倾向,但二者有时是相反的,有时是一致的。当隐念与信念相反时,行为主体受到"不合规范的隐念"的支配;当隐念与信念一致时,行为主体会受"符合规范的隐念"的支配。② 举个例子,当一条蛇迎面袭击你时,基于某些理由,你的信念表征了蛇是危险的动物,从而激活了你立即做出躲避的行为。不仅如此,这时你的隐念也在起作用,该隐念与具有规范性的信念(对蛇的恐惧)一致。如果你质疑这个案例与隐念无关,请设想这样一个反事实场景:假设你有充分的证据和理由相信,被这条蛇咬一口不仅不会受伤,反而能治愈你的风湿病。按照经典的认知主义图景,既然你有一个信念,相信被蛇咬能治病,又有治病的意愿,于是你应该会坦然不动任由蛇咬,然而真要这么干,你肯定还会惊恐地试图躲避面前这条蛇,因为此时你还受到隐念的支配,在这种情况下,你的隐念与规范性的信念(让蛇咬)是不符合的。③ 从中可以引出第二要点:虽然詹德勒没有对隐念做出具体定义,但她认为信念与知识和理性密切相关,从属于"理由空间"。信念旨在探求真相(tracking truth),从而能够随着世界的事实证据发生改变立即做出修正;与之相反,隐念对事实证据并不敏感,只会随着习惯的改变而改变。④ 因此信念和欲求是命题态度,隐念只是一类在本体论上与信念和欲求享有同等地位的心理状态。

---

① Tamar Gendler, "Alief in Action (and Reaction)," *Mind and Language*, 2008 (23): 557–558.

② Tamar Gendler, "Alief in Action (and Reaction)," *Mind and Language*, 2008 (23): 570.

③ Tamar Gendler, "Between Reason and Reflex: Response to Commentators," *Analysis*, 2012(74): 806.

④ Tamar Gendler, "Alief in Action (and Reaction)," *Mind and Language*, 2008 (23): 565–566.

## 二、批评与回应

隐念理论一经问世就引发了哲学界的广泛关注。例如《隐念与信念》("Alief and Belief")入选《哲学家年刊》(*Philosopher's Annual*)评选的年度最佳十篇论文(2008 年),此文连同姊妹篇《行动(与反应)中的隐念》["Alief in Action(and Reaction)"]随后被詹德勒收录到《直觉、想象与哲学方法论》(*Intuition, Imagination, and Philosophical Methodology*,2010 年)。2012 年第 4 期《分析》(*Analysis*)杂志为这本书开辟专栏展开讨论,批评与回应多是围绕隐念理论展开的。此外,散见于其他哲学刊物的专文评论不胜枚举。本节通过评估几种主要的批评,指出这些批评对隐念理论没有构成实质性的挑战。如果隐念理论有什么问题,那就是詹德勒预设了一种极具理性主义色彩的信念理论。尽管这种信念理论在当下是稀缺的[①],或许博伊尔(M. Boyle)的"主动信念论题"(active belief thesis)能够充当隐念理论的配置项(desiderata)。然而如果采纳博伊尔的信念理论,詹德勒又会偏离她的哲学自然主义立场。

首先,让批评者感到困惑的是,既然一个隐念内容包含了表征、情感和行动要素,它还是一个基本的心理范畴吗?这难道不是一组由更为基本的心理状态构成的大杂烩?[②] 当你站在悬空走廊前,你的隐念内容是:"太高了! 不安全! 赶紧撤!"这里既有视觉表征 R,又有情绪反应 A,还有行为反应 B。正如道吉特(Tyler Doggett)指出的那样,隐念的 R-A-B 内容组合可被当作一个原子式的心理范畴,而一个有意图的行动也有信念-意图-行动的内容组合,但是我们不会把后者当作一个原子式的心理范畴,所以隐念理论难以让人信服。[③]

---

① Tamar Gendler, "Between Reason and Reflex: Response to Commentators," *Analysis*, 2012(74): 809.

② Tamar Gendler, "Between Reason and Reflex: Response to Commentators," *Analysis*, 2012(74): 805.

③ 参见 Tyler Doggett, "Some Questions for Tamar Szabó Gendler," *Analysis*, 2012 (72): 770–772。

　　针对这个质疑，詹德勒一方面认为"受限于我们的词库，目前不得不用这三类语词描述一个隐念的内容，这样做并不意味着它是一个三合一的混合状态"①；另一方面她又保守地表示："我只是做了一个等价论证：任何诉诸信念、欲求和假装（pretending）等概念去解释行动的理论，同样需要诉诸隐念，以便我们去理解各种各样复杂的现象。"②在詹德勒看来，道吉特的反驳并不成立。信念-欲求-行动通常是可分离的，但一个典型的隐念内容总是由 R-A-B 紧密结合而成的（把它说成是"结合"，只为方便描述隐念的内容），它可以是先天的本能（例如恐高），也可以是经由习惯获得的（例如伸手掏钱包的动作）。刚才所述被蛇袭击的反事实例子可以解释隐念的不可拆分性：即使你相信被蛇咬能治病，同时也有治病的意愿，你还有一个原子式的隐念在那里。③ 你看到蛇（视觉表征 R）就会不由自主地心生恐惧（情感加载 A）而躲避它（触发行为 B）。

　　与之类似，曼德鲍姆（Eric Mandelbaum）为詹德勒设置了一个两难困境。他要追问，隐念是一个健全（robust）的概念，还是一个紧缩（deflated）的概念？前者把隐念视为过去未曾发现的心理学的基本范畴，后者像道吉特理解的那样，把它当作一组现有的心理状态的大杂烩。如果隐念含有表征内容，它就无法使得自身成为一个区别于其他心理状态的独立范畴，因此就不是健全的；如果隐念仅仅是关联式的 R-A-B 结构，我们就没必要设定这样一个奇怪的心理学概念。④ 很显然，这个质疑的要害直指隐念的表征内容。如果隐念带有语义的或概念化的表征内容，正如道吉特所批评的，它就不足为奇，只是信念加情感加行动的一簇组合。如果隐念不具有表征内容，那么它又是什么呢？

　　詹德勒表示："相比于信念的表征内容，归属给隐念的表征内容是浅加工的，这一点尤其表现在它无法与（同时被主体的内在或外在环境特征所激活的）其他

①　Tamar Gendler, "Alief and Belief," *The Journal of Philosophy*, 2008(105): 643.

②　Tamar Gendler, "Alief in Action (and Reaction)," *Mind and Language*, 2008(23): 555.

③　Tamar Gendler, "Between Reason and Reflex: Response to Commentators," *Analysis*, 2012(74): 805-806.

④　Eric Mandelbaum, "Against Alief," *Philosophical Studies*, 2013(165): 197-198.

表征内容完全相容。"①她把隐念放在表征内容的示例谱系里进行比较。不妨设想，你的膝盖被小锤子敲了一下产生膝跳反射，从而踢到了脚边的一只足球，这是无意图的行为，该行为没有任何表征内容促成。如果你嫌足球碍事，有意识地踢了它一脚，你需要有一个信念"这只足球碍事"，这个信念有完备的表征内容，它充当了产生这个行为的中介。设想你最近学踢球学得起劲，看到脚边有只足球忍不住踢了一脚，不妨说这是一个由隐念导致的行为。② 然而该隐念的表征内容却不能融入到其他语义性的表征内容中去，因而也就无法进入到信念图式（dogmatic schema）进行推理反思。遗憾的是，无论这组示例对比多么生动，詹德勒并没有对隐念表征内容的"浅加工"机制进行说明，这层辩护仍然是不完整的。

第二类批评祭出了"奥卡姆剃刀"原则：虽然隐念表面上能够解释那些信念与行为不一致的事例，然而通过详尽的分析，一旦刻画出行为主体缺省配置的信念（以及其他相关的命题态度），就没有必要引入"隐念"这个概念。上一节已经提到，哈布斯区分了三种类型的隐念事例，尔后他对其中每一种类型的事例都给出了具体的反驳。③ 杰克·邝（Jack Kwong）也采取了类似的批评策略。以污秽物形状的软糖为例，张三相信(a)我面前的这块软糖是由健康味美的食材做成的，可是张三又因为软糖恶心的外观而拒绝食用，因此张三隐信了一个与(a)相反的情形。邝认为，詹德勒在刻画这个事例时遗漏了张三的缺省信念：

(b) 我面前的这块软糖像一坨狗屎。

(c) 任何像狗屎的食物都使我（tend to be）毫无食欲。

(d) 任何使我毫无食欲的食物通常都应该避免食用。

根据这三个缺省信念，我们可以把信念(e)归属给张三：(e)我应该避免食用面前的这块软糖。于是张三既有信念(a)又有与之相反的信念(e)。基于张三当下对软糖欲求的强度，在行为表现上，他可以拒绝吃这块软糖，也可以吃这块软

---

① Tamar Gendler, "Between Reason and Reflex: Response to Commentators," *Analysis*, 2012(74): 800.

② 这个例子改编自詹德勒，参见 Tamar Gendler, "Between Reason and Reflex: Response to Commentators," *Analysis*, 2012(74): 801-803。

③ 参见 Graham Hubbs, "Alief and Explanation," *Metaphilosophy*, 2013(44): 611-615。

糖——如果饿急眼的话。无论如何,通过分析展现行动主体在该情景中完整的信念条目,而不诉诸隐念理论,仍能很好地解释这个事例。①

站在詹德勒的立场看,这类批评貌似合理,但别忘记,詹德勒为信念和行动设置的理性能动性门槛比批评者设想的要高。在她心目中,(b)、(c)、(d)以及相应的(e)都不能在严格意义上被视作信念。"信念是针对事物是怎样的一种回应:而不仅仅是针对事物使我怎样(tend to be)或显得怎样(seem to be)。由信念产生的行动,是基于思考了整个事情的所有证据,并经由理性和规范性的修正的心理状态而产生的。"②

如果坚守这一准则,那么类似的,斯奇维格贝(E. Schwitzgebel)在解释信念与行为不一致的现象时提出了"中间信念"的说法(in-between belief),这只是因为斯奇维格贝采纳了那种把信念视为行动倾向的信念倾向论(dispositionalism)③;当阿巴哈里(M. Albahari)用语境主义进路为詹德勒所做的信念与隐念的区分打圆场时,也不意味着她完全支持隐念理论,只是因为她从生物进化功能的角度把信念理解为用以"求准"(tracking accuracy)而非"求真"(tracking truth)的心理状态。④ 因此,面对上述批评,詹德勒大概会认为,她的隐念理论不成问题,问题只是与之匹配的信念理论不明确。

詹德勒对这一点说得很清楚:"我没能在概念市场中找到合适的信念理论,这只会让我愈发觉得,为修补隐念理论所做的技术化努力实在有点捉襟见肘。"⑤因此,刻画一种与隐念理论配套的信念理论是必要的——尽管詹德勒自己没有做这项工作——这种必要性不仅是一个技术性要求,更有"由小学而入经

① Jack Kwong, "Resisting Aliefs: Gendler on Belief-Discordant Behaviors," *Philosophical Psychology*, 2012(25): 81–82.

② Tamar Gendler, "Alief in Action (and Reaction)," *Mind and Language*, 2008 (23): 570.

③ Eric Schwitzgebel, "Acting Contrary to Our Professed Beliefs or the Gulf between Occurrent Judgment and Dispositional Belief," *Pacific Philosophical Quarterly*, 2010(91): 533.

④ Miri Albahari, "Alief or Belief? A Contextual Approach to Belief Ascription," *Philosophical Studies*, 2014(167): 714.

⑤ Tamar Gendler, "Between Reason and Reflex: Response to Commentators," *Analysis*, 2012(74): 809.

学"的学术旨趣。把习而不察的隐念从人们通常认为的虚假的信念中剥离出来，以此彰显信念的规范性和理性能动性。

根据当代主流心灵哲学家的观点，"'信念'这个概念通常指称人们把某个东西当作事实或视之为真的那种态度。在此意义上，相信某个东西不需要主动去反思它"①。由于信念内容可以命题化，因此信念是一种（视其内容为真的）命题态度。然而詹德勒并不同意这种流俗见解，她一方面沿袭了把信念称为"命题态度"的用法，另一方面，指出"命题态度"只是信念的必要非充分条件，此外还得加上反思性的、对证据负责、与知识和理论等概念密切相关、从属于"理性空间"、与信念主体有着能动性关联之类的约束条件。② 这些约束性条件有一个共同要求，就是信念应该不受主体内在的其他心理状态或外部环境的非证据因素的干扰，它仅由单纯的理性能动性（rational agency）直接产生和把握。这种信念理论的确罕见，即便是詹德勒在引述中较为认同的威廉姆森（Williamson）和麦克道威尔（McDowell）的信念理论也难担其职。倒是博伊尔在一篇题为《主动信念》（"Active Belief"）的论文里，指出了这一问题并提供了他的解决方案。

当代信念理论中存在着一个问题：一方面，理性主义者表示，当我们相信什么时，我们是在施以某种理性能动性；另一方面，绝大多数当代哲学家认为，相信什么并不取决于我们自己，我们无法随心所欲地去相信某事，人之所愿或许可以影响到人之所信，然而这种影响算不上是某种形式的控制或能动性。③ 博伊尔表示，大多数理性主义的信念理论承诺了一个人对自己的信念负有认知责任，但这种责任类似于"看护"。我对我的某个信念担负责任，因为我可以通达和作用于（access and act upon）该信念。好比我购买了一台相机，我可以保养它，改造它。这里的通达和作用，相比我对我的有意图的行动而言有很大的不同。我的行动与我本人有着更为密切的关联，我并不"作用于"自己的行动，我的行动是我

---

① 参见 Eric Schwitzgebel, "Belief," *Stanford Encyclopedia of Philosophy*（Summer 2015 Edition）, Edward N. Zalta（ed.）, http://plato.stanford.edu/archives/sum2015/entries/belief/。

② Tamar Gendler, "Alief in Action（and Reaction）," *Mind and Language*, 2008 （23）: 565.

③ Matthew Boyle, "Active Belief," *Canadian Journal of Philosophy*, 2009(39): 119.

"做出"的,而我对我的信念或我手头的这台相机,却不能施加这种直接内在的能动作用。① 博伊尔表示,理性主义者在信念主体与自身信念的关系问题上还不够强,作为认知主体的能动者对其自身的信念只能施加"外在控制"。他自己的"主动信念论题"旨在内化和强化这层关联:"认知主体之于自己的信念,在某些重要的方面类似于行动主体之于自己的行动。这不是说我可以随心所欲地去相信,而是因为相信与意愿(willing)都借助于一种通用的能力去施行更加理性的自我决定,这种能力建立在(包括理论的和实践的)自我控制的基础之上。"②事实上,博伊尔对信念的理解有浓厚的康德哲学色彩。他认为,一个能够自觉(self-consciously)反思自己信念的认知主体,能将自身置于这个问题:"我为什么相信 p?"而他是否持续相信 p,取决于他能否为自己辩护这个信念。唯有当他领悟(aware)自己的信念,也就是"我思"伴随着该信念,才能为之辩护。③ 这好比康德不仅要"驱使"感性和知性充当表征的"证人",并且理性作为"自我指定的法官",不能呆坐一边旁观眼前发生的一切,而是要站在"法庭"前面,对自己的表征内容主动地提出原则性的解释。

详述博伊尔的观点和论证并非本文目标,回到詹德勒的隐念理论上来,如果信念的本质如博伊尔所理解的那样是"积极主动的"(active),那么隐念就可以作为独立的范畴从中划分出来,而信念就不会受事物的表观(appearance)、信念主体的生物本能和日常习惯的影响,不夹杂情感要素,也不会直接引发主体的行为。但是我们发现,这个修补貌似合理,问题在于即使博伊尔的主动信念论题能够成立,即使该论题作为配置项从而为隐念理论开辟了可辩护的空间,新的问题也会随之出现。由于博伊尔对信念的理解有着不可还原的规范性要求,同时也预设了和康德式的能动主义自我理论,因此,虽然詹德勒自诩在隐念问题上持自然主义立场(且不说她的自然化说明并不成功),如果她对信念的态度不得不采纳类似博伊尔的理解,那么这种信念理论的反倒成了隐念理论的绊脚石。

---

① Matthew Boyle, "Active Belief," *Canadian Journal of Philosophy*, 2009(39): 121.
② Matthew Boyle, "Active Belief," *Canadian Journal of Philosophy*, 2009(39): 121 - 122.
③ Matthew Boyle, *Kant and the Significance of Self-Consciousness*, Doctoral Dissertation, University of Pittsburgh, 2006, pp. 105 - 106.

### 三、应用与价值

需要说明的是，上一节我们对詹德勒的隐念理论及其批评做出了澄清、修补和诊断，但本文的宗旨不是为隐念实在论成功与否下一个确切的定论。人们常常抱怨分析哲学家只会玩弄概念分析而无实质性的理论贡献，然而从实用主义的眼光看，隐念理论的重要意义，诚如詹德勒之所见，它不仅可以统一解释各种信念与行为不一致的现象，还蕴含了广泛的解释效力和丰富的实践价值。我们人类既是具身性的（embodied）进化产物，也是理性的能动者。在日常生活中，我们的行为经常不符合自己的信念（当然有时我们会享受这种不一致，比如看恐怖电影或者玩过山车），如何调解二者就是一个实践性的论题。詹德勒指出，类似的探索古已有之。"柏拉图、亚里士多德和荀子思考过如何让灵魂的各个部分相互协调，近现代哲学家讨论过理性与激情的关系，当代认知心理学和社会心理学对此亦有细致的实证性研究。调解规导我们的隐念大致有两种办法：一种是亚里士多德在《尼各马可伦理学》里所强调的，通过有意的练习培养出与信念保持一致的行为习惯；另一种是笛卡尔在《论灵魂的激情》里提到的，用定向想象（directed imagination）来转移注意力也可以抑制隐念。"[1]

詹德勒举了一个种族主义隐念的例子。心理学家发现，即使在那些真诚提倡反对种族歧视的人群中间，很多人还会不由自主地隐信种族主义。在实验中，不少白人看到一张黑人面孔就会迅速地把某个不明物体误认为是一把枪。刚刚提到的两种调节办法堪称针对种族主义隐念的"认知治疗"。[2] 另一个应用案例由拜里（J. Baillie）提出，他讨论的是我们面对生死大限的态度。人免不了有一死，这是我们都知道的，然而我们纵使不会怀疑自己终有一死，却在另一种意义

---

[1] Tamar Gendler, "Alief in Action (and Reaction)," *Mind and Language*, 2008 (23): 554.

[2] 参见 Tamar Gendler, "Alief in Action (and Reaction)," *Mind and Language*, 2008 (23): 572‑578。

上,也不会完全相信这一点。正如海德格尔所说的那样,很少有人能够"先行到死中去"。当一个人拿到病危通知单时,他会感到震惊,甚至愤怒,并且表现出断然不肯接受事实的行为。拜里表示,引入隐念与信念的区分外加其他理论资源,不仅能够解释这个现象,还能在实践中帮助我们以恰当的态度直面死亡。①

以上两个案例试图调解或抑制我们的隐念,对于另一些情况,在理论上强调隐念,或在实践上强化隐念,则使我们大受裨益。豪格(M. Haug)指出,心理学家对安慰剂效应有许多竞争性的解释,这些说法都在强调典型的条件反射以及有意识的信念的重要性,但是无法对安慰剂效应提供统一性的心理学解释。相比之下,诉诸和强调隐念概念则能克服这个理论困难。② 类似的,斯切巴特(R. Scherbart)表示,虽然哲学家对人类在这个决定论的世界中缺乏自由意志感到担忧,但心理学家发现,相信强决定论的人对自己的行为过错不那么内疚,并且比起相信自由意志的人,他们对自己的工作不太满意,同时也缺乏创造性。因此,哪怕强决定论是对的,接受作为隐念的自由意志并在实践中强化它,不仅可以缓解此类心理问题,在法理学上也富有价值。③

不仅如此,我们或许还能设想用隐念去解释为什么一个坚定的科学主义者在某些宗教场合会心生虔敬、顶礼膜拜;可以用隐念去解释为什么科学家即使发现了重大的科学反例也不会急于拥抱新的科学范式;可以用隐念去解释为什么在"抽彩悖论"中基于概率的信念表达方式与信念推理规则之间会出现不一致。不难看出,只要我们放宽要求,汲取詹德勒的部分洞见,接受一种实用主义或工具主义意义上的隐念理论,或许能在一系列纷繁复杂的人类思想与行为现象中整合出一套新的解释视角。

（原载《浙江学刊》2019 年第 2 期）

---

① 参见 James Baillie, "The Expectation of Nothingness," *Philosophical Studies*, 2013 (166): 185 - 203。

② 参见 Matthew Haug, "Explaining the Placebo Effect: Aliefs, Beliefs, and Conditioning," *Philosophical Psychology*, 2011(24): 679 - 698。

③ 参见 Ryan Scherbart, *Determinism, Alief, and Observer-Dependent Freedom: How to Mitigate the Consequences of Deterministic Thinking*, Doctoral Dissertation, UC Santa Cruz, 2013。

# "认知意义谜题"与皮尔士的指称理论

王健　西安交通大学哲学系

　　语言表达式如何有意义地关联于对象,是语言哲学中指称理论研究的重要论题。一种很自然的观点认为,语词,凭借一致的约定来指称对象,我们据此构造句子来解释其与对象之间的意义。换言之,语词的意义需要考虑其所指称的对象来确定:指称不同对象的同一语词应该具有不同的意义,必须加以区分;而指称同一对象的不同语词应该具有约定的相同意义,因此可以相互替换。但是细究起来,该观点确实存在一些不容回避的困难。例如,在句子"晨星是拂晓时分东方天空中最亮的星"和"昏星是日落时分西南天空中最亮的星"中,尽管"晨星"和"昏星"指称同一对象,然而具有不同的意义,因此不可相互替换。同样,在句子"今天是 8 月 21 日"和"昨天是 8 月 21 日"中,"今天"和"昨天"具有同一指称对象,如果将它们相互替换显然也是有问题的。

　　弗雷格(Gottlob Frege)以来的许多语言哲学家致力于对该论题的思考,贡献出涵义理论、历史因果论、直接指称论等思想资源。有学者将这些资源与美国哲学家查尔斯·桑德斯·皮尔士(Charles Sanders Peirce)的语言哲学思想相比较或结合起来考察,试图一方面拓深对意义和指称问题的思考,另一方面扩展当代语言哲学研究的历史跨度,将皮尔士重新拉入到语言哲学史的范围内。但是,这些比较与结合或流于表面,或失于误读,很难取得理想的成效。以对指称理论中的"认知意义谜题"的考察为线索,比较和结合皮尔士与当代语言哲学中的指称理论资源,便是本文意图挖掘和拓展皮尔士相关思想价值的研究路径。

　　本文的结构大致安排如下:在第一部分中,我们会先结合弗雷格的研究提出"认知意义谜题"及其解决方案,并给出克里普克(Saul A. Kripke)的批评。在第二部分中,我们将指出历史因果论对克里普克的误读,以及对皮尔士相关文本的误读,在简单地澄清之后,阐明直接指称论者佩里(John Perry)在真正结合皮尔士符号学思想的基础上对"认知意义谜题"的解决。本文的第三部分将先重点解释皮尔士的指称理论和符号实效主义,进而指出其回应"认知意义谜题"的关键,总结皮尔士思想对当前指称理论的重要意义。

## 一、指称理论中的"认知意义谜题"与弗雷格方案

### 1. "认知意义谜题"与弗雷格的"涵义"方案

哲学家弗雷格对"涵义"与"指称"的区分①,是其在语言哲学上的重要贡献。尤其"涵义"的提出,被认为是弗雷格对指称理论中同一替换问题的最佳解决。事实上,在《概念文字》时期,弗雷格已然结合关于等式的内容对此做过解释。他提到:"尽管在其他地方,符号只是表示其内容……但是一旦它们被在内容上同一的符号所结合,便立即表示符号本身;因为这意味着两个名称具有相同的内容。"②看起来这样的符号是可以相互替换的,然而弗雷格明确指出其实这是一种"欺骗"。以右图为例:

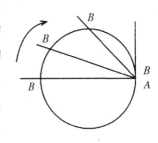

从圆上的 A 点出发,画一条水平射线,该线与圆相交的另一点为 B 点,并将该线沿顺时针方向转动直至形成一条垂直射线,同时,B 点相应地同向移动直至停止。此时,我们在几何学上会凭直觉认为:(1) B 点与 A 点重合,或用等式表示为(2)"A = B"。根据弗雷格的看法,(1)中的 A、B 涉及的是内容,

---

① 涂纪亮先生在《语言哲学名著选辑》(1994 年)中将弗雷格的"Über Sinn und Bedeutung"一文翻译为《论涵义和指称》,王路先生在《弗雷格哲学论著选辑》中将其翻译成《论涵义和意谓》,尽管在弗雷格哲学中后者更为合适,但本文还涉及其他语言哲学资源,因此采用该学科中较为通用的"指称"一词。

② Gottlob Frege, *The Frege Reader*. New York: John Wiley & Sons, 1997, p. 64.

(2)中涉及的 A、B 只是符号,该等式的成立不能脱离整个移动过程而只决定于其内容的同一。"同一内容的不同名称并非总是一个关于公式的琐屑小事,如果它们关联于不同的内容的决定模式(mode of determination of content),便触及核心问题。"①换言之,假设相比于表示 A 点与自身重合的等式(3)"A = A",等式(2)的不同在于其与整个移动过程相关,由此(2)也被认为具有比(3)更多的认知意义(cognitive significance)。虽然 A 与 B 指称同一内容,但是(2)与(3)的认知意义不同,此即所谓"认知意义谜题"或称"弗雷格谜题"(Frege's Puzzle)的一般表述。

尽管"内容的决定模式"一词并未出现在《论涵义和指称》一文中,但是其与"呈现模式"(mode of presentation)或"涵义"(sinn)的相关性是明显的。弗雷格在该文中将"内容"清晰地区分为涵义和指称,涵义包含指称对象的呈现模式,这样,认知意义之谜便可以简单解释为:(2)与(3)的不同在于"A"与"B"的涵义,其中同一对象的呈现模式不同,因而(2)与(3)具有不同的认知意义。可以看出,除了划分"内容",将"呈现模式"看作为内含的,作为"条件"理解的"决定模式"也是前后期两种解释的关键区别。② 我们可以借助一个语用案例来阐述这一细节。

假设有一天警察在马路边通告我:"我们知道李三是一个珠宝大盗。"③恰好当时李三就在我们旁边的路灯下。等警察走开之后,我便告诉了刚刚走来的小张:"当时在旁边路灯下的那个人是个珠宝大盗。"小张后来跑去告诉警察:"你知道当时在旁边路灯下的那个人是珠宝大盗吗?"显然警察会说不知道,否则他已经去抓人了。根据该情景,尽管专名"李三"和描述语"当时在旁边路灯下的那个人"具有同一的指称对象,我们也不能说"警察知道当时在旁边路灯下的那个人是珠宝大盗"。

这里可以简述为:如果 X 知道 a 是 F,并且 a = b,并不能因此说 X 知道 b 是 F。这是"认知意义谜题"的信念式表述,它在逻辑上是不一致的,或者说 X 的信

---

① Gottlob Frege, *The Frege Reader*. New York: John Wiley & Sons, 1997, p. 65.

② Gottlob Frege, *The Frege Reader*. New York: John Wiley & Sons, 1997, p. 23.

③ 该语句以及其后类似表述中的"知道"一词取日常生活中的意义用法,避免关联于知识论学科中的概念性意义理解。

念状态是矛盾的。

根据弗雷格的涵义与指称理论,"在间接表达中,人们谈论的是,比如,另一个人的评说的涵义。很明显在这种方式的表达中,语词不具有其通常的指称,而是指示其通常的涵义"①。这时,语词不能直接指称其对象,而是一种间接指称。该情景中小张所说的描述语"当时在旁边路灯下的那个人"作为间接表述,只表达一种呈现模式,从而与警察通告中直接指称李三的专名"李三"不能相互替换,而如果依据"内容的决定模式"来看,则无法将它们区分开来。实际上,对小张来说,修改后的一种有效报警表述可以是:"你知道当时在旁边路灯下的那个人是李三,也就是你们说的珠宝大盗吗?"根据弗雷格,该句中的专名"李三"与通告中的专名"李三"因此具有相同的涵义,可以相互替换。

### 2. 克里普克对弗雷格方案的批评

克里普克直接质疑弗雷格的涵义概念对于解决认知意义之谜的必要性,他认为这是一个信念问题,而非语义学问题。他认为在"认知意义谜题"的信念式表述中,X 知道 a 是 F 与 X 不知道 b 是 F 只是两个信念之间的逻辑矛盾,它们并非不可以共存,即使按照相同的涵义来理解,X 也可能由于某种原因没有意识到那是同一涵义。克里普克的论证在于借助严格指定词和可能世界理论,使用去引号原则②,在取消同一替换的同时保证两个信念都为真。据此,前述例子中,即使小张修改了表述,警察也有可能在同意当时旁边路灯下的那个人是李三的同时,否认那个人是珠宝大盗,比如警察当时看到情形是那个人四肢不全,根本无法偷窃珠宝商场。由此得出,涵义理论不能解决"认知意义谜题"。

可以看出,克里普克引入一种可能世界或模态语境,事实上改变了原有的指称,而由于语词的意义是语词和对象之间的指称关系的函项,因此相同语词的意义在不同可能世界或模态语境中便是不同的。该一般性结论符合弗雷格哲学的观点,但是考虑到克里普克认为专名的意义即其指称对象本身,便构成了对涵义

---

① Gottlob Frege, *The Frege Reader*. New York: John Wiley & Sons, 1997, p. 154.

② "如果说话者审慎而真诚地同意句子'p',那么他相信 p。"参见 Saul A. Kripke, "A Puzzle about Belief," in *Meaning and Use*, ed. A. Margalit, Dordrecht: Reidel, 1979, pp. 248 – 249。

理论的挑战。克里普克通过把形而上学与认识论模态语境区分开来,指派严格指定词在任何可能世界中都与现实世界指称相同的对象,确定对象本身不变,这样指称关系或语境的转换不会对专名的意义构成限制作用,因此并不关系到信念状态的矛盾解决。

据此回看"珠宝大盗"的例子。当小张没有提到"那个人"就是李三时,即使接受了他的报警表述,警察也不会具有信念矛盾,而在小张修改表述的情况中,警察所持有的矛盾信念状态将会极大影响其在现实世界中去认准和抓捕珠宝大盗。这里,警察需要的是去识别现实世界中的罪犯本人,而非在头脑中先行肯定一个罪犯的实存状态,因此克里普克的严格指定词理论并不完全适用。从语用学的视角来说,趋向信念之间的融贯性状态是更为可取的选择,即便在语义学上讲,克里普克的论证仅仅从描述语视角理解弗雷格的涵义概念,批评其先验特征所具有的局限性,却忽视了它在提供关于对象的认知意义上的重要价值,因而"把孩子和洗澡水一起倒掉了"。

## 二、"皮尔士转向"与直接指称论的新方案

### 1. 历史因果理论及其皮尔士思想的可疑关联

根据对前例的分析,名称的使用显然不能先行确定其内容,且如果也不是通过涵义来确定其指称,那么又能以什么方式呢? 这既是指称理论又是解决认知意义之谜的关键。克里普克认为涵义概念是不必要的,如使用先验分析的描述语来理解专名的指称从根本上就是错的,于是他提供了关于指称方式的一幅所谓更好的图景。这是一种粗糙的理论表述:"一种起初的洗礼发生了。这里对象可能通过明示(ostension)而被命名,或者通过一种描述来确定名称的指称。当该名称被'一环接一环地传递下去',我认为名称的接收者必会倾向于在听到它时使用他听到那个说出该名字的人所使用的相同指称。"①

---

① Saul A. Kripke, *Naming and Necessity*. Cambridge: Harvard University Press, 1980, p. 96.

基于这一图景,戴维特(Michael Devitt)进而提出所谓历史因果理论,认为应该借助于因果指示的历史链条来解释指称。① 该理论自提出以来,虽然因诸多问题而一直遭受批评②,但是相关论述与修正对之后直接指称论(Directive Reference Theory)的发展提供了重要资源,其中有一些讨论便涉及美国哲学家皮尔士关于名称的部分文本与观点。

将包括历史因果和直接指称论在内的新指称理论与皮尔士相关联,首要理由是皮尔士的下述文本被认为表述了类似克里普克的观点:"一个专名,当一个人首次遇到它时,在实存上关联于其所命名的一些知觉感受(percept),或其他相同的关于个体的个别知识。此时,它仅仅是一个真索引词。当下次遇到它时,这个人将其看作为该索引词的像似符号。对它的习惯性熟知便获得了,它成为一个规约词,其解释项表征其为一个命名个体的索引词的像似符号。"③然而,除了反对将专名简单地还原为描述语,皮尔士那里并没有更多支持历史因果理论的完整表述,仅凭断章取义将两者关联起来并无必要。

事实上,语言哲学中的指称研究在皮尔士那里获得的思想资源可以更多,比如直接指称论者佩里就间接地受到皮尔士的影响,从而发展了类似解释项理论的多层意义阐释。④ 内尔森(Robert J. Nelson)参考皮尔士的符号学思想系统论证了直接指称的因果和计算理论的解决方案,他认为皮尔士对指称问题的研究比他所知道的所有学者都要详尽。⑤ 正如阿特金(Albert Atkin)等学者致力推进的,一种所谓的"皮尔士转向"⑥并不远离指称领域。

2. 直接指称论的新方案及其皮尔士因素

直接指称论者普遍反对弗雷格的涵义理论方案。卡普兰(David Kaplan)把

① Michael Devitt, *Designation*. New York: Columbia University Press, 1981.
② 在此不再详述,可参见 William G. Lycan, *Philosophy of Language: A Contemporary Introduction*. Chapter 4, Routledge, 2000。
③ Charles Sanders Peirce, *The Collected Paper of Charles Sanders Peirce, Vol. 2*. eds. Hartshorne and P. Weiss, Cambridge MA: Harvard University Press, 1932, p. 329.
④ John Perry, *Reference and Reflexivity*. Stanford: CSLI Publications, 2012.
⑤ Robert J. Nelson, *Naming and Reference*. London: Routledge, 1992.
⑥ Albert Atkin, "Peirce, Perry and the Lost History of Critical Referentialism," *Philosophia*, 2008, 36 (3): 313‑326.

单称词项作为指称对象的直接指称词,其中没有弗雷格的"呈现模式"作为中介层次,而是直接指称实存个体,因此诸如索引词、指示词类似于专名也都是严格指定词,即在任何反事实情境中都应用于同一指称对象。"就单称词项来说——它直接指称,命题成分正是对象本身。所以,实际情况就是单称词项并不仅是结果证明在每个情境中成分决定同一对象,成分(对应于严格指定词)即对象。"①为了进一步说明,卡普兰区分了特征和内容,即单称词项的描述性意义和其对命题的语义贡献,以及使用语境和评价环境,其中特征是从使用语境到内容的函数,内容是从评价环境到对象的函数。对纯索引词而言,其特征与评价环境或者是不兼容的,或者是无关的,而对真指示词来说,还需要考虑指示行为来确定指称对象,但是指示行为对于相关命题没有语义贡献,而是由指称对象决定的。②

在该直接指称论框架的基础上,卡普兰认为使用语境涉及说话者的"指向意图"或"意向思想",因而典型地具有认知意义,然而即使暂且不考虑同在使用语境中的听者角度,对于在涉及"错误描述"时句子何以具有认知意义,该解释无能为力。卡普兰自己提到,在这里,"指示词所涉及的问题在于,似乎不可能避免含糊其辞。一种可理解的、无害的、系统的含糊其辞被设置在自然语言指示词的语义学中"③。

认识到卡普兰的理论在交流语境中的局限,直接指称论学者佩里的策略是论证索引词的使用对交流语境中的认知意义的贡献。他认为,卡普兰仅仅看到了句子类型和语境在言语表达建模上的结合关联,但是要理解交流语境中的索引词使用,还必须考虑个例及其在语境中的索引性质。这里佩里直接将索引词(indexical)和个例/类型(token/type)在术语学上追溯到皮尔士④,并间接地将

---

① David Kaplan, "Demonstratives," in *Themes from Kaplan*, Oxford: Oxford University Press, 1989, p. 481.
② 尽管都是严格指定词,不同于索引词和指示词,但卡普兰认为专名没有描述意义,因此也不涉及这里所谓的内容,而是由对象即具体个体决定语义贡献。
③ David Kaplan, "Demonstratives," in *Themes from Kaplan*, Oxford: Oxford University Press, 1989, p. 590.
④ John Perry, "Using Indexicals," in *Blackwell Guide to the Philosophy of Language*. Oxford: Wiley-Blackwell, 2006, pp. 314-315.

其所构造的自返指称理论建基于皮尔士的符号学框架上①。

在皮尔士的符号学框架中,像似性(iconicity)、索引性(indexicality)和规约性(symbolicity)是三种基本的符号指称方式,分别表示符号载体(Sign vehicle)与其对象的相似性关系、因果或时空接近上的实存性关系、因习惯或规范而约定的一般性关系,相应的符号被称为像似符(Icon)、索引符(Index)、规约符(Symbol)。佩里认为,对语言哲学中的索引词的理解,需要综合考虑皮尔士对索引符和规约符的解释,诸如"这里""现在""你""我""这个""那个""今天""明天"等索引词,既具有语词符号本身的规约性特征,也与其对象之间具有索引性指称关系。比如在我和小张打招呼的场景中,我说的"你好"中的"你"作为索引词所指称的就是小张这个人。② 至于个例和类型在语言哲学中的使用,佩里的考虑同样是从皮尔士出发的③,其中他将个例看作特指的话语声响或油墨印迹,是话语中被听者、读者所知觉到的物理效果,类型表达的是个例在集合中的一般性。

依据阿瑟·博克斯(Authur Burks)对皮尔士三种基本符号的解释④,佩里认为,在含有索引词的话语中,语词个例不仅具有固定的类型意义,而且具有索引意义,它是个例与其类型意义在具体话语中相结合的结果。佩里将其称为索引内容,认为其构成了卡普兰的解释框架中所缺失的类型意义与指称内容之间的中介层次,换言之,对索引词或同样用于指示的描述词来说,类型意义仅仅固定识别性条件,不够用于固定指称。佩里提出索引内容的根本重要性在于指出其是一种自返性内容,因为话语的使用要借助识别性条件,而识别性条件又是该话语的一部分内容,这与语境的使用密切相关。同时,由于索引词一般用于指出某个个体、时间或地点的识别性条件,因而含有索引词的话语的指称内容也往往与

---

① John Perry, *Reference and Reflexivity*. Stanford: CSLI Publications, 2012, p. 42.
② 事实上,皮尔士在区分"真正"和"退化"形式的规约符时,对此有着更详尽的解释。另外没有理由认为佩里看到了像似符在其中的重要性。
③ 在皮尔士那里,个例与类型,即单符和型符的另一种表示方法。同样没有理由认为佩里,甚至语言哲学看到了质符在其中的重要性。
④ Authur Burks, "Icon, index and symbol," *Philosophical and Phenomenological Research*, 1948(4): 673 - 689.

一个个体、时间或地点有关。以话语(4)"我渴了"为例,其中的索引词"我"指向的是说话人,根据说话人不同可以有不同的指称,所以在我本人说出话语(4)的语境 C 中,(5)"在语境 C 中,'我'的说话人渴了"和(6)"小王渴了"分别构成话语(4)的索引内容和指称内容,其中(5)为(6)提供了识别性条件。在我的朋友小李说出相同的话语(4)"我渴了"的语境 C'中,其类型意义保持不变,但索引内容改变为(5')"在语境 C'中,'我'的说话人渴了",其指称内容随之改变为(6')"小李渴了"。

佩里对于认知意义问题的解决方案正在于引入索引内容的层面,即使专名也可以使用与索引词或指示词等相同的解释框架。回到弗雷格所提出的例子,在(2)"A = B"与(3)"A = A"中,尽管"A"和"B"都具有相同的指称对象,即 A 点,或准确地说指的是处在 A 位置上的那一个几何点,但是按照佩里关于索引内容的解释,在相关语境确定的情况下,(3)的索引内容是(7)"处在 A 位置上的那一个几何点与处在 A 位置上的那一个几何点相符合",而(2)的索引内容是(8)"处在 A 位置上的那一个几何点与处在 B 位置上的那一个几何点相符合",由此(7)和(8)的不同解释了(2)和(3)在认知意义上的不同。当问题涉及认知主体的信念状态时,佩里提出使用超出话语本身之外的相联自返内容,即其所表达的信念的自返内容,作为增补性内容对认知意义进行解释。"如果一个陈述表达一个信念,给定该陈述与信念之间的架构性(architectural)关联,那么该陈述的内容将与信念的自返内容相同。"①这类内容被称为一个陈述的相联自返内容。据此,回看"珠宝大盗"例子。在小张修改了表述后,即使警察接受了"当时在旁边路灯下的那个人是李三",由于他对那个人的主体感知不同,其通告"我们知道李三是一个珠宝大盗",也至少可以表达两种信念,即"我们知道当时在旁边路灯下的那个李三是一个珠宝大盗"和"我们知道当时在旁边路灯下的那个李三不是一个珠宝大盗"。这里所涉及的是警察信念的自返内容,而非在指称内容上的不同可能性,即两种信念中的"当时在旁边路灯下的那个李三"的识别性条件而非其指称对象是不同的,这解释了警察通告的认知意义的不同。

---

① John Perry, *Reference and Reflexivity*. Stanford: CSLI Publications, 2012, p. 109.

对于佩里的解决方案,有的学者认为自返内容依然只是相关于话语,而没有关注到指称上,因此与弗雷格在《概念文字》中所犯的错误相同[1],这种批评如果不是误解,也至少是不够细致的。佩里的方案是建立在指称主义的基础上对描述主义策略的结合,个例自返理论构成语言规则给出识别性条件的形式,基于博克斯的皮尔士符号学解释对话语内容层次的区分则为此搭建了整套批判的脚手架。

## 三、皮尔士的指称理论及其对"认知意义谜题"的解答

### 1. 皮尔士基于符号学的语言指称理论

对命题、专名、意义和指称等语言哲学问题的直接探讨,是皮尔士晚期思想(1890—1910 年)中的重要内容,学界对这部分文本的再发现促成了与当前语言哲学研究之间的深入对话。[2] 作为语言哲学探讨的理论基础,皮尔士所使用的符号概念与弗雷格等早期分析哲学家对符号的理解并不一致,但是他们对句子的构成要素或命题结构的分析具有类似的方式,即都认为谓词作为一种不完全的或"未饱和"的表达式,需要一个或几个名称作为主词加以补足,从而构成一个完整命题。

基于其符号学,皮尔士将构成命题的谓词成分称为"述位"(rheme),归属于所谓的像似性规约符(iconic symbol),用以表达相关于主词与其对象的部分品质。主词则归属于符号分类学中的索引性规约符(indexical symbol)[3],以指定

---

① Albert Atkin, "Peirce, Perry and the lost history of critical Referentialism", *Philosophia*, 2008, 36(3): 316.

② Robert Hilpinen, "Peirce on Language and Reference," in *Peirce and Contemporary Thought: Philosophical Inquiries*, eds. Kenneth L. Ketner, New York: Fordham University Press, 1995, p. 272-303.

③ 皮尔士曾在与维尔比夫人的通信中将其准确的规定为述位索引性型符(rhematic indexical legisign)。参见 C. S. Peirce, *Semiotic and Signifies: The Correspondence between Charles S. Peirce and Victoria Lady Welby*. Bloomington: Indiana University Press, 1977, p. 35。

或指示性的方式间接地关联命题与其对象。假如命题与其主谓成分相关于同一对象，那么对它们的符号学解释便能成功地给出其所在句子的命题意义。这与弗雷格对涵义与指称的理解仅具有表面上的类似性，除皮尔士认为命题意义作为思想具有一般性而非先验性外，在弗雷格规定句子的指称是真值时，皮尔士则认为句子作为符号跟从主词指示其对象。"一个命题是一个单独地或独立地指示（indicate）其对象的符号。"①

以专名作为主词的典型，皮尔士认为其不同于自然的或信息性的真索引符，专名是单向的、退化性的次索引符，其本身缺乏像似性成分。由于像似符的呈现对于信息性而言是基本的，即"借助于一个内在的像似符，它（一个索引符）才实际地传达信息"②，因而一个成熟的专名所直接指向的只能是逻辑上存在的对象，即其对象是存在于一个逻辑宇宙或话语宇宙中的对象，这与形而上学的实存个体不同。根据皮尔士对专名的发展过程的考察，它需要相继经历从不确定单称词到确定单称词，再到确定一般词的改变，其中只有在对象与其他实存个体可以轻松区别开来的阶段上，即作为确定单称词，一个专名才能够直接地指称一个实存个体。随着被习惯性熟识，专名终将会获得一般性而间接地以指定方式来确定其对象。"一个次-索引符（比如一个专名、人称代词或指示词）必然是一个规定（precept）或规约符，不仅仅向解释者描述他或别人或他们要做什么，从而获得该命题所意图正确表征的个体的索引符，无论该个体是一个单元，还是一个单一的单元集，而且为那个个体或单元集中的每个单一单元赋以一个指定（designation）。"③

可见，相比直接指称论，皮尔士认为专名是通过"指定"的方式关联于对象，但并不否认存在专名直接指称实存个体的发展阶段。不同的是，该阶段专名指称实存个体必须借助于个人的熟识或亲知（acquaintance）。在此阶段之初，所使

---

① NE4: 242.

② Charles Sanders Peirce, *The Collected Paper of Charles Sanders Peirce*, *Vol.5*. eds. Hartshorne and P. Weiss, Cambridge MA: Harvard University Press, 1934, p. 75.

③ Charles Sanders Peirce, *The Collected Paper of Charles Sanders Peirce*, *Vol.2*. eds. Hartshorne and P. Weiss, Cambridge MA: Harvard University Press, 1932, p. 330.

用专名凭借事实上地(factually)使用关联于某一对象,而非"在实存上关联于其所命名的一些知觉感受,或其他相同的关于个体的个别知识",既不传递关于对象的信息,也不承载任何认知意义。而后在熟识过程中,对该专名的使用会更多地获得对该对象相关之个体的直接或切近经验,以及其历史发展等的增补信息,并进而将其与其他个体区分开来。其中,增补的信息是附属的,外在于专名所在之命题,它们或来自语境,或来自解释者已有的相关知识,并构成关于其个体的经验性内容。这恰是皮尔士与弗雷格涵义理论的一个可比较点,后者认为对象的"显现模式"给予专名以认知意义的来源,而皮尔士所谓的切近或附属信息等则是经验性的熟识或亲知,换言之,不能够仅仅通过先验"描述"来确定专名的指称对象。

需要注意的是,皮尔士一方面提到"专名之对象,即解释者相识的名称,仅能由他凭借标记的方式(by means of marks)被认知;当他听见所提及的名称,在其想象中激活的图像会由标记构成(可以这么说);结果他采取的任何行动都将由这些标记引导",另一方面又指出:"这并不意味着名称就一定意指某些确定的标记,从而适用于应该具有那些标记的事物而非其他事物,这几乎是不可能的","如果存在任何标记是一个专名所根本意指的,那便会是其对象的历史连续性"。[①] 就此而言,同时也回应前文所提到的观点,与其说这与历史-因果理论相类似,不如说与克里普克本人的原初表述更为接近,虽然他们都肯定名称使用的历史性,但皮尔士明显反对与对象之间的因果关联对于确定指称关系具有决定性的作用,或者说,皮尔士认为不存在对于任何确定时刻的指称。

2. "认知意义谜题"的符号实效主义解答

根据佩里的解读,博克斯将皮尔士符号学中的"信息"理解为与每个符号个例相关的语境事实或"存在"事实所给出的约束条件,佩里称之为"指定内容"。这里的"指定"在两种形式上被理解,即"指示"与"命名",前者以"识别性条件"为符号与对象的中介,后者则对对象进行直接指派。佩里认为,在考虑名称的指称功能时不能脱离其命名的方式,而考察索引词则离不开其指示的方式。这一解读也基本符合皮尔士的指称理论。依据前述皮尔士对索引符的区分,除专名外,诸如

---

① Manuscript 280: 143 - 145.

"我""你""现在"等代词都可以归属于真索引符,而"这里""那个"等指示词显然也是次索引符,具有类似手指指向某东西的功用,它们与专名的区别在于其成功指称更依赖于指示性的方式。举例而言,考虑一个站在天安门前的人说出"我爱你,中国"这句话,其中的"我"作为真索引符的指示内容是这句话的说话者,即站在天安门前说这句话的这个人,"你"作为真索引符的指示内容是该说话者的对话者,即中国,对"我""你"以及"爱"的理解离不开这句话发生的语境,其信息至少包括站在天安门前说这句话的这个人、中国,以及这个人爱中国等所组成的制约条件。这句话中的"中国"是一个专名,只有一个指称对象,不需要给出描述或"识别性条件",但对"我"和"爱"的信息内容的把握则显然必须借助于语境或"存在"事实。

遗憾的是,除此以外,佩里并没有对皮尔士的信息概念进行更多的研究。事实上,三元符号学对信息有着更为细致和清晰的解释。皮尔士认为,像似性或者像似符对信息性而言是基本的,奠基于像似符的真索引符才能够直接传达信息:"只要一个索引符是受对象所影响的,它就必然与对象具有一些共同的品质,并……因此涉及一类像似符。"①对于像似符的涉及使得真索引符与对象之间具有某种共同的品质,由此它才可以直接传达关于对象的某些信息,而次索引符仅据自身则不能传达信息,例如专名只是指定了一个逻辑对象。

在这个意义上,皮尔士认为信息建构在符号的逻辑深度与逻辑广度的协调关系②上,其中逻辑深度即"这个符号所意指之各种品质的总体",而"广度"即"一个符号之所有实存对象的总体"③。由于命题是由主词、谓词和连接词所构成的,可以看作对主词和谓词的关系表达,构成对它们的广度和深度的协调,从而起到了传达信息的作用。④ 从皮尔士对广度和深度的规定可以看出,信息并

---

① Charles Sanders Peirce, *The Collected Paper of Charles Sanders Peirce, Vol. 2*. eds. Hartshorne and P. Weiss, Cambridge MA: Harvard University Press, 1932, p. 248.

② 这种协调关系可以用类似于求面积公式表达,即信息=广度×深度。

③ Charles Sanders Peirce, *The Collected Paper of Charles Sanders Peirce, Vol. 2*. eds. Hartshorne and P. Weiss, Cambridge MA: Harvard University Press, 1932, p. 391 - 426.

④ Charles Sanders Peirce, *The Collected Paper of Charles Sanders Peirce, Vol. 4*. eds. Hartshorne and P. Weiss, Cambridge MA: Harvard University Press, 1933, p. 543.

不仅仅与命题的字面意思相关,还必然涉及解释者主体已有的认识,或皮尔士所谓的"附属经验""附属观察"等内容。

并且,在三元符号学中,命题是申符(dicent)的典型,它本身作为一种符号,亦构成对主词所指对象的解释,进而归属于皮尔士所谓的符意过程(semiosis)。符意过程是一种行动或者影响,它是由符号、对象和解释项的三位一体所形成的无限连续发展,其中任何一个环节、关系或者项都不能被二元或静止地解释。信息就是在这样一个过程中被创造的,即在这个过程中一个符号在另一个新的、更有信息性的符号中被理解,后者即前者的解释项。① 一个命题能够传达或创造信息,意味着它作为对所指实存对象的解释项,使得信息成为符意过程展开的必要组成部分,进而推进知识增长和意义的生成。

在皮尔士看来,"在一个命题可能被翻译成的无数形式中,哪一个被认为是它的确切意义? 根据实效主义者的观点,它是一种命题在其中可以适用于人类行为的形式,但既不是在这样那样的特定环境中,也不是当一个人偏好这种那种的特定设计时的形式,而是最为直接地适用于在任何情境下的自我控制和每一个目的的形式"②。换言之,符号的确切意义在于其一般性的效力中,亦即改变或养成解释者的一般行为习惯,皮尔士也将其称为最终解释项,这是符号实效主义原则的本质。在这个过程中,信息的传达或生产会先在地影响到解释者的意义解释行为,而且为真的信息能够更有效地推进行为习惯的形成。一次又一次相关思想和行为环节的累积既是一般习惯形成的具体过程,也是将信息与最终解释项或确切意义生成关联起来的中介链条。以此来看,虽然佩里看到了信息的约束性作用,但是由于在他那里,无论知觉、操作还是指示行为,都只具有某一具体认知或交流语境中的语用价值,信息与最终解释项或确切意义之间的真正关联便丢失了。相应的,即使对作为信息约束的指定内容辅以指示性行为,也不能确保获得对指称内容或正式内容的正确解释,即皮尔士所谓的确切意义。索

---

① Wilfred Nöth, "Charles S. Peirce's theory of information: a theory of the growth of symbols and of knowledge," *Cybernetics and Human Knowing*, 2013(19): 145.

② Charles Sanders Peirce, *The Collected Paper of Charles Sanders Peirce, Vol. 5*. eds. Hartshorne and P. Weiss, Cambridge MA: Harvard University Press, 1934, p. 427.

引内容是关于或间接关于某话语自身的一个条件命题,它仅仅与某一次具体的认知或交流语境相关,因而也不足以确定一般性意义的解释。"一个概念所内含的意蕴,或恰当的最终解释,不在任何行为或将会做的行为中,而在于一种行为习惯,或对任何可能会采取的做法的一般的习惯上的规定。"①

可见,基于皮尔士的符号实效主义原则,回应"认知意义谜题"的关键,在于认识到对认知意义的解释并不能仅仅考虑某一具体的认知或交流语境,在一个无限连续发展的链条中,指称对象的确定必须切合一般性行为习惯的形成,并且该习惯绝不仅在提供语境信息或附属知识的意义上使用,它本身即确定指称对象的最终解释项。因此,在"认知意义谜题"的表述中,何以指称同一对象的不同符号不能相互替换,原因在于不同符号的意义必须结合包含其在内的命题所归属的不同符意过程进行解释,简单的相互替换忽视了这些解释在形成过程上的不同。与认知者的信念相关,还需要考虑到在行为习惯形成过程中,信念的改变与稳定对认知者的意义解释所起到的影响,即不能忽视一般性习惯作为最终解释项对认知或行动之信念的规范性。

## 结　语

皮尔士与当代语言哲学之间的关系是一个长期的学术话题,除了弗雷格、罗素(Bertrand Russell)、蒯因(W. V. O. Quine)、普特南(Hilary Putnam)等分析哲学家与皮尔士之间的关系颇受关注,新指称论或直接指称论也参考了皮尔士的理论资源,涉及所谓的"皮尔士转向"。围绕"认知意义谜题"的探讨构成该转向中的重要论题,并与早期分析哲学与皮尔士指称理论在具体内容上的比较相关联。弗雷格对该谜题的解决方案是引入涵义,提出 X 和 Y 因涵义不同而有不同的呈现模式指称对象,此时名称已经是有涵义的符号。摹状词理论、历史因果

① Charles Sanders Peirce, *The Collected Paper of Charles Sanders Peirce*, *Vol. 5*. eds. Hartshorne and P. Weiss, Cambridge MA: Harvard University Press, 1934, p. 504.

理论关于名称与对象之关系或间接或直接的指称解释,并不能单独构成具有足够解决力的方案。其中,后者尽管与皮尔士的相关文本有参考关联,但显然有所错解。直接指称论者,如卡普兰和佩里,同样批评弗雷格的涵义理论,前者根据特征与使用语境结合所决定的内容,及其与赋值语境的关联确定指示词的对象,但只是认为前一语境典型地具有认知意义;后者根据指称内容和自返内容的结合来解释名称的认知意义,尽管与皮尔士的多元解释理论间接相似,但仍然受限于语义学框架而缺失更广阔的理解维度。皮尔士的符号学与其实效主义显然是一贯的,该框架下的指称理论涉及相关于专名、信息、个例与类型等的符号分类学应用。结合对符意过程的连续性、动态性以及最终解释项的规范性等特征分析,可以解释同一性陈述"X is Y"与"X is X"的认知意义差异。尽管可以较好处理相关语用实例问题,然而符号学实效主义的这一解释并非仅仅增补了语用学的维度,因为实效主义的根本价值不在于确定具体指称对象,而是一种以行动条令为核心的行动主义语义学新理论。①

---

① 朱志方. 皮尔士的语言哲学[C]//刘放桐,陈亚军. 皮尔士思想的当代回响——实用主义研究(第三辑). 上海:华东师范大学出版社,2021:31.

# 对认知科学中概念性心理事件的
# 实用主义研究

戴潘　上海社会科学院哲学研究所

概念问题是认知科学的重要主题之一,同时也是心灵哲学、语言哲学、认知心理学、实验语言学所共同关注的核心问题。但是,当前认知科学对概念问题的研究可以说举步维艰:一来概念本身是一个非常抽象的术语,无法找到一个好的将概念自然化的方案;其次,当前认知科学,包括认知神经科学以及脑科学等技术手段,尚无法在大脑中真正探测到概念。当前的技术手段只能推测出人的心智处在何种心理状态,但是对于心理状态所对应的概念性内容却无法做出确定,即我们无法直接观察到我们的思想的内容到底是什么。由此在学术界展开了关于概念性心理事件本质的争论。本文首先考察以福多(Jerry Fodor)为代表的激进内在载体论①,以及以普特南(Hilary Putnam)和伯奇(Tyler Burge)与以克拉克(Andy Clark)和查尔默斯(David Chalmers)为代表的语义外在论和延展心灵假说②,然后论证当代新实用主义者所提出的基于社会规范的推论主义语义学如何超越二者,从而走向一种无载体性的基于社会规范的推论主义概念理论。

---

① 所谓载体,即是指承载或者提供了概念内容的物质实体性元素,它们具有非意向性属性,比如材料、形式、句法、神经生理性质等。因此概念的载体论认为概念内容是由上述元素所个例化的。

② 严格来说,二者分别代表了心灵外在论中的内容外在论和载体外在论两个不同主题,但笔者认为,在实用主义看来,这两者其实并非完全独立。当然对这个问题的探讨超出本文的范围。

## 一、内在主义解释

为了处理概念问题,第一代认知科学的经典假设是,人类的心灵乃是信息处理系统,既然心灵的运作就是对信息符号的操作,那么必然存在信息符号得以组成的基本结构,而概念就被公认为标准的信息载体。由此,经典认知科学认为概念是大脑中真实存在的信息载体,这种信息载体具有本质的物理属性和句法属性,可以通过计算进行变形,并且具有一定的因果效力。而既然概念是真实的信息载体,那么概念性心理事件则随附于这种内部载体之上,并且由这种载体所充分决定。福多是概念激进内在实在论的代表之一,他的内在实在论核心观点就是:第一,概念乃是心理疏相,是以"思想语言"的载体形式存在于大脑中的物理实在,我们大部分的概念都是先天存在于我们的大脑中的,反对一切形式的概念的实用主义观点;第二,在概念性心理内容问题上,提出概念性心理内容的确立是内在于我们的大脑之中的。

福多在《思想语言》以及其他文献中,首先对第一个观点进行了详细的探讨。简单说来,所谓思想语言,就是指人的大脑在对外在对象进行表征时,采用的乃是一种以物理形式固化在大脑中的符号系统,这套符号系统与外在对象之间存在着法则性的因果关联,正是这种因果关联导致了符号具有语义性。或者说,表征理论必定需要预设一个表征的媒介,没有表征媒介就不可能有表征,就像没有符号就不可能有任何的符号化过程。简而言之,没有内在思想语言就没有内在表征。福多提出,婴幼儿对于母语的习得典型支持了思想语言的存在。简单来说,一个人不能在规则 R 条件下学习语言 P,除非他已经具有一种在其中 P 和 R 都可以被表征的语言,即一个人不能学习母语,除非他已经拥有一个语言系统,在其中能够表征那个语言中的谓述和它们的外延。我们必须首先在大脑中具有某种先天的内在符号系统,然后我们在学习自然语言的时候,那些所有的自然语言表达式以及表达这些自然语言的规则都必须在这种先天的符号系统中有了现成的表征状态,否则,我们无法凭空学习一种语言。

传统语言学习理论认为，学习母语就是假说形成和证实的过程，学习母语包括至少学习它的表达式的语义属性，而某人 S 学习了 P 的语义属性仅当 S 学习了某些决定了 P 的外延的归纳（使 P 为真的事物集合）。① 换句话说，如果某人学习或者理解某个命题就是知道这个表达式的成真条件的话，那么在学习语言的假说与证实过程中，假说与证实的对象就是决定这个表达式的外延的东西。因此福多提出，S 学习 P 仅当 S 学习了关于 P 的一个真值规则。这里的真值规则指的是：假如 P 是一个要学习的语言中的一个表达式，而 T 是关于 P 的真值规则，当且仅当

a) 具有和 F 一样的形式

b) 它的所有的替换实例是：

F：Py 为真（在 L 中）当且仅当 x 是 G 为真。②

在上述真值定义"Py 为真（在 L 中）当且仅当 x 是 G 为真"中，P 代表自然语言，G 代表思想语言。G 必须与 P 共外延，因为如若不然，这个对于 P 的真值规则将会本身就是错的。对一个有机体来说，学习 P（的意义）仅当已经理解了 G。G 是被使用的，而不是被提及的。因此，有机体可以学习 P 仅当他已经可以能够使用至少一个和 P 共外延的谓述 G。说得具体一些，当我们说我们学习自然语言"牛"这个表达时，必然在我们的大脑中存在对应的思想语言表达式，而这个表达式就是那个自然语言"牛"的外延因果地造成的一个符号，在思想语言中"牛"的符号必须和自然语言中"牛"的符号是共外延的，这样就可以保证它们具有相同的满足条件，也就是具有相同的语义条件。关于思想语言符号的真值规则就是关于自然语言符号的真值规则。而思想语言的符号是先天就存在于我们的大脑中的，它作为一个我们大脑中的表征符号基础而起作用。

在概念内容（意义）的确立上，福多认为，能够将共外延的概念区分开来的无论什么东西都必须"在大脑中"。例如我们都非常熟悉的"晨星"与"昏星"的例

---

① Jerry Fodor, *The Language of Thought*. Cambridge: Harvard University Press, 1975, p. 59.

② Jerry Fodor, *The Language of Thought*. Cambridge: Harvard University Press, 1975, p. 59.

子,尽管两个概念指称同一个对象,可是某人却可以说他相信这是晨星而不相信这是昏星,这是由于两个概念的表达模式(mode of presentation, MOP)不同。同理,我们认为"水"和"$H_2O$"是两个不同的概念,也是因为它们的 MOP 是不同的。MOP 必须被看作思想的载体,我们接受了某一个 MOP 就意味着接受了某个思想,在这个思想中,这个 MOP 是它的一个表达模式,我们是利用 MOP 来进行思考的,而 MOP 本身不是思考的对象。福多把这些 MOP 称为表达模式的功能图示,即存在着多于一种类型的图示可以被用来表达对象,可以当前表征不同的东西。比如,我们在做几何推论时使用一个三角形的图示,那么这个图示就可以在某个时刻表征三角形,其他时刻表征等边三角形或任何闭合的三边形,而它表征什么依赖于此刻推论者将何种意向赋予它,或者说在推论者的大脑中当前的表征是如何实现它的功能作用的,或者说依赖于此刻推论者是如何获得它的。我们不能将 MOP 看作某种抽象对象,一旦我们将其看作抽象对象,就会对 MOP 所可能呈现出的多种多样的功能图示进行盲目的约束和限制。MOP 是大脑中的对象,因此 MOP 才能够个例化概念。大脑中的对象可以作为某种心理过程的近端原因,每个 MOP 都在大脑中具有一定的功能作用,而功能上等价的 MOP 就是同一的。因此,当我说我获得了某个 MOP 时,也就是说我获得这个 MOP 时我的心灵处于何种功能状态,每个 MOP 的个例化都建立在你获得它时所发生的过程上。

如果我们结合福多的认知计算理论就更能清晰地显示概念内容(意义)是如何依赖于大脑内部的过程。具有相同指称的两个概念由于它们在大脑的思想语言符号系统中具有不同的句法结构,因此具有不同的因果效力,所以它们在被放入"信念盒"中的方式就是不同的,就会使得相应的信念产生不同的语义属性。比如"水"和"$H_2O$"很明显是不同的概念,具有不同的 MOP,因为两者在大脑思想语言符号系统中的句法结构是不同的,水是一个简单概念,而 $H_2O$ 是由 H、2、O 所组成的复杂概念。因此它们的句法显然是不同的,导致计算过程也会不同。在这里,福多甚至认为句法在确定概念的不同的 MOP 时起到了核心的作用,那么命题"水是湿的"和"$H_2O$ 是湿的"就是不同类型的信念,它们的信念的内容是完全不同的,在计算的过程中起到完全不同的因果效力,而所有这些都是由大脑内部过程来决定的。"只要具有相同满足条件的心理状态具有不同的意向对象，那么必然存在对应的在心理表征之间的差异，而这些表征是在大脑拥有它们的过程中得到个例化的。"①

## 二、外在主义解释

对于概念性心理事件的外在主义解释，一般认为可以区分为两个不同领域：关于概念性心理内容(意义)的外在论，和关于概念性心理状态的外在论。前者以普特南和伯奇等语义外在论者为代表，而后者则以克拉克和查尔默斯所提出的延展心灵论题为代表。外在主义给出了截然不同的解释，概念内容(意义)并不是由大脑内部的事件所确定的，而依赖于个体外部的环境和社会，并且概念性心理状态可以延伸到个体之外，其个例化要包含外在的环境物理要素。

在语义外在论方面，普特南提出了著名的"孪生地球"思想实验。假设宇宙中存在着一个孪生地球，而这个孪生地球上有一个孪生我，可以说孪生地球和真实的地球具有相同的物理结构，包括我在内的所有事物都是分子对分子的复制品，但是只有一个差别，就是在孪生地球上水的成分不是 $H_2O$ 而是 XYZ。但是由于孪生地球上的孪生我跟我是分子对分子的复制品，我们是完全相同的对象，因此按照意义的内部载体论，在我的头脑和孪生我的头脑中的水的概念性内容应该是相同的。但是很明显，地球上的我的大脑中的水的概念指称的是 $H_2O$，而孪生地球上的孪生我指称的是孪生水，即 XYZ。因此普特南说，意义绝不在大脑中，即使两个内部状态完全同一的人，只要他们所处的自然环境不同，概念内容(意义)就会不同。而伯奇则从社会语言共同体的角度提出"关节炎"思想实验，进一步扩展了普特南的外在论论证，提出社会外在主义。我们可以想象有名叫拉里(Larry)的人有关于关节炎的诸多信念，其中包括他的大腿上有关节炎，那么在我们的社会中，这种信念是错误的，因为我们的社会对关节炎的使用不包

① Jerry Fodor, *Concepts: Where Cognitive Science Went Wrong, The 1996 John Locke Lectures*. Oxford: Oxford University Press, 1998, pp. 21‑22.

含大腿上的病症。而当我们设想一种反事实的情况，反事实的拉里和正常的拉里在功能轮廓、行为倾向和经验历史方面都是同一的，但是关节炎的概念却不仅适用于关节疾病，也适用于其他类疾病。那么在反事实情况下，拉里对关节炎概念的正确使用就包含他可能的误用。而在这两种情况中，拉里本人在内在状态上是一样的，唯一的区别仅在于他所处的社会语言群体的性质不同。概念内容（意义）的差异来源于社会语言群体实践的差异。

延展心灵论题来源于克拉克和查尔默斯，他们提出了对概念性心理状态（如信念）的功能等同性论证：如果世界中某一部分的功能，在过程上和在人们大脑中的过程在功能上是一样的，那么我们就毫不犹豫地认为这个部分是认知系统的一部分，世界的这个部分就是认知过程的一部分。这个论证的关键就在于建立外部人工物在构成我们的心理状态中的作用。如果外部人工物在功能上等同于人类的内部机制所提供的功能，那么我们就完全不应该将心理状态的实现机制限定在内部的、大脑神经领域之中。人的心理状态，比如信念，可以超越大脑的限制从而延展到外部世界之中。个体内部和外部环境中的技术人工物，在心智执行的过程中是相互作用、彼此耦合的，它们都对心智有着积极的贡献，沟通构成心理事件的载体的实现基础。近年来延展心灵的观点在社会领域不断发展，例如加拉格尔（Shaun Gallagher）和克里萨菲（Anthony Crisafi）[1]就认为，社会的制度和文化实践在认知过程的延展中起着构成作用。一些机构，如法律系统、博物馆或公立学校，可以帮助我们做认知工作，如学习、控制行为、做决定或解决问题，这些机构可以被视为认知的载体。因为只要它们被看作认知过程的组成部分，就可以成为心灵状态的外载载体。

## 三、推论主义语义学

从上面的论述可知，关于概念性心理事件，存在着内在与外在论的分歧，本

---

[1] 关于加拉格尔和克里萨菲的制度与机构的心灵延展，参见 Shaun Gallagher and Anthony Crisafi, "Mental Institutions," *Topoi*, 2009(28): 45 - 51。

文无意展现两者之间的争论细节,而是指出这种分歧的根源在于,两者都将概念性心理事件看作是随附于某种载体之上,无论这种载体是分布于个体内在的物理要素,还是个体外在的物理要素。解决概念问题的一种实用主义进路则在于超越这些对立,这种超越在布兰顿(Robert Brandom)的推论主义语义学中得以实现。推论主义对传统概念理论基础的批判就在于:推论优先于表征,以及概念在解释上的派生性。我们接下来考察布兰顿推论主义的理论渊源与基本原理,进而指出为这种推论主义所奠基的隐藏的社会规范才是概念的真正来源。

布兰顿的推论主义语义学是在梳理与剖析近代哲学发展的基础上产生的,并且直接针对当代认知科学的基础——表征主义。布兰顿认为,近代哲学的主流采取的是一种表征主义的视角,但是,也同样存在着推论主义语义学传统。斯宾诺莎和莱布尼茨在接受了笛卡尔的表征观念的同时,并没有将世界完全划分为表征与被表征的关系,而是发展出了一种通过表征之间的推论意义的术语来进行解释的方法,"在表征过程中,某事物超越自身到达被表征事物的方式,将用这些表征之间的推论关系的术语来理解……这些推论主义者寻找一种用推论的术语来定义表征属性的方式,并且这些推论的术语必须先于表征得到理解……通过不仅在推论中所显现出来并且实际上存在于推论中的作用来理解观念的特征,如真与表征"①。这样,布兰顿基于对传统哲学史的剖析,挖掘出了一种与表征主义分庭抗礼的推论主义传统。他明确指出,根据更深层次的思想原则,把前康德哲学家划分为表征主义者和推论主义者,比把他们划分为经验论者和唯理论者更好。②

前康德哲学家在研究语义学时,将概念看作解释顺序的起点,因此,对概念内容的把握可以独立于或优先于判断。而判断是解释如何将概念组合进判断之中以及判断的正当性如何依赖于构成判断的那些概念。推论是解释如何把判断

---

① Robert B. Brandom, *Articulating Reasons: An Introduction to Inferentialism*. Cambridge: Harvard University Press, 2000, pp. 46 - 47.

② Robert B. Brandom, *Articulating Reasons: An Introduction to Inferentialism*. Cambridge: Harvard University Press, 2000, p. 47.

组合进入推论以及推论的正当性如何依赖于构成推论的那些判断。康德扭转了这样一种语义的解释方向，即认为判断才是最基本的认知单元，概念是派生的，"意识或认知的基本单元，即可理解的最小单元，是判断……概念只是一个可能的判断所谓述的东西……对康德来说，任何对内容的探讨必须从判断的内容开始，因为任何可以具有内容的表达都在于它对于判断的内容所做的判断"①。黑格尔哲学进一步从判断发展到推论，将推论看作是最基本的，彻底扭转了传统语义学的解释方向。布兰顿认为："黑格尔的推进，在语用学方面，是根据社会实践来思考规范；在内容方面，是主要根据判断来思考内容，就像康德所做的那样。对于康德来说，判断是经验的单位，因为判断是我们能够对之负责的最小的单位。根据推论，黑格尔认为人们只能通过理解作为恰当推论前提和结论的命题，来理解命题内容。因此，这两个推进，即从康德的规范洞见向社会线索的转变，以及在概念内容方面，将焦点从判断转向推论，是从康德推进到黑格尔；而对于判断观念的关注，则是康德对关注次语句表达式所表达的东西——整个传统，包括直到康德的经验主义传统都聚焦于它——的转变。结果就是一种头足倒置的观点：首先是推论，其次是命题，再次是次语句表达式，它整个颠倒了解释的顺序。"②

在当代分析哲学中，推论主义的重要性更为突显。在弗雷格（Gottlob Frege）的早期理论中，存在着大量的关于推论作用的论述，提出根据推论解释概念内容的观点。他认为："两个断言具有相同的概念内容，当且仅当它们具有相同的推论作用。"③但后来，弗雷格又提出了将真看作解释的原初起点的观点。布兰顿分析说，在弗雷格理论中，存在着从关注推论转向关注真。后期维特根斯坦（Ludwig Wittgenstein）哲学被认为奠定了推论主义语义学的哲学基础。维特根斯坦认为，语言的意义绝不可能通过表达式与世界中的对象之间的指称关系

---

① Robert B. Brandom, *Articulating Reasons: An Introduction to Inferentialism*. Cambridge: Harvard University Press, 2000, p. 160.
② 陈亚军. 德国古典哲学、美国实用主义及推论主义语义学——罗伯特·布兰顿教授访谈[J]. 哲学分析, 2010(1): 172.
③ Robert B. Brandom, *Articulating Reasons: An Introduction to Inferentialism*. Cambridge: Harvard University Press, 2000, p. 51.

来确定,而是通过语言游戏来确定的。语言游戏的规则是由支配它的正确的会话用法的默认规则构成的,而这些规则来自社会共同体的实践过程。因此,学习一门语言就是习得一种复杂的社会行为模式。这样,维特根斯坦明确地将社会实践的规范维度引入对意义的研究之中,这也为实用主义哲学进入分析哲学打开了大门。

推论主义语义学在当代也表现为各种认知科学方法,比如与布洛克(N. Block)称为"概念作用语义学"观点相类似,根据他的观点,概念作用语义学认为表征的意义乃是由表征在主体的认知活动中所起的作用所决定的。此外,当代推论主义的另一种表现形式是和认知科学、心理学、人工智能研究相结合,比如杰肯道夫(Ray Jackendoff)提出"语义属性根源于概念结构",从认知心理学的角度论证了概念语义学理论,强调概念结构或形式结构对话语的语义属性有决定性意义,即话语的语义属性根源于人类解释句子的能力,而此能力又根源于计算系统,计算系统的实质就是概念结构。约翰逊·莱尔德(Johnson Laird)认为"意义在于构造模型",这种观点认为,人们之所以在听到一个词时能理解或把握到相应的意义,其机制在于,听到一个词便联想到了相应的关于其对象的表征,于是便有了对该词的理解。而这种纯联想性的关联是通过语义网络这一概念从句法上结合起来,即关于意义的计算心理学理论是以语义网络为基础的,而语义网络是为计算机设计的。卡明斯(Arthur Cummins)的"解释语义学",借鉴了计算机科学、认知科学和解释主义等有关成果,试图用"表征"这样的功能作用来说明心灵与世界的语义关系,即表征是由我们所做的解释决定的,而解释又是由我们所选择的推论性功能决定的。

在总结前人的研究成果后,布兰顿认为,首先,尽管我们可以在哲学史中找到推论主义的理论资源,但是前康德哲学家仅仅是将推论主义作为表征主义的一种方法论上的补充,关注的更多的是知识问题,而非理解问题;其次,当代分析哲学则比较关注形式语义学的分析,将真和指称等概念而非推论概念看作语义学的核心概念;最后,当代推论主义的种种认知科学表现形式仅仅将推论主义看作一种科学研究的方法,而不是一种深刻的哲学方法。布兰顿深刻洞见到德国古典哲学在发展推论主义方面所起到的巨大作用,并将黑格尔哲学重新引入分析哲学研究传统之中,坚持理性主义和实用主义,反对经验主义和自然主义,坚持推论主义,反对表征主义,坚持语义整体论,反对语义原子论,将理性主义、实用主义和推论主义研究方法相互结合,因此被誉为分析哲学中的"黑格尔转向"。

## 四、推论主义的方法论与社会规范根源

在哲学语义学研究的普遍方法论上,一般认为语义学的方法论可归纳为"自下而上"的原则和"自上而下"的原则,传统语义学的主要研究方法是"自下而上"的原则,布兰顿的推论主义语义学则主张"自上而下"的原则。"自下而上"原则认为,语义学的基本单位应该是从概念入手,由简单概念组合成复杂概念,再由复杂概念构成语句层面。因此,如果我们获得了原初概念的意义,并且了解了概念之间的组合性原则,就可以通过这种组合性原则获得更为复杂的表达式的意义。也就是说,复杂表达式的意义是建立在其成分表达式的意义以及形成规则之上的,而且复杂表达式的意义必定来自其成分表达式和形成规则,而不可能来自这两者之外的任何信息,这就是语言学中著名的"组合性原则"。① 而"自上而下"原则与"自下而上"正好相反,认为语句才是研究语义学的最基本单位,通过语句之间的推论关系我们才能得出具体的概念内容,也就是说,我们理解语言并非从最基本的概念开始,而是通过语句或者命题之间的相互推论关系开始的。

"自下而上"的原则认为,"表征"是语言的基本功能之一,表征就是要将某种意义附着于词语之上,而这种意义来自词语和所指对象之间的关系,我们要用词语来代表我们所面对的事物或实体。在布兰顿看来,"自下而上"的原则是解释"什么东西表征了另外的东西,典型的就是一个单称词项是如何挑选一个对象……命题内容是通过表征的标签来得以表达的";而"自上而下"的原则是根据"一种在语义学与范畴论上相反的策略……这种策略从那些通过语句表达的命

① 当然,这里我们需要强调的是组合性原则对应的乃是形式化的语言系统,而对日常生活中的语言来说,存在着大量的习惯用语或者成语、俗语等,这些表达式的意义来自社会共同体的约定俗称,它们并不遵循组合性原则。

题的观念开始"。①这两段话意味着，"自下而上"的原则是将语义学立足于表征理论之上，采取一种表征主义立场，要理解语言的意义，首先需要理解语言概念是如何表征某个对象的，而这种表征可以通过建立语言与世界之间的关系来完成。因此这种语义学理论将"指称"与"真"这样的语义概念看作是最为基本的，看作实质的语义属性，并看作整个语义理论的基石。而"自上而下"的原则认为，表征、指称这样的术语并不是原初的，而是派生的，只有在"推论"的基础之上才能得以理解，最为原初的术语应该是"推论"，只有推论才是语义学研究的主要对象，因为正是语句之间的推论关系确定了概念内容。

布兰顿不仅提出了"自上而下"的原则，还继承了"实质推论"的原则。"实质推论"的原则由塞拉斯为了解决语言意义的使用论所面临的所谓"新颖性论证"的反驳所提出的。所谓新颖性论证是指，语言的意义来自社会规范，由于社会规范一定是有限度的，因此，有些语言表达式的意义很容易通过社会规范来解释，但有些表达式的意义并不是那么明显。比如，对虚构的"亚里士多德于公元前某年访问了波斯帝国，并在那里与波斯国王……"这样长的复杂的句子而言，很难轻易地构想出是何种社会规范来约定其意义。因此，有人提出，人类的语言可以生成大量这样新颖的前所未有的句子，但它们都不可能通过社会约定来解释。对表征主义者来说，这并不是一个非常严重的问题，表征主义者可以从初始概念出发，通过某种形成规则，不断地由简单的表达式逐步生成复杂的表达式。这也正是我们的思想和语言所具有的系统性与生产性的体现。而对坚持语言意义的使用论的人来说，这却是一个不小的挑战，如何从一个有限的社会规则系统中自动生成无限的新颖的语句，必定需要超越意义的使用论本身的某些资源。

塞拉斯为了解决这一挑战，提出了"实质推论"的观念，所谓实质推论是指，推论的正确性决定了它的前提与结论的"概念内容"。比如，"北京在上海的北面"和"上海在北京的南面"，或者"我们刚刚看到了闪电"和"我们马上就会听到雷声"。对于前面两个句子而言，正是概念"北面"和"南面"使得这个推论成为一

---

① Robert B. Brandom, *Making It Explicit: Reasoning, Representing, and Discursive Commitment*. Cambridge: Harvard University Press, 1994, pp. 651-652.

个好的推论,而对后面两个句子而言,正是概念"闪电"和"雷声"以及时间的概念使得这个推论成为一个恰当的推论。对塞拉斯来说,某人获得这样的推论,至少就在一定程度上把握或者获得了这些概念。塞拉斯的立场是说,"一个表达式其自身具有概念内容是通过这个表达式在实质推论之中起到了确定的作用"①。但塞拉斯同时也强调,这种实质推论不同于逻辑推论,或者说,不同于那些"形式上有效的推论"。因为根据这样的观点,"就不存在诸如实质推论这样的东西。这种观点将'好的推论'看作'形式上有效的推论'……这或许可以被称为一种形式主义推论进路。它将推论原初的正当性交换为真值条件。这种做法是达米特所抱怨的那种理论的退化"②,并且"形式上有效的推论的观念乃是通过实质上正确的推论的自然的方式来定义的,而并非是相反的方向……根据这种思考的方向,推论的形式正当性乃是派生于推论的实质正当性的,并且是通过这种形式来得以解释的,因此在解释实质的正当性时不需要诉诸形式的正当性"③。

在塞拉斯看来,推论是一个社会范畴,被看作一种社会性的活动,而非仅仅是人的思维活动。他提出"语言-进入规则""语言-退出规则"以及"语言-语言规则"。其中,前两者分别规定了当遭遇特定种类的非语言事件时人们应该说什么,为了回应特定的语言我们应该做什么,而最后一种规则规定了人们应该说些什么,并且规定了人们所说的这些话语必定是从以前说过的其他话语中推论出来的结果。比如说,如果我们从句子"天是蓝色的并且草是绿色的"推出句子"草是绿色的",这个推论的有效性来自社会实践,而并非来自这个推论保持其真值的任何严格规定,因为如果有人断言前者却不断言后者,至少在社会共同体中会遭到反对。

布兰顿运用"自上而下"和"实质推论"的方法,将"概念内容""理由"与"推论"联系起来,阐述他自己的推论主义语义学。首先,概念内容的确定取决于推

---

① Robert B. Brandom, *Articulating Reasons: An Introduction to Inferentialism*. Cambridge: Harvard University Press, 2000, p. 54.
② Robert B. Brandom, *Articulating Reasons: An Introduction to Inferentialism*. Cambridge: Harvard University Press, 2000, p. 53.
③ Robert B. Brandom, *Articulating Reasons: An Introduction to Inferentialism*. Cambridge: Harvard University Press, 2000, p. 55.

论作用，并且这种推论必须建立在实质推论的基础之上，而非建立在传统的形式推论的基础之上；其次，将概念内容理解为既能充当也能满足理由的需要，而理由的观念是通过推论的形式来理解的。因此，概念内容与推论中的前提和结论相关。这种精致的推论主义语义学的基本观点是：其一，为了能给出理由，我们必须能够做出可以为其他断言充当理由的断言，因此，我们的语言必须具有为语句提供能推导出其他语句的能力；其二，为了能寻求理由，我们必须能够做出可以当作对其他断言进行挑战的断言，因此，我们的语言必须具有为语句提供能和其他语句相一致的能力；其三，给予和寻求理由的过程只不过是语言中的"上层建筑"，其基础是通过一定的社会规则来规范的，这些规则又是通过使用语言来获得并保持的；其四，一个语句的使用是公开说出该语句相关联的承诺与资格的集合。当我们做出一个断言时，我们就做出了相应的承诺，而一旦做出承诺，若某人对我所说的话提出反驳和质疑，我就必须要去捍卫这个断言，而捍卫断言的方式就是给出理由，并且这种给出理由的活动乃是通过其他语句的推论得出的，这些其他的语句相对而言可以达成更好的共识。而所谓的资格就是说，当某人做出一个断言时，就给自己保留了通过它来进一步做出推论的权利。因此，拥有某个概念，就是让自己对这些规范或者标准负责任，我们掌握概念内容是获得了一种实践能力，从而能够在交流过程中对该内容的好的和坏的推论做出不同反应。这些概念性内容的构成性条件就在于行动者对推论规范的默会尊重。

## 五、对概念与语义的载体实在性的批评

推论主义语义学从根本上颠覆了传统语言交流与理解的常识图景。[①] 根据

---

① 弗瑞（Gabor Forrai）对布兰顿对传统图景的批判进行了较为清晰的阐释，参见 G. Forrai, "Brandom on Two Problems of Conceptual Role Semantics," in *Vertehen nach Heidegger und Brandom*, ed. Barbara Merker, Hamburg: Felix Meiner, 2009。

我们的常识直观,人们交流和理解的过程是基于一种"运输模型",当我们进行交流时,概念内容依赖于某种"载体"之上,而意义就好像承载在思想的这些载体之上,从一个人传递到另一个人,因此仅当两个人能共享"意义",交流和理解才得以成立。布兰顿通过三步论证彻底颠覆了常识图景所预设的"运输模型"。首先,他通过进一步解释了"承诺"和"资格",并且提出了"计分过程"的概念,对主体间交流中的相互理解过程进行了重新描述。承诺与资格专门用来描述推论作用,而计分过程则用来记录自己以及他人的承诺与资格。在布兰顿看来,计分过程就是相互理解的过程,一次成功的计分就意味着一次交流与理解的成功。为了从根本上避免这类基于传统图景之上的批评,布兰顿从否定"运输模型"进一步推进到完全否定关于"命题内容"的实在论承诺。因为计分过程依赖对规范的理解,所以命题内容必定是具有某种视角性特征,因此某个表达式并没有一成不变的内容,而是根据视角来确定其内容。布兰顿说:"推论的内容本质上乃是视角性的,它们仅能从一个给定的视角来说明。所共享的乃是对诸视角之间的差异进行导航和遍历的能力,从不同的视角来说明内容。"①如果否定概念内容的实在论承诺,那么就不存在福多所认为的那种存在于大脑中的真实的概念内容。在布兰顿看来,概念内容乃是随着视角的改变而改变,而决定不同视角的就是说话者说出这个断言时所伴随的辅助信息的框架,因此概念内容随着这个辅助信息的框架的改变而改变。当辅助信息的框架有差异的时候,同样一个断言就会具有不同的计分过程,即具有不同的承诺和资格。理解一个断言就是去知道当它附加到特定的信念系统之上时会产生哪些差异,因此就是具有针对不同的背景辨别出它的推论的意义的能力。那种认为存在某种唯一的计分过程的理论必定是错误的,这和承认存在唯一真实的概念内容是一样的,而这正是布兰顿所批评的那种传统观念。

最后,布兰顿通过重新定义语义学最基本的"内涵"与"外延"概念来保证具有这种生成推论意义的能力。布兰顿所定义的内涵与我们通常所说的内涵不同,他为这个传统的术语赋予了一个新的功能,即当我们假定一组信念的时候,

---

① Robert B. Brandom, *Making It Explicit: Reasoning, Representing, and Discursive Commitment*. Cambridge: Harvard University Press, 1994, pp. 651–652.

接受某一个断言就会得到哪些承诺和资格。布兰顿的内涵并不等同于概念内容,因为"内涵是一个恒定的属性,属于表达式本身,而内容是一个可变的属性,它是内涵功能应用于给定的辅助信息系统之上时所产生的。内涵规定了推论意义的计算规则,而内容是假定特定背景的前提下由计算所生成的推论意义"①。布兰顿意义上的内涵,即使可以被共享,也不能被看作一种"运输模型",关于内涵的知识对理解来说乃是一种前提条件,而非理解本身,而理解本身也不是一种运输模型。布兰顿所提出的外延概念也并非传统意义上外延,只有当内涵无法使我们从自身视角来计分的时候,外延才会被调用。在这一点上,布兰顿是一个指称的"紧缩论者",不承认一种实质的指称概念,即指称是在词语与世界之间存在的真实关联。两个表达式即使具有相同的指称,也并非在描述一个真实的语义事实,并不代表词语与对象之间存在某种真实的关联,指称的同一仅仅表达了这两个表达式可以相互替换的某种意愿,并使得这种意愿变得更为明晰。

我们可以将内涵、外延与内容的关系看成一个计算的函数关系,布兰顿因此提出了一个"三层次进路",用来表示内容与内涵、外延的关系,其中推论意义(内容)处于中间层次,通过不同的计分过程和内涵、外延相联系,可以用下图表示:

内涵

↓(相对于辅助信息的计分过程)

推论意义(内容)

↑(相对于自身视角的计分过程)

外延

通过这样的一种函数关系,布兰顿消解了传统的基本语义概念,即内涵和外延等概念都不是某种实质的语义属性,因此不能将它们看作使得对话双方理解彼此话语所包含的信息的那种东西,这颠覆了我们对交流和理解的传统观念和常识图景。因此对布兰顿来说,"首先,我们并没有可共享的内容进行传输。由

---

① Gabor Forrai, "Brandom on Two Problems of Conceptual Role Semantics," in *Vertehen nach Heidegger und Brandom*, ed. Barbara Merker, Hamburg: Felix Meiner, 2009, p. 221.

于外延并不是真正的属性,因此并不是某种我和你的话语可以共有的东西。其次,我们解压不同观点的信息的能力并没有特殊的语义基础。我们需要知道内涵,但并不需要一种不同类型的语义知识"①。

## 六、概念性心理事件的实用主义规范本质

布兰顿对概念性心理事件的载体主义和实在论的批判,反映了他在哲学基本立场上和福多这样的传统认知科学哲学家的差异。阐明概念问题的方式的差异涉及两个领域:概念的哲学语义学,以及概念本体论的差异。

一方面,在哲学语义学方面的差异表现为:首先,在对待语义学的基本态度上存在巨大的分歧。布兰顿秉承了美国实用主义精神以及语言哲学中将意义看作"使用"的传统,将语言的功能看作是我们用来"做事情"。因此他的理论旨趣是实践的,语言是用来在社会交往中发挥作用,语言的意义必定根源于人们的交流行动,因此语义学必须对语用学负责。而福多等人所主张的表征主义语义学显然对语用学毫不关心,而只关心语言和世界的关系问题,尽管像福多这样的反实用主义者并不否定语用学在语言的日常使用中起作用,但是完全否定在哲学语义学与语言使用之间存在本质的关联。而福多则认为:"我假设一门关于语言的语义学理论,不管是自然语言还是人工语言,都是关于那种语言的一种语法的一部分。特别是,它是那种关注于在语言中的符号和符号所指向或为真的那些世界中的事物之间的关系的那部分语法。这可以类比为关于语言的一种句法理论……我有一种直觉,句法学研究的是关于一种语言中的表达式是如何搭配到一起的,而语义学研究的是关于它们如何关联到它们在非言语世界中的指称的。"②

---

① Gabor Forrai, "Brandom on Two Problems of Conceptual Role Semantics," in *Vertehen nach Heidegger und Brandom*, ed. Barbara Merker, Hamburg: Felix Meiner, 2009, p. 223.

② 参见 http://www.revel.inf.br/files/entrevistas/revel_8_interview_jerry_fodor.pdf。

其次,在对待基本的语义概念问题上存在巨大的分歧。实用主义导向的布兰顿所主张的推论主义,在基本的语义概念上持有"紧缩论"观点,试图消解语义学的实在论承诺。而反对实用主义的学者往往认为,即使存在语用的因素,也仍然不能否定存在着真实的语义"事实",这种事实可以通过某种自然主义承诺而获得,例如通过大脑状态分析,或者通过考察进化历史,也可以建立在大脑状态和外部世界对象之间类似法则的共变关系等。因此,如果正如布兰顿所主张的那样,不存在真实的语义"事实",那么人们在交流和理解的过程中就不需要预设某种必须要共享的因素,所谓的内容载体论也就丧失了根基。此外,在语义学的解释层次上也存在巨大分歧。布兰顿反对基于个体层面的因果性解释模型之上的表征主义和自然主义。任何诉诸主体的认知活动或者进化历史等的语义理论必定假定语义事实是在因果性的世界中所发生的。基于因果性解释的语义学(无论是赞成推论主义,还是反对推论主义)往往要在世界中为意义寻找某种原因,比如语义学的自然化研究,因此基于因果性解释的语义学都仅仅是在个体的层面探讨语义学。而布兰顿的推论主义是一种规范性的推论主义,而并非因果性的推论主义,布兰顿所说的推论规则并非自然世界中的因果事件,不受世界中的因果秩序的影响,也不在个体层面的因果秩序之中,而是根植于社会实践。

最后,布兰顿的推论主义不仅反对表征主义,也同样超越了当代学者所提出的各种版本的认知科学的推论主义。他和其他支持推论主义的哲学家的重要区别就在于,他并不关注作为说话者和听者的具体行动的"推论",而是更关注所谓的"推论规则"。这种推论规则是前面所提到的计分过程的属性,是通过说话者的规范性态度来承载的,即他们对其他人或他们自己的话语处理为正确或错误的。因此推论规则乃是连接语义和语用的关键所在,需要从语用学的角度加以理解,语义学必须对语用学负责。布兰顿并不像布洛克那样,将推论看作大脑中的认知活动,也不像福多、杰肯道夫等人从具体的科学研究中获得灵感,从而试图解释语义学的本质。福多曾明确表示,自己作为认知科学哲学家,要为当代认知科学奠基,因此将推论主义看作一种研究语义学的科学方法,将推论主义简化成为一种形式计算系统,而完全忽视了推论在社会实践中的运用。而布兰顿的进路并不专门针对任何对认知的科学研究,他从实用主义视角阐明,我们进行推论所依据的推论关系并不是明确呈现于语言本身的结构中,而是在不断进化的语言共同体中建立起来的,因此也是在不断进化的"生活形式"中建立起来的,是在社会实践中被规范地建立起来的。这些研究进路显然和福多的进路差异极大。

另一方面,在概念性心理事件的本体论问题上,存在"载体内在主义立场"和"无载体外在主义立场"①之间的差异:首先,从布兰顿的推论主义来看,诸如判断,没有在大脑中实现它们(甚至是部分实现)的载体,因为概念性心理事件是通过在语言和制度实现过程中施行了恰当行为的人所生成的。因此,概念具有强烈的社会特征,必须用外在主义的观点来审视。概念不是一种可以在物理上定位在大脑中的东西,这和福多所主张的具有大脑内部物理实在性的思想语言假说是完全相反的。当然,这种外在主义立场并不否认大脑确实在思考和判断的过程中起了作用,或者说,神经活动在思维中一定是不可缺少的必要元素,但是它们并非载体,概念内容不能依据神经事件来得以个例化。大脑的作用更像是一种沟通工具,这种工具能够使得有机体和环境之间的持续互动模式得以实现。正如皮尔士所举的例子,电流在导线中传输,但是电流不等同于导线,导线也并非电流的实现载体,而只是使得电流得以传输。或者我们看到雨后天空中出现彩虹,彩虹出现必须具有阳光和水汽,但是彩虹不等同于阳光和水汽,它们也并非彩虹的载体,它们只是使得彩虹得以呈现。大脑的确在物理因果意义上导致并限制了推论行为的生产能力和生产结果,是整个复杂因果机制的核心,但是大脑并不是概念性心理事件的容器,也不是心灵的器官,它不产生概念性心理事件。正如皮埃尔·施泰纳(Pierre Steiner)所说的,"做出承诺(以及因此而产生的概念性心理事件)是一种个人和社会性嵌入的行为,而不是一个人或他们大脑的内部事件。规范性状态和规范性态度的讨论必然将我们置于一个本体论的框架中,在这个框架中,人和社会实践是基本的构建模块。行为得失的规

① 关于"无载体外在主义立场"的详细论述,参见 Pierre Steiner, "The delocalized mind. Judgements, vehicles, and persons," *Phenomenology and the Cognitive Sciences*, 2014(13): 437-460。

范性本质是什么,不能通过观察做出这些行为的人的内在属性来推断或预测。颅内实体对当前或未来的概念性心理事件或行为的拥有不施加规范性后果"①。

其次,与上同理,关于概念的外在主义观点,布兰顿也反对普特南、伯奇等人的语义外在主义,以及延展心灵外在论的某些解释,即如果上述两者认为我们将概念以及决定概念的信念判断不仅定位在个体之内的元素,也包含定位在个体之外的环境元素之中的话,那么它与布兰顿的实用主义原则仍然不相符合。因为无载体的外在主义立场认为,概念内容是从事于语言和制度实践的并且能够执行正确推论行为的人所实施,言语和行为构成了概念性心理事件的随附基础,而外在的物理元素同样也不是概念内容的载体。我们在进行某个判断时,并没有报告一些内部或者外部的事件。概念内容是在计分的规范性实践中由被语用所决定的推论性来赋予的,它们既不随附于个体内在物理属性,也不随附于外在环境的物理属性之上,而是取决于决定该概念正确与否的规范性,因此必定是一种社会立场。这种规范的社会立场由社会互动构成其媒介,使得规范可以进行传播、修改和应用。而在布兰顿看来,这种社会立场也就等同于语言共同体,推论性行为是对承诺和资格的归因标准,正是因为它们根植于语言的社会实践中,根植于语言共同体中普遍存在的推论规范。施泰纳认为,对延展心智来说,外在环境的工具与个体内部的神经和身体机制,都只是概念性心理事件的实施条件,即大脑过程和人工制品使得推论行为成为可能,并进而使得概念性心理事件成为可能,它们都不是载体或者实现者,"嵌入式的推论行为事实,如行为和言语,在因果关系上依赖于颅内过程,但嵌入式推论行为事实对颅内过程的因果依赖和概念性心理事件对嵌入式推论行为事实的随附性,并不意味着概念性心理事件是通过颅内过程实现的"②。

---

① Pierre Steiner, "The delocalized mind. Judgements, vehicles, and persons," *Phenomenology and the Cognitive Sciences*, 2014(13): 452.
② Pierre Steiner, "The delocalized mind: Judgements, vehicles, and persons," *Phenomenology and the Cognitive Sciences*, 2014(13): 456.

## 七、总结

概念性心理事件是认知科学哲学的重要研究课题,但是概念问题的根源,仍然在于我们如何看待心灵本身。长期以来,认知科学尽管反对各种关于心身、心物的实体二元论,但却坚持了某种心脑的二元论,仍然隐秘地将心理事件看作是随附于大脑物质实现基础之上,并且由这些物质基础所实现,这依然是笛卡尔主义的变种。这导致长久以来,大部分人,包括认知科学家,都有一种强烈的倾向,即将只能赋予"人"本身的心灵属性赋予了大脑,并且积极地在大脑中寻找心灵的痕迹。但正如维特根斯坦所指出的,对于心灵的描述,只能是针对活着的人才具有意义。只有人才能进行思考,而不是大脑在思考。而延展心灵论题,尽管它反对这种心灵的内在主义和个体主义观点,但是仍然陷入心灵的载体主义无法自拔,只不过这种载体不仅包含了大脑内部的物理元素,还包含了身体以及环境中的物理元素,因此仍然无法真正把握心灵的本质。所以实用主义给予认知科学的最为重要的启示就是,我们不能单纯在自然空间中去寻找心灵,而是应该将心灵置于理性的规范空间之中,心灵从来不是个人的内在维度,而是世界本身的内在维度。

# 戴维森与罗蒂论真<sup>*</sup>

戴益斌　上海大学哲学系

真之概念是戴维森(Donald Davidson)思想理论中的核心概念。虽然戴维森在不同时期对"什么是真"这个问题有不同的思考,但根据柯克·路德维希(Kirk Ludwig)的概括,戴维森的真之理论有两个恒定主题:(1) 真不能被还原为其他更基本的概念;(2) 真是一个实质概念。[1] 罗蒂(Richard Rorty)认为,戴维森的工作可以归到实用主义阵营之中,戴维森对此有不同的看法。本文试图分析二者之间争论,并阐明,相比较罗蒂而言,戴维森的真之理论更为可信。由于戴维森的真之理论已经为学界所熟知[2],因此,在本文中,我不再就戴维森的真之理论展开详细论述,而是先从罗蒂的评论开始。

## 一、罗蒂对戴维森真之理论的解读

罗蒂认为,戴维森的工作隶属于美国的实用主义传统,他的真之理论是其中

---

\*　本文系上海市哲学社会科学规划青年课题"当代分析哲学中意义理论的研究进路"(项目编号:2018EZX003),以及国家社会科学基金重大项目(项目编号:18ZDA029)阶段性成果。

① 参见 Kirk Ludwig, *Donald Davidson*. New York: Cambridge University Press, 2003: 11 - 12.
② 参见戴益斌. 论戴维森的真之理论[J]. 哲学分析,2014(4): 137 - 147;戴益斌. 试论研究戴维森真之理论的一个新视角[J]. 自然辩证法研究,2016 (32): 3 - 8.

一个典型代表。为此,罗蒂试图通过以下四个论点将戴维森的真之理论纳入实用主义阵营之中:

1. "真"没有任何解释性(explanatory)用法。

2. 在我们理解信念与世界之间的因果关系后,我们就理解了信念与世界之间的所有关系;我们关于如何应用语词的"关于"和"适合……"的知识是语言行为自然主义解释的产物。

3. 在信念与世界之间不存在"使……为真"的关系。

4. 实在论与反实在论之间的争论没有什么意义,因为这样的争论预先假设了"使信念为真"这种空洞且令人误解的观点。①

以上四个论点是罗蒂对实用主义真之理论的概括,这与我们一般所理解的传统的真之实用论不太一样。传统的真之实用论通常认为,真是一种效用性;但罗蒂的这四个论点都是从否定方面理解真之概念。如果罗蒂对实用主义真之理论的这种理解是合理的,那么要想得出戴维森的真之理论属于实用主义真之理论这个结论,他就必须证明戴维森支持这四个论点。

罗蒂的论证过程依赖于他对戴维森彻底解释理论的解读。除论点3以外,罗蒂对戴维森支持论点1、论点2和论点4都展开了详细的讨论。罗蒂不详细讨论论点3,主要是因为,戴维森已经在多个地方表达过此种观点。由于篇幅有限,我们仅以论点2为例,讨论罗蒂如何证明戴维森支持这四个论点。

论点2讨论的是信念与世界之间的关系问题。罗蒂认为,戴维森在讨论如何克服怀疑论时,体现他对论点2的支持。在罗蒂看来,戴维森有两个论点可以证明怀疑论是行不通的。第一个论点是,指出信念与世界之间存在因果关系;第二个论点是,反驳框架-内容的二元论。

我们首先讨论第一个论点。根据罗蒂的说法,主张信念与世界之间存在因

---

① Richard Rorty, "Pragmatism, Davidson and Truth," in *Truth and Interpretation: Perspectives on the Philosophy of Donald Davidson,* ed. Ernest Lepore, Cambridge: Basil Blackwell, 1986, p. 335.

果关系大体有两种方案：一种是克里普克式的因果关系论，一种是戴维森式的因果关系论。前者是积木式的，首先追溯语词与对象之间的因果关系，然后再确定句子的真假；后者是一种整体论式的，首先承认信念之间的融贯性，最大程度地承认信念是真的，然后再借助指称概念确定语词和对象之间的关系。在戴维森的理论体系中，整体论是不得不选择的一个思路，因为在彻底解释过程中，解释者不得不承认说话者的大多数信念之间是融贯的，并且信念在其本质上是真实的；否则的话，彻底解释无法开始。

在《真与知识的融贯论》（"A Coherence Theory of Truth and Knowledge"）一文中，戴维森为信念之间的融贯关系给出了详细的辩护，这个辩护依赖于戴维森和罗蒂都赞同的一个判断标准，即"除另一个信念外，没有什么能视为持有一个信念的理由"[1]。信念之所以在其本质上是真实的，是因为信念的内容是由外部世界决定的，"正常地引起一个信念的情境决定了在哪种条件下它是真的"[2]。戴维森认为，这种引起一个信念的关系是一种因果关系，因为在彻底解释过程中，解释者必须把一个信念的对象视为该信念的原因，并且，解释者必须按照信念对象事实上所是的那样对待它们。[3]

承认信念之间的融贯性以及信念在其本质上是真实的，意味着承认说话者的大多数信念是真的，这构成了戴维森宽容原则的主要内容。对于宽容原则，戴维森明确指出："宽容不是一种选择，而是具有一种切实可行的理论的条件……宽容是强加于我们的，不管我们是否愿意。"[4]这也就是说，宽容原则是先验的，我们不得不承认说话者的大多数信念都是真的。罗蒂认为，戴维森的这一观点虽然不能说是拒绝了怀疑论的质疑，但在一定程度上告诫怀疑论者，普遍怀疑是不可能的，因为普遍怀疑没有怀疑的起点。

---

① Donald Davidson, "A Coherence Theory of Truth and Knowledge," in *Subjective, Intersubjective, Objective*, Oxford: Clarendon Press, 2001, p. 141.

② Donald Davidson, "Epistemology Externalized," in *Subjective, Intersubjective, Objective*, Oxford: Clarendon Press, 2001, pp. 196–197.

③ 参见 Donald Davidson, "A Coherence Theory of Truth and Knowledge," in *Subjective, Intersubjective, Objective*, Oxford: Clarendon Press, 2001, p. 151。

④ Donald Davidson, "On the Very Idea of a Conceptual Scheme," in *Inquiries into Truth and Interpretation*, Oxford: Clarendon Press, 1984, p. 197.

关于第二个论点,罗蒂认为,反驳框架-内容的二元论是戴维森最喜欢的一种反驳怀疑论的方法。在戴维森的理论体系中,框架-内容二元论的两边分别指的是概念框架和未加解释的内容,它们之间的关系是非因果性的。罗蒂将这种成果应用到认识论中,并重新解释二元关系。在罗蒂的解释中,二元关系的两边分别是外部世界和内心的观念,被解释的内容或概念框架是第三者,它的作用是同时联结外部对象与内心的观念。罗蒂认为,正是因为第三者的存在,符合论和表征主义才有可能在传统哲学中占主导地位;如果放弃第三者,"符合"与"表征"便无用武之地;而戴维森对框架-内容这种二元论的批评为放弃第三者提供了理论基础。因为戴维森对框架-内容二元论的批评告诉我们,不需要区分什么是概念框架,什么是与概念框架相对的内容。当然,这并不意味着我们也因此失去了信念与外部世界,只是在说,信念不必要准确地"符合"或"表征"世界。同样的,对语言而言,也是如此,语言不再代表一种概念框架,而只是行动者与外部世界因果作用的产物。罗蒂认为,一旦放弃符合概念,怀疑论也就没有存在的基础。戴维森拒绝框架-内容的二分,也就拒绝了怀疑论存在的可能性。

一般认为,信念与世界之间的关系只有两种:(1)因果关系;(2)符合或表征关系。戴维森的第一个论点相当于肯定了因果关系,第二个论点则否定了符合关系。因此,因果关系似乎是信念与世界之间关系的全部。正是在这种意义上,罗蒂认为,戴维森支持论点2。

从罗蒂论证戴维森支持论点2的过程中可以发现,罗蒂非常依赖两个推论:(1)戴维森认为符合关系对真之概念的解释是失败的;(2)戴维森认为信念与世界之间只存在因果关系。事实上,罗蒂对其他几个论点的讨论,在相当程度上也依赖于这两个推论。比如说,在罗蒂的理解中,论点3中的"使……为真"和论点4中的"使信念为真",与符合关系相关;而论点1中讨论的"解释性"概念则与因果关系相关。

## 二、对罗蒂解读的评议

罗蒂对戴维森的这种解读在学界引起了很多争论。这种争论既有来自戴维森本人的意见,也有来自其他学者的不同观点。我们首先讨论戴维森自己的观点。

在罗蒂的论文《实用主义、戴维森与真》("Pragmatism, Davidson and Truth")发表一年后,戴维森写了一篇《补记》("Afterthoughts")。这篇补记的主要内容是基于罗蒂的评论对他在《真与知识的融贯论》一文中所阐述的真之理论进行重新思考。戴维森首先总结了罗蒂在《实用主义、戴维森与真》一文中阐述的两个主要论点:(1)戴维森的真之理论拒斥融贯论和符合论,应该被归入实用主义传统;(2)戴维森不是在回答怀疑论,而是在宣告怀疑论迷失了方向。戴维森本人同意罗蒂的这两个论点。但需要注意的是,戴维森同意他的真之理论可以归入实用主义的传统并不意味着他所说的实用主义是罗蒂意义上的实用主义,二者之间似乎是有区别的。根据他的回忆,戴维森说道:

> 在1983年美国哲学协会太平洋区小组会议上,我们曾经有过讨论。我同意如果他(罗蒂)放弃真之实用主义,我将不再称我的立场是融贯论或者符合论。他完成了属于他的那部分事情,现在他明确拒斥了詹姆士和皮尔士关于真的看法。我也很乐意做这笔交易中我要做的事情。①

从这段论述中,我们可以非常清楚地看到戴维森认为罗蒂实际上已经放弃真之实用主义了。如果戴维森的这个观点是合理的,那么罗蒂所列举的实用主义的四个论点就不能被视为戴维森所说的实用主义的基本论点。戴维森所说的实用主义指的是延续詹姆士和皮尔士等人的观点所体现的实用主义精神。在某种意义上,戴维森利用塔尔斯基的真之理论来阐述他的真之观点,的确体现出这种实用精神。罗蒂似乎也有这种想法,因为罗蒂认为,戴维森和詹姆士的观点在很多地方一致,但他自己则在詹姆士式的观点和真之极小论的观点之间徘徊不定。②这就是说,戴维森与罗蒂之间很可能存在重大区别。不少学者批评罗蒂对戴维

---

① Donald Davidson, "Afterthoughts," in *Subjective, Intersubjective, Objective*, Oxford: Clarendon Press, 2001, p. 154.

② 参见 Richard Rorty, "Is Truth a Goal of Enquiry? Davidson vs. Wright," *The Philosophical Quarterly*, 1995(45): 281–300。

森观点的解读在很大程度上也可以证明这一点。

就目前来看,学界普遍认为罗蒂对戴维森真之理论的解读误解了戴维森。在这些质疑中,最多而且可能最重要的质疑是,罗蒂对戴维森的解读忽略了戴维森真之理论中具有的某种实在论倾向,这种实在论倾向使得戴维森对真之概念的理解呈现出一种积极的态度。巴格拉米安(Maria Baghramian)和弗雷德(Dorothea Frede)是这种观点的代表。① 严格来说,这种质疑在很大程度上是成立的,但他们给出的一些论据可能存在问题,尤其是他们对戴维森所谓"符合论"的解释可能是行不通的。以巴格拉米安对罗蒂的批评为例,我们可以清楚地看到这一点。

罗蒂认为,戴维森反对任何形式的符合论;而巴格拉米安则试图指出,"戴维森实际上支持至少一种版本的真之符合论"②。根据巴格拉米安的说法,戴维森版本的符合论"将句子中的语词与世界的部分连接起来,并且这种连接是通过塔尔斯基式的满足关系而不是一种图画或映射关系获得的"③。在某种意义上,巴格拉米安的这种说法是成立的,因为戴维森在其 1969 年的论文《对事实为真》("True to the Facts")中的确提出了这种形式的符合论,它的确是以塔尔斯基所阐述的"满足"关系为基础的。④ 问题在于,利用戴维森支持这种特殊形式的符合论似乎不能质疑罗蒂对戴维森的解读。

戴维森所支持的符合论,是以对象为基础的(object-based)符合论,这种符合论与传统的符合论,即以事实为基础的(fact-based)符合论不同。巴格拉米安概括了这两种理论之间至少存在三点不同:(1)戴维森不喜欢谈论事实;(2)戴维森是根据满足关系而不是图画或映射关系解释符合概念;(3)陈述为真是因为使用的语词使其为真,我们所感兴趣的是语词与世界之间的关系。⑤ 事实上,罗蒂在

① 参见 Dorothea Frede, "Beyond Realism and Anti-Realism: Rorty on Heidegger and Davidosn," *The Review of Metaphysics*, 1987(40): 733 - 757; Maria Baghramian, "Rorty, Davidson and Truth," *Ratio*, 1990(3): 101 - 116。

② Maria Baghramian, "Rorty, Davidson and Truth," *Ratio*, 1990(3): 106.

③ Maria Baghramian, "Rorty, Davidson and Truth," *Ratio*, 1990(3): 111.

④ Donald Davidson, "True to the Facts," in *Inquiries into Truth and Interpretation*, Oxford: Clarendon Press, 1984, pp. 37 - 54.

⑤ 参见 Maria Baghramian, "Rorty, Davidson and Truth," *Ratio*, 1990(3): 110 - 111。

解读戴维森的真之理论时,非常清楚这一点。但罗蒂并不认为,这种以对象为基础的符合论为信念与世界之间添加了一种新的关系。罗蒂给出的理由大概有两点。

首先,罗蒂认为,以对象为基础的符合论澄清的是语词与对象之间的关系,但这种关系不是解释的基础,而是解释的副产品。① 在戴维森的理论体系中,罗蒂的这种评价是正确的。因为彻底解释的解释对象是以句子为单位的,单个语词只有被置于句子之中才有意义。也就是说,在解释过程中,解释者首先考虑的是一个句子的真假,对象与语词之间的关系需要在考虑如何解释句子意义的情况下才有意义。

其次,罗蒂认为,以对象为基础的符合论与我们一般所认为的符合论无关,后者通过"……适合(true of)"来描述,并且在一个真之理论中得到阐释。② 在罗蒂这里,以"……适合(true of)"来描述的符合论指的是以事实为基础的符合论,考虑到戴维森后来思想的转变,罗蒂的这个评价是成立的。因为满足关系表达的是对象与语词之间的关系,严格来说,它不属于真之理论的范畴。戴维森本人在他的《补记》中也提到了这一点:

> 我曾认为,在为一种语言刻画真时,将语词置于与对象的关系中是必要的这个事实足以多少能把握符合论的观点;但是现在在我看来,这是一个错误。这个错误在某种程度上只是用词不当,但术语的不适会滋生概念上的混淆。③

这段话表明,戴维森并不认为他的以对象为基础的符合论是一种真正的符合论。严格说来,这种以对象为基础的符合论,应该属于一种指称理论。因为处

---

① 参见 Richard Rorty, "Pragmatism, Davidson and Truth," in *Truth and Interpretation: Perspectives on the Philosophy of Donald Davidson*, ed. Ernest Lepore, Cambridge: Basil Blackwell, 1986, p. 343。

② 参见 Richard Rorty, "Pragmatism, Davidson and Truth," in *Truth and Interpretation: Perspectives on the Philosophy of Donald Davidson*, ed. Ernest Lepore, Cambridge: Basil Blackwell, 1986, p. 343。

③ Donald Davidson, "Afterthoughts," in *Subjective, Intersubjective, Objective*, Oxford: Clarendon Press, 2001, p. 154.

理语词与对象之间关系的理论是指称理论；而且，戴维森在很多时候是将满足概念和指称概念放在一起讨论的。虽然将指称理论视为符合论只是"用词不当"，但它的确容易造成"概念上的混淆"。罗蒂看到了这一点，但巴格拉米安没有注意到二者之间的差别。

虽然巴格拉米安等人在这一点上的尝试是失败的，即试图通过戴维森早期所支持的以对象为基础的符合论为戴维森指派一种特殊形式的符合论并不符合戴维森的本意，但他们的目标是合理的。因为戴维森虽然不是一种严格意义上的实在论者，但他的确具有某种实在论的倾向。戴维森的相关论述有很多，比如说戴维森曾明确指出：

> 一个言语为真仅仅依赖于两种事情，即所说语词的含义以及世界的组织方式……两个解释者，尽管所处文化背景不同，所用语言不同和所持观点不同（这种不同任你选择），可能对一个言语是否为真有不同的意见，但这只有在他们对事物在他们共有的世界中的所是方式或言语的含义有不同看法时才可能如此。①

巴格拉米安认为，在这段话中，戴维森明显地体现出某种实在论立场。在宽松的意义上，巴格拉米安的观点是合理的。因为戴维森在此表明：首先，世界以及世界中的事物不依赖我们，不论我们的"文化背景"和"所用语言"有何不同；其次，解释者对句子的理解需要依赖事物的所是方式，事物所是方式的改变会影响解释者对句子真假的判断。这些内容与实在论的某些观点比如实在是不依赖我们的存在相一致。

罗蒂在一定程度上也承认这一点。他认为，戴维森的上段引文表明，在语词的意义与世界所是的方式之间，没有第三者与真相关。② 但在更多的时候，罗蒂

---

① Donald Davidson, "A Coherence Theory of Truth and Knowledge," in *Subjective, Intersubjective, Objective*, Oxford: Clarendon Press, 2001, p. 139.

② 参见 Richard Rorty, "Pragmatism, Davidson and Truth," in *Truth and Interpretation: Perspectives on the Philosophy of Donald Davidson*, ed. Ernest Lepore, Cambridge: Basil Blackwell, 1986, p. 344。

倾向于从否定的角度理解戴维森的这个论断，认为戴维森的目的是摆脱实在论的影响。罗蒂的这种解读与他的观点即"少即是多"是一致的。他总是倾向于一种治疗性的方案，而不是一个构建性的解释。比如说，罗蒂曾经将戴维森的一段话视为戴维森反对符合论的证据："这里存在的一切证据恰恰是使我们的句子或理论为真的东西。然而，没有任何东西，没有任何一样东西，使语句和理论为真：能使一个句子为真的不是经验，不是表层刺激，不是世界。"①但正如巴格拉米安所言，罗蒂的这种解释很奇怪。因为戴维森原本在这里是在讨论哪些事物使句子为真，哪些不能使句子为真。完整的引用可以看出这一点：

> 正是经验呈现为某种进程，我的皮肤感到温暖或被刺破，宇宙是有限的这些事实使句子和理论为真（如果我们愿意采取这种说话方式的话）。但可以在无需提到事实的情况下把这一点表述得更好。②

这也就是说，戴维森在摆脱以事实为基础的符合论的解释方案之后，仍然承认"使……为真"这种关系，比如"经验中的某种进程"使句子为真。这表明，在信念与世界之间存在某种"使……为真"这种关系，虽然这种关系不是对真之本质的解释；但必须承认的是，信念与世界之间的因果关系并不是信念与世界之间关系的全部。因此，罗蒂认为戴维森支持论点 2 和论点 3 可能是有问题的。③ 戴维森的真之理论很难被归结为属于罗蒂所认可的实用主义阵营。

---

① Donald Davidson, "On the Very Idea of a Conceptual Scheme," in *Inquiries into Truth and Interpretation*, Oxford: Clarendon Press, 1984, p. 194.

② Donald Davidson, "On the Very Idea of a Conceptual Scheme," in *Inquiries into Truth and Interpretation*, Oxford: Clarendon Press, 1984, p. 194.

③ 事实上，罗蒂认为戴维森支持论点 1 和论点 4 也是有争议的。以论点 1 即真没有任何解释性用法为例。在一种对照式的符合论的意义上，戴维森的确认为真之概念没有解释性用法；但除此之外，很难相信戴维森会认为真没有解释性用法。比如戴维森经常谈到真与意义、真与信念，以及真与语言之间的关系。在这些关系中，真之概念至少有某种解释性的作用。参见 Donald Davidson, "The Structure and Content of Truth," in *The Journal of Philosophy*, 1990(87): 279‑328.

## 三、罗蒂论真

根据兰伯格（Bjorn Ramberg）的概括，罗蒂长期致力于打破分析哲学对两个假设的控制：第一个假设是康德式的知识观，即知识必须根据世界以及主体能力之间的关系来理解；第二个假设是柏拉图式的信念，即认为关于某个事情，一定有某个特定形式的描述，并且任何真的陈述都必须用这种形式来表达。① 这两个假设共同构成了罗蒂所说的"表征主义"的核心。在批评表征主义的过程中，罗蒂借鉴了很多思想资源，但是在利用这些思想资源后，罗蒂得出的结论却是消极的。他指出，我们应该"摆脱这种观念，即认为哲学应当以发现探索的一个永恒框架为中心。特别是，我们应该使自己摆脱这一观点，即哲学能够解释科学不能解释的东西"②。罗蒂对真之概念的理解也是在这种思路下进行的。

在否认真之符合论这种可能性之后，罗蒂说道：

> 我们的目的最好被视为停止把真看作一个深奥的问题，一个哲学感兴趣的话题，或者把"真"看作一个需要"分析"的术语。"真之本质"是一个无益的话题，在这方面类似于"人的本质"和"上帝的本质"，不同于"正电子的本质"和"俄狄浦斯情结的本质"。③

也就是说，罗蒂并不认为追问"什么是真"或者"什么是真的本质"这种问题很重要。他主张放弃这种追问，因为它对我们"无益"。从罗蒂的言论中可以看

① 参见 Bjorn Ramberg, "Post-ontological Philosophy of Mind: Rorty versus Davidson," in *Rorty and His Critics*, ed. Robert Brandom, Malden, Mass.: Blackwell Press, 2000, pp. 9 - 351。

② Richard Rorty, *Philosophy and the Mirror of Nature*. Princeton: Princeton University Press, 1979, p. 380.

③ Richard Rorty, *Contingency, Irony, and Solidarity*. Cambridge: Cambridge University Press, 1989, p. 8.

出,罗蒂所说的"有益与否"与功利性相关,自然科学对正电子的追问与社会科学对俄狄浦斯情结的追问都与人类实际利益相关,而对真之概念的追问很明显缺少这种属性。

虽然罗蒂认为真之问题不重要,但他承认真是语言实体即句子的一个属性,并且认为真与人相关,因为没有人类也就没有人类语言,也就没有句子。在此基础上,罗蒂谈到了真之概念的三种不同用法:支持性用法、谨慎性用法和去引号用法。① 真的支持性用法意指真这个谓词具有表达支持、肯定的功能。比如说,在"爱因斯坦的观点是真的"这个句子中,真之谓词表达的就是支持性用法。真的去引号用法可以通过塔尔斯基的 T-语句表现出来,它强调的是:在具有"'s'是真的,当且仅当 p"这种形式的句子中,真之谓词的作用是在句法上去除等式左边的引号。至于真的谨慎性用法,虽然很少有学者使用这种表述方式,但罗蒂的意图并不特殊,他只不过是为了区分真与辩护。在他看来,在某些情况下,我们的信念得到了很好的辩护,却有可能不是真的。因为辩护总是与某些特定因素相关,比如证据的可获得性、获得证据的代价、接收的观众等,而真似乎并非如此。知识论中的盖梯尔问题可以清楚地展现这一点。

在真之概念的这三种用法中,罗蒂对第三种用法的讨论最多。一方面,他承认真与辩护不同;另一方面,他又倾向于将真与辩护等同起来,比如他曾指出:

> 我无法绕开辩护而将注意力集中在真上。当问题是关于,我现在应该相信什么(而不是我或某他人为什么像我们一样行动)时,对真的评估和对辩护的评估是同一种活动。②

"对真的评估和对辩护的评估是同一种活动",意味着罗蒂主张将真与辩护同化。虽然如玛珀斯(Jeff Malpas)所言,"对罗蒂而言,将真与辩护同化并不

---

① 参见 Richard Rorty, "Pragmatism, Davidson and Truth," in *Truth and Interpretation: Perspectives on the Philosophy of Donald Davidson*, ed. Ernest Lepore, Cambridge: Basil Blackwell, 1986, pp. 334–335。

② Richard Rorty, "Is Truth a Goal of Enquiry? Davidson vs. Wright," *The Philosophical Quarterly*, 1995(45): 281.

奇怪"①,但罗蒂毕竟承认真有谨慎性用法。这表明,罗蒂似乎在辩护与真之间摇摆不定。一种可能的解释是：在理论上,罗蒂认为真与辩护是有区别的；但在具体经验领域之中,比如在判断一个句子是否为真的情况下,他又倾向于将真与辩护视为同一个东西。

毫无疑问,罗蒂区分真的三种不同用法,与他对真之概念的基本态度一致。因为既然追问真之本质并非一个重要的哲学问题,那么简单地厘清真之概念的用法即可。值得一提的是,罗蒂对待真的这种轻视态度,有时显得更为极端。比如他曾简单地将真视为用来防卫所有外来者的东西,相信它是有益的东西。

### 四、戴维森真之理论的优势

根据上一节的论述,我们可以简单地总结罗蒂真之理论的两个核心论点：(1)真之问题不是重要的哲学问题；(2)在经验领域中,真与辩护无异。戴维森对罗蒂的这两个论点提出了异议。我们首先讨论第二个论点。因为讨论戴维森对罗蒂第二个论点的批评,可以反过来帮助我们理解追问真之概念为什么会是一个重要的哲学议题,并进一步支持戴维森。

针对罗蒂所说的真与辩护之间的关系问题,戴维森说道：

> 罗蒂知道在我们的信念得到辩护和我们的信念是真的之间存在不同……当罗蒂谈到真之概念的"谨慎性用法"时,我认为他的意思是,提醒人们得到辩护并不必然是真的,这通常是有用的。那么,很明显,这种区别对实践没有任何意义吗？如果这无关紧要,为什么要提醒别人注意区别呢？②

① Jeff Malpas, "Mapping the Structure of Truth: Davidson contra Rorty," in *Truth and its Nature*（*if any*）, ed. Jaroslav Peregrin, Dordrecht: Springer Netherlands, 1999, p. 117.

② Donald Davidson, "Is Truth a Goal of Inquiry? Discussion with Rorty," in *Donald Davidson: Truth Meaning and Knowledge*, ed. Urszula M. Zeglen, London and New York: Routledge, 1999, p. 16.

戴维森这段话想表达的内容可以概括为,罗蒂对真与辩护之间关系的认识并不融贯。这一点实际上很容易理解。因为罗蒂一方面支持真之谓词的谨慎性用法,另一方面又认为真与辩护无异,但这两个论点之间并不一致。即便通过区分理论与实践,罗蒂也不能缓解二者之间的冲突。因为如果在理论上认为二者之间存在差别,那么在实践中,我们也应该坚持这种区分;否则的话,理论上的区分就是无意义的。正是在这种意义上,戴维森非常反对罗蒂接受詹姆士的观点。因为詹姆士认为,一旦你理解了所有关于辩护的内容,那么你就理解了所有关于真的内容。而戴维森认为,即便你理解了所有有关辩护的内容之后,仍然会有某些与真相关的内容是你所不理解的。

罗蒂之所以认为真与辩护在经验领域无异,一个很大的原因在于他延续了塞拉斯(Wilfrid Sellars)对理由空间和因果空间的划分,并且在否认符合论之后,认为真与辩护问题只存在于理由空间之中,而与世界无关。戴维森与罗蒂不同。戴维森认为,即便真与辩护只存在于理由空间之中,也不意味着二者之间没有任何不同;其次,对真之问题的讨论离不开世界的参与。

在考虑真与辩护之间的关系问题时,戴维森的观点比罗蒂的观点似乎更合理些。理由一,罗蒂的观点之间存在不融贯的地方,而戴维森的真之理论没有这种明显的问题。从理论自洽这个要求来看,区分真与辩护无疑是一个优点。理由二,区分真与辩护符合我们的直觉。通常情况下,我们认为,辩护是一个经验问题,通过提供某个证据为断定某个信念提供理由或支持;而真之概念往往被当作一种先验概念,虽然它可以应用于经验领域之中,但在很多时候,它仍然具有先验因素,比如谈到一个句子的真之条件。理由三,辩护总是受时间等因素的限制,一个暂时得到辩护的信念在另一种情况下可能无法得到辩护;而真往往与时间无关,一个命题是真的,无论在何时何地它都是真的。理由四,真与辩护之间的不同还体现在推理活动上。在推理过程中,我们使用的是真这个概念,而不是辩护概念。比如说,给出一个演绎推理,如果前提为真,那么根据演绎规则,结论也必然为真。

在以上四点理由中,理由二和理由三可能是很多学者已经熟知的,这也是学者们通常用来区分真与辩护的根据。在我看来,理由四更值得我们注意。原因在于,推理活动是一种属于理由空间之内的活动。这种活动的存在意味着,即便在理由空间之内,真与辩护之间也存在区别。真之概念一定有某些内容是辩护概念无法解释的。不但如此,甚至有学者认为,对辩护概念的理解依赖真。因为对辩护概念的探索会让我们发现,信念与断定等概念必定会参与到对辩护的解释之中,而断定与信念都涉及真。①

以上论证表明,真与辩护不同,理解辩护概念不等于理解真之概念。真之概念似乎超出了理由空间的限制,因而与世界产生了关联。"使……为真"这种关系仍然在判断信念或句子的真值时起作用。当然,严格来说,这并没有肯定真之问题一定是一个重要的哲学议题。但是当我们破除了罗蒂的消极态度之后,留下来的即是罗蒂对真之概念的某些积极的、不成系统的认识,比如真与人相关,与人的语言相关等。而戴维森的真之理论恰恰在这方面做出了杰出贡献。戴维森通过对真之结构的分析,揭示出真在理解意义、命题态度以及主体行为方面的核心作用。这无疑是戴维森真之理论的另一个优势。

至此,我们可以总结出戴维森与罗蒂的联系与区别。罗蒂和戴维森都认为真之符合论是不成立的,在信念与世界之间不存在对照或映射之类的关系。但是在这个否定性的结论之后,他们之间的共识基本就结束了。因为罗蒂在否定符合论之后,就认为真之问题不再是一个重要问题;但在戴维森看来,拒斥符合论并不意味着传统哲学问题的终结,哲学仍然需要向我们展示我们如何能了解和谈论并非由我们自己制造的客观的公共世界,了解真与人类行为之间的关联。相比较罗蒂的观点而言,我更相信戴维森。

---

① 参见 Jeff Malpas, "Mapping the Structure of Truth: Davidson contra Rorty," in *Truth and its Nature* (*if any*), ed. Jaroslav Peregrin, Dordrecht: Springer Netherlands, 1999, p. 120。

# 认知实用主义问题

让-米歇尔·怀尔　撰　里昂高等师范学校　华东师范大学

黄远帆　胡扬　译　上海交通大学人文学院哲学系　华南师范大学

## 一、定义认知实用主义问题

### （一）问题的语境：认知科学的根本危机

宽泛而言，认知官能所指涉的能力或多或少与知识相关。认知官能主要包括：知识习得能力，比如感知能力（perceptive faculties）；知识储存官能，比如记忆力；语言使用能力，比如语言会话能力（事实上，语言作为一种能力的观点已被广泛接受）。尽管人类能够最为淋漓尽致地展示这些能力，但它们却不是人类独有的特征。试图在认知物种与非认知物种间划出清晰界定是万难的。一些当代理论家主张具备认知能力可以与生命实体等量齐观[①]，如果他们所言为真，那么认知与非认知的界限可以通过生命实体与非生命实体来区分。照此，我们将那只掉落于牛顿头上的著名苹果归属到认知系统内是不合理的，因为从理性的角度分析，任何试图以认知官能来解释苹果的运动的理论都极富争议。

尝试给出一个认知官能的科学理解的雄心由来已久。或者说，自人类开始在科学领域筚路蓝缕、以启山林时，科学家已悄然埋下这个雄心的种子——构建

---

① 这一观点由认知生成（enactive）论者提出，参见 Evan Thompson, *Mind in life : biology, phenomenology, and the sciences of mind*. Cambridge, Mass.: Belknap Press of Harvard University Press, 2007。

立足于科学界广泛使用术语基础上的认知理论或认知科学。此外,长久以来,哲学与认知问题如葛藤般互相纠缠、系连。因此,哲学史上也充满各种对认知官能科学解释的远见卓识。然而,随着时代前进,科学范式几经变更,大多哲学史上的尝试已为当代的科学标准所摒弃。

虽然有稍许争议,但学界一般认为,对于认知的科学探索的汗漫历程,在 20 世纪 50 年代遭遇了剧变。从那时起,由于认知主义假说(cognitivism,关于认知的信息理论或计算理论)的提出,历经洗礼的认知科学终于步入正轨。当时,这一认知研究领域的惊天之变得到诸多响应,尤其是心理学家加德纳(Howard Gardner)对这一想法的普及做了可观的工作①。此外,也有认知主义者粗泛地将自己的理论命名为小写的类别名称"认知科学"(cognitive science)。这些鼓吹制造了一个幻象:人类开启了对认知官能科学知识史无前例的探求。事实上,我们之所以应当将"认知科学"(Cognitive Science)大写,是为了强调它只是众多试图探索认知现象的道路之一。"认知科学"的"新"至多只是与伽利略物理学的"新"类似,换言之,以伽利略自己的话来精确表达:"以新的对话来讨论旧的话题。"

当然,我们并不就此认为认知主义理论是完美无缺的,也不认为在它全面发展过程中不会产生问题。但认知主义者确信,他们已经获得关于认知现象(隐含地被理解为对认知感官的运用)正确的科学解释基本原则。换言之,以当代争论语境中的标准术语来表达,我们终于找到关于认知的科学的适当的基础。然而,这一美好愿景很快破灭。不久,认知科学便开启了充实的改造历程,其间的各种复杂、坎坷仍待进一步澄清。改造历程有两个显著特征:其一,对认知主义理论诸多局限和困境的批判推动了对认知科学的改造。其二,认知科学对自身掀起了翻天覆地的改造。这些改造让我们重新反省认知主义解释的一些基本教条,包括:它如何界定计算的概念、大脑的角色作用、意识现象以及身体或者外部环境。许多人宣称认知主义假说已是一潭死水。虽然严格意义上的认知主义的黄金时代已经落幕,但故事并未就此打住。如今,仍有不少认知主义的坚定拥护者

--------

① Howard Gardner, *The Cognitive Revolution*. Cambridge: Harvard University Press, 1985.

活跃在认知科学的舞台上,杰里·福多(Jerry Fodor)是其中的典型代表。他们对于改造后的认知科学给出了系统的批判。① 此外,另一股新计算主义的浪潮滚滚而来。② 毫无疑问,关于什么是认知科学基础的问题仍旧悬而未决,一轮新的论辩已经拉开帷幕,时至今日,这个话题可谓历久弥新。很难说在认知科学改造进程中没有一个理论选项能够凝聚认知科学共同体。判断是否存在这个理论选项,取决于我们如何剖析与解释认知科学的发展进程。

事实上,如若要接受存在一个团结认知科学共同体的理论选项,我们只能将这些候选者理解为那些对新正统的挑战者。新正统是在认知科学进程中建立起来的一种理论,有时我们将之称为神经认知转向(neurocognitive turn)。至少有一点可以肯定,在 1990 年,认知科学内部对于批判认知主义达成共识。这一批判主要关涉认知研究中的大脑探究。从那时起,神经维度的研究开始逐渐取代认知主义。与认知主义不同,神经科学研究主张一个充分的解释模型应该通过新的理论假说限制认知主义的现有假说:其倡导的新假说阐述的是认知官能施行过程在大脑神经系统中的施行方式,而现有假说则是针对认知官能施行过程、由心智词项表述的高层级假说。神经科学研究将这些认知官能运行过程的神经生物维度纳入认知科学中。虽然认知主义者秉持着大脑承载认知过程这一自然主义信条,但他们并未涉足神经领域研究。事实上,认知主义者认为,关于大脑执行这些过程的研究不属于认知科学的范围。认知科学仅关注认知任务在某个抽象层面执行时大脑中发生了什么。所以,它必然是更为普遍的。神经认知维度进路是对认知主义的一个主要挑战,这个进路一度盖过了认知主义的风头,从而将认知科学转化为如今盛行的认知神经科学。

无论如何,对认知主义的修正并未止步于此,我们可以说,这项事业任重而道远。该事业的后继者不断,例如,帕特里夏·丘奇兰德(Patricia Churchland)与保罗·丘奇兰德(Paul Churchland)的著作将矛头直指经典神经认知科学,他

---

① Jerry Fodor, *LOT 2: The Language of Thought Revised*. Oxford: Oxford University Press, 2009.

② Marcin Milkowski, *Explaining the computational mind*. Cambridge: MIT Press, 2013.

们批驳经典神经认知科学在激进的外表下,实际与"认知主义"是一丘之貉。认知神经科学要么仍旧诉诸表征主义,要么忽略了身体在认知过程中的作用(具身进路),要么误解了外部环境的作用(新外在主义),还有的则低估了"行动"的重要性(生成主义)。

正是在这些特定语境中,当代认知实用主义浮出水面,成为竞争"心智的新科学"①头衔的众多候选者之一。与其他竞争者一般,认知实用主义有着内部多样性,同时呈现出各种程度的激进主义。

然而,认知实用主义的问题在这个语境中产生是一回事,而它与之有内在联系则是另一回事。事实上,这些问题是所有尝试解释认知官能的理论都会遇到的根本问题,其中不仅有当代的认知科学,也包括它的各类变种。鉴于此,区分广义的认知实用主义与当代语境下特殊的认知实用主义极有必要。本文将聚焦于后者,但本文并不给出最终答案,而是尝试做一个比其他文献更为精准、确切的刻画,而这一刻画是解决这一问题的前提。要做出这一刻画,无法跳过认知实用主义的一些普遍问题和认知实用主义的其他特定形式(比如 20 世纪哲学思想中的实用主义复兴)。虽然实用主义思想复兴并不分享当代认知科学的理论旨趣,但其自然而然地涉及认知官能的科学理论的基础。

### (二) 问题的内容

从最宽泛层面看,认知实用主义的问题是应当采纳何种基础的理论问题。这个基础应当具备足够的科学性。这个基础应当既是建构的,也是规范的。具体来说,即实用主义维度如何与这个基础相关联。有必要强调,我们关注的不仅是这一理论内容的基本概念与原则,这样只会陷入对科学理论基础解释的狭隘理解。更重要的是,我们应当关切这一基础的其他关键面向,例如这一理论研究的界限,判断哪些问题具有研究的必要性,以及判断这一理论应当依据哪些科学概念等。一个关于认知的实用主义理论可能在上述各方面都不同于非实用主义理论,而这些方面恰是构成一个科学理论的关键要素。

---

① Mark Rowlands, *The New Science of the Mind: From Extended Mind to Embodied Phenomenology*. Cambridge, Mass.: MIT Press, 2010.

除去建构维度和规范维度,认知实用主义问题还有一个批判维度,这个维度关系到实用主义进路能够在多大程度上介入认知现象的研究。这尤为关键,因为认知现象也许已经被纳入认知理论研究的领域。这是一个我们面临的基本问题:这些认知理论是否在实际层面(de facto)上隐含地或明述地采纳了实用主义资源?如果答案是肯定的,那它们是以何种形式采纳的,以及采纳了多少程度?

建构层面(规范层面)与批判层面休戚相关,任何对认知实用主义的透彻考察都应当顾全这些维度。要回到以上这几个问题,我们从批判性评估对这些问题的已有答案入手。此外,一个健全的理论应当能够精确显示与其他理论的差异,以及彰显其本身的优势。

如前文所述,通过考虑认知实用主义问题与认知科学的确切关系,我们能够更好地限定这个问题。从建构层面而言,这种限定能够决定认知科学是否应当采取实用主义进路,以及通过何种形式采取。从批判层面而言,我们审查实用主义维度到底在多大程度上介入认知科学,以何种形式介入,以及已经取得了哪些成就。

从批判层面而言,存在诸多先天可能性。有可能,认知科学拒绝认知实用主义的指导作用,而这一抉择是正确的。或者,这种排斥是一种谬见,因此需要得到修正。或者,认知科学接受认知实用主义,但这是一个错误的融合。又或者,它们只是选错了实用主义的种类,那么,它们无须全盘抛弃实用主义,而只需要做出一些更正。事实上,这些可能性正是当代关于认知科学与认知实用主义关系争论的峥嵘处。

有一事毋庸置疑,如果认知科学发生转变,哪怕只是部分变化,那一定是由其发展过程中的变革所致。几乎所有认知科学的信条都与认知实用主义的观念(暂不论其最终定义)互为扞格。鉴于此,认知实用主义问题与认知科学紧密相关,而其中最主要的问题便是,在认知科学对自己早期基础进行改造的过程中是否发生了实用主义转向?如果是,那它是以何种形式发生的,并且我们能在多大程度上接受它?

在下文中,我们抽取这个争论中最具代表的一例。福多和约翰逊(Mark Johnson)是这场对峙的主角,他们持有截然相反的观点。事实上,约翰逊的立场颇为复杂。他认为,自 20 世纪 70 年代中叶起,认知科学踏步前行,迈向对认知官能的具身维度研究,而在这一方向上,它无法避免地与美国经典实用主义相遇,典型代表如詹姆士和杜威。有鉴于此,他认同认知科学经历了一个缓慢的实用主义转向,而且是和早期实用主义的交汇。他将之描绘为从"第一代"认知科学向"第二代"认知科学的过渡。第一代认知科学"与实用主义的设想背道而驰"①,此外,"他们理论所依据的一些二元分立和错误的哲学假说,恰是实用主义几十年前竭尽思虑所要挑战的"②,而第二代认知科学则"与实用主义共享诸多信条"③。由于这只是对经典实用主义观点的重新发现,而非在全盘接受的意义上回到经典实用主义,因此这一改造只是实用主义转向的序曲,而非华章。只有当第二代认知科学自我意识到与古典实用主义的切近,并且古典实用主义的继承者也关注到这一点,我们才可以说第一代认知科学到第二代认知科学发生了一个真正的实用主义维度转向。这一转向正于当下发生着,约翰逊认为,这一转向还有更多的可发挥空间。他指出,我们可以发现"在哲学语境中,美国实用主义者(如詹姆士和杜威)最早给出了对具身性的恰当阐释"④,经典实用主义对具身概念的理解,有助于澄清与深化认知实用主义对认知主义的取代。

福多与约翰逊在很大程度上是能达成共识的,尽管这些共识是表层的。福多在其 2009 年的著作中,对认知主义的捍卫可谓有解惑之效⑤,他也认为认知科学发生了一个隐含的实用主义转向,之所以为隐含转向,是因为这个转向并未明述地诉诸经典实用主义资源。他认为这个转向早已有所酝酿,并且福多描绘的转向规模远远大于约翰逊的描述。事实上,福多认为实用主义的"特

① Mark Johnson, "Cognitive Science," in *A Companion to Pragmatism*, eds. J. Shook and J. Margolis, Cambridge: Blackwell, 2005.

② Mark Johnson, "Cognitive Science,"in *A Companion to Pragmatism*, eds. J. Shook and J. Margolis, Cambridge: Blackwell, 2005, p. 372.

③ Mark Johnson, "Cognitive Science,"in *A Companion to Pragmatism*, eds. J. Shook and J. Margolis, Cambridge: Blackwell, 2005, p. 372.

④ Mark Johnson and Tim Rohrer, "We are Live Creatures: Embodiment, American Pragmatism and the Cognitive Organism," *Body, Language and Mind*, 2008(1): 17–54.

⑤ Jerry Fodor, *LOT 2: The Language of Thought Revised*. Oxford: Oxford University Press, 2009.

洛伊木马",是通过人工智能"对计划与行动"的重视才得以进入认知主义的城门的。最终,认知科学被实用主义侵蚀殆尽,"无论是人工智能,哲学,还是认知心理学,如今的主流已经被实用主义占领"①。在福多看来,这个绵长的实用主义转向,更多的是实用主义影响的传递,而非对经典实用主义的再发现。这一传递间接地影响着其后续者,且这一传递是离散的,很少打着"实用主义"的旗号。

福多与约翰逊的主要区别在于他们对这一转向的态度。约翰逊主张,我们应该进一步推进这个转向,并且更直接明述地将之与经典实用主义关联起来。而福多则提出,我们应当抛弃这一转向,"实用主义也许是哲学发端以来最糟糕的观点"②。

### (三) 界定认知实用主义本质的初步工作

在一个清晰而精确的定义阙如的情况下,无论是理论还是批判层面,我们都很难满意地解决认知实用主义的问题。如要明确一个认知理论能够容纳实用主义维度,以及以何种形式容纳,那么我们势必要知道什么是认知实用主义维度,以及它的各类可能变种。至少在理论层面,认知实用主义的定义优先于认知实用主义的建构。就理论而言,我们可以把定义工作作为这个问题最原初的构成元素,而非一个分离的准备阶段工作。

无论如何建树理论优先性,我们仍旧无法忽视认知实用主义的批判维度。要在实际层面严格解决认知科学的实用主义维度的研究问题,定义工作将起引导作用。因为,认知实用主义义理探究完全依附于我们如何理解认知实用主义,这是它运作的基础。这一点在福多与约翰逊的争论中已经显明。如果有人像福多与约翰逊那样,认为古典实用主义与认知实用主义之间有内在关联,那么这一关联只能通过剖析认知科学的进化过程与实用主义哲学运动之间的理论相似

---

① Jerry Fodor, *LOT 2: The Language of Thought Revised*. Oxford: Oxford University Press, 2009, p. 8.
② Jerry Fodor, *LOT 2: The Language of Thought Revised*. Oxford: Oxford University Press, 2009, p. 8.

性,以及实用主义运动对认知实用主义的启发性等层面得到揭示。如果我们割裂认知实用主义与经典实用主义的关联,就无须考虑这些因素。

### (四) 认知实用主义转向问题的陈述

上述分析告诉我们,通过从具体的认知科学维度来考量,认知实用主义的问题能够被更精确地表述为认知科学的实用主义转向问题。我们可以从下述三方面来理解:

一是定义问题:如何在最普遍层面刻画一个关于认知理论基础的实用主义假说?

二是解释问题:认知科学在进化过程中,在多大程度上采纳了这个实用主义假说,从而施行了实用主义转向? 以及它是以何种形式采纳的?

三是规范问题:认知科学是否应该坚持采取各种形式的实用主义(它可能已经采取了其中某些形式的实用主义)? 或者它是否应该采取某种可能的实用主义形式,如果是,具体应是哪种形式?

可以说,即便我们做出如上规定,这仍是一个持续生成、不断展开的问题:福多与约翰的论辩;同一时期,福多与布兰顿(Robert Brandom)的纷争;施泰纳(Pierre Steiner)在法国也发起了令人瞩目的讨论。但是,这个问题的讨论过于局限,并不如其他认知科学基础论题那么影响深远。此外,其局限性还体现于:如果仅仅通过古典实用主义来诠释它,则其核心问题未能全盘托出。如此一来,一些更根本的议题(例如行动核心性假说、认知科学的生成性维度等)则并未得到应有的重视。虽然这些议题既没有使用"实用主义"这个表达,也没有引用古典实用主义资源,但它们是认知实用主义不可剥落的面向。换言之,这之所以是一个发展中的问题,是因为它并未被充分阐释,而其已经被阐释的部分也没有一个可恰当识别的范围。此外,认知实用主义的本质仍待界定。鉴于此,对认知实用主义的这三个关键问题进行全面而系统的审查是当务之急,而且这对重新开启认知科学基础的讨论尤为重要。

由于愈发意识到这个话题的重要性,以及注意到仍有许多待做的工作,我逐渐将自己的工作重心投注到了这个领域。从 2008 年起,通过一些个人或合作研究，我展开了认知科学实用主义转向的研究。这些研究的很大部分是在社会与科学研究院的主持下进行的，这是里昂高等师范学校与华东师范大学联合创立的一个中法合作的平台。其中的知识与行动中心实验室主要致力于处理自 20 世纪中叶以来实用主义与理智主义在认识论领域的争论的复兴。我们可以区分出这个研究中的四个主要阶段。这四个阶段为当前的研究起了补充作用，有必要在此对之做出简要概述，以便更好地理解当前的研究在哪些方面有所推进。

第一阶段，主要尝试以行动作为意向性的本质来展开实用论意向主义（pragmatist intentionalism）的定义。实用意向主义被视为大多数认知状态与过程的基本要素（作为状态的一个序列）[1]。此外，这一阶段还致力于区分这一本质的各种形式和不同程度的激进主义。立足这些工作，我们可以检验行动的认知神经的研究结果在多大程度上能够解释为对这一定义进行支持（实用主义意向性提出者认为能够支持）[2]。行动的认知神经研究旨在揭示行动在自然认知系统中的优先地位。实用意向主义既是一个定义，也是关于认知实用主义的类型学。在第二阶段，通过实用意向主义这两个特征，我们既能拓宽研究的范围，又能够通过聚焦知觉意向案例来缩小范围。同时，我们将生成性理论作为主要批判性检查对象，尤其是诺伊（Alva Noë）的版本。[3] 第二阶段的关键问题是：诺伊关于行动与视觉感知关系的生成主义在多大程度上能够支持认知实用主义，它的接受度有多少？[4] 在第三阶段，我们继续关注行动理论的研究。不同于第二阶段仅限于行动认知神经科学的特定领域研究，第三阶段将研究扩展到整个

---

[1] 主流认知科学哲学主张一种改良的布伦塔诺（Franz Brentano，19 世纪维也纳哲学家）理论，他们宣称意向性是认知属性中最为重要的元素。他们将意向性理解为对某物的关联，而这一关联是一种客观实体。

[2] Jean-Michel Roy, "Cognitive Neuroscience and the Pragmatist Approach to Intentionality," in *Naturalizing Intention in Action*, eds. F. Grammont, D. Legrand, and P. Livet, Cambridge: MIT Press, 2010.

[3] KAL Workshop Cognitive Pragmatism, Ecole Normale Supérieure de Lyon, June 2011.

[4] 参见 Jean-Michel Roy, "Pragmatisme cognitif et énactivisme," *Intellectica*, 2013, 2(60): 69‑89。

当代行动理论。① 我们可以这样表述第三阶段的研究：20 世纪中叶以来发生的关于行动本质讨论的大变革，能够在多大程度上（无论明述还是隐含）支持行动作为行动理论与认知实用主义核心的观点。最后是第四阶段，另一个认知科学领域论题与之高度相关，即概念理论。而这也关涉到当下一个炙手可热的争论，即福多与布兰顿之间的争论。②

2013 年一系列有关行动的认知神经研究著作出版，这可以视为认知实用主义问题进展的一个有趣的标志。虽然它们独立于认知实用主义研究，却又合流于一些极其狭窄的河道。事实上，在认知科学的一脉中，恩格尔（Andreas Engel）与他的同事们发表了一篇题为《何处安放"行动"？认知科学中的实用主义转向》的论文，该文以上文中所建议的方式梳理了认知实用主义问题与认知科学的关系。第一，他们将之视为认知科学内部发生的转向。第二，他们通过行动的核心地位来界定认知实用主义。认知实用主义与经典实用主义的关系则是其次的。第三，他们实际区分了两类问题：解释性问题（interpretive question），即认知科学是否发生了这个转向；规范性问题（normative question），即认知科学是否应该经历这个转向。最后，在最近关于行动的神经认知研究的结果的基础上，他们对这两个问题都给予了肯定回答。

选择以行动的核心地位来界定认知实用主义的假说还需进一步的检验。有以下几个理由：首先，比之当前的文献，我们还可以找到其他更为殷实、有说服力的陈述，例如前文提到的恩格尔等人的工作。此外，我也有幸发表过相关论文。③ 其次，最近出现的不少对这个假说的反对声音都有回应的价值。最后，也是最重要的，在发展关于概念实用主义的理论时，认知实用主义是以能力之知（knowing how）的形式介入，而非行动核心论。这个明显的差异引起了如下关

① KAL Workshops, The Nature of Action, East China Normal University, September 2011; Reconceptions of Action I, Ecole Normale Supérieure de Lyon, March 2012; Reconceptions of Action II, University of Milano, October 2013.

② KAL Workshop Concepts and Pragmatism, East China Normal University, June 2013.

③ 参见 Jean-Michel Roy, "Pragmatisme cognitif et énactivisme," *Intellectica*, 2013, 2(60): 69-89。

键问题:这个能力之知版本的认知实用主义的具体内容是什么,它和行动核心论版本的认知实用主义有何关联?它们是否有实质的区分,如果有,是什么?它们可能的区分是否使得彼此互不相容?如果是,我们应该在多大程度上重审行动核心论的认知实用主义的定义,从而能够容纳能力之知版本的认知实用主义?这些问题十分棘手,有待更为广泛、技术化的研究。尽管这些问题对认知科学整体发展至关重要,当前的研究视野却并未聚焦这些问题,而本文则力图呈现这些问题,并且在一个宽泛维度提供解决方案。

## 二、行动核心性假说

### (一) 定义以及定义怀疑论

第一项任务主要是形成建立于行动核心概念的认知实用主义的定义。这个定义可以通过多种形式达成:既可以是描述的形式(descriptive),也可以是规范的形式(normative),或者两者兼而有之。此外,我们也可以经由传统的充分必要条件界定范畴的方式来形成定义。再或者,我们可以通过家族相似性或原型论来界定(由后期维特根斯坦最早提出)。

当我们初步处理什么是定义怀疑论时,以上可能都应该纳入考量。定义认知实用主义是否可能?

事实上,对能否定义认知实用主义的怀疑主要是从对经典定义论的批判着手的。施泰纳在最近编辑的关于认知实用主义的论文集①的导言中发展了一种来自异质性的怀疑主义论证(heterogeneity)。这个论证主要宣称,"实用主义"这个词项由于异质性程度太高,不可能具备充分必要条件,换言之,它超越了经典定义理论的限定。施泰纳提到拉夫卓尔(Arthur Lovejoy)在 1908 年区分了13 种经典实用主义,而施泰纳认为,在当代,认知实用主义的复杂程度有过之而无不及。我们可以看到如下各种形式:改良实用主义、激进实用主义、新实用主

---

① 参见 Pierre Steiner, "Pragmatisme (s) et sciences cognitives: considérations liminaires," *Intellectica*, 2013, 2(60): 7 - 47。

义、更新的实用主义、分析实用主义、后分析实用主义……鉴于这一持续的纷繁复杂的状况，为普遍的实用主义提供充分必要条件"几乎成为一种矛盾"。那么，对实用主义的认知理论来说也是如此。这样的异质性怀疑论的论证力度是有待商榷的。其一，即使其论证有效，它也只能显示我们无法提供一个关于认知实用主义的经典描述定义，但我们仍然有可能提供其他形式的描述性定义（例如原型论），我们也可能提供一个关于认知实用主义的经典规范定义。此外，从表面的异质性推断经典定义的不可能也是不合理的，除非能够指出这种异质性不仅是表层的，也是深层的，否则我们无法排除存在其充分必要条件的可能性。再者，施泰纳的论证中似乎错误地理解了描述性定义。一个描述性定义无法成为放之四海而皆准的定义。事实上，我们对一个词项的使用通常由一个规范指引。描述性定义与规范性定义之间的对立反映了两类解释之间的区别，前者尝试呈现规范在事实层面（de facto）上的运作，后者尝试通过建立新法则（de jury）来展开解释。鉴于此，我们有必要表明，一个词项关涉的领域的表层异质，并不能取消其深层的同质性，从而否定给出定义的可能性。"实用主义"这个词项在事实层面的使用形形色色，但并不能推论这些用法都是合法的。通过进一步审查，我们也许会发现这一表层的异质性也许只是（并且仍然是）一种语词的滥用，也就是说对这个用法的张冠李戴。通过实际维度使用来规范这个概念的使用，是这个谬误产生的诱因。也有可能，这些使用包含多义性，也就是说它的使用由多种规范支配，但这并不妨碍我们为这些不同使用规范分别下一个经典定义。①

鉴于上述种种情况，我们有理由认为对经典定义论的怀疑是无源之水。我尝试以行动核心性假说来定义认知实用主义，这个定义既包括描述维度，又包括规范维度。

行动核心性假说建立在一些信条上，这些信条旨在支持将行动核心论作为认知实用主义的充分必要条件，从而以此作为评断认知实用主义的标准。我们试图为认知实用主义提供经典定义，也就是说提供一个区分认知实用主义与非

---

① 如下文所述，这似乎是施泰纳最终采纳的结论。

认知实用主义的界定方式。立足于这个界定,我们可以说,行动是认知活动的核心,既是认知实用主义理论的必要条件,也是充分条件。但这并不意味着认知实用主义不具备其他必要条件或充分条件,只是这些其他条件不是它的专属。当然,我们也不排除进一步精细化行动核心论观点的可能性,而这种精细雕琢不会使这个定义陷入困境,相反,会使之更为确切。

此外,在关于事实层面的使用上,认知实用主义大多与行动核心论相关。换言之,这是对这个词项使用的主要规范。而不符合这一规范的使用有两种情况,要么是对这个词项的彻底误用,要么是在多义层面的使用。故此,有些被冠以"认知实用主义"头衔的理论是张冠李戴,另一种则是在一种与之不相关意义上的使用。

第三,虽然本文尝试提供一个同时容纳描述维度与规范维度的定义,但行动核心论无疑首先是作为一种规范性假说。理论上,即便在描述层面失败,也不影响其有效性。换言之,这个理论最为至关重要的是,我们在逻辑空间内可以提供一个对认知的可能解释,这个解释将行动放置于核心地位。

最后,有必要指出,以上三个信条,可以在更宽广的范围内作为实用主义与行动关系的信条。也就是说,这个假说的范畴可以进一步扩大,适用其他任何领域的实用主义理论,只要它宣称行动的核心地位。因此,我们可以说,那些打着"实用主义"旗号,却违背行动核心性假说的理论实际上并非实用主义(或者不是在一种相干层面上对实用主义的使用)。

### (二) 假说的主要内容

行文至此,我们大致捍卫了对认知实用主义给出定义的必要性。但我们仍需进一步澄清、辩护这一假说的内容:行动作为认知的核心是什么意思? 在认知实用主义中借用经典实用主义的名称是不是可辩护的?

鉴于有诸多版本的认知实用主义,我们可以对行动核心性假说持有多种表述方式。最普遍层意义上的界定是:行动与其他认知现象[①]紧密相扣,并且影

---

[①] 或者仅从认知现象出发(如果行动本身也是一种认知现象),出于理论简化考量,我们暂搁置这个区分。

响其他认知现象的本质与功能。

假使这个定义是规范层面的,那么我们应该在脱离其之前使用语境的情况下考虑这个问题。比如,我们不应该将实用主义运动纳入考量,尤其是经典实用主义。但如果要考虑描述维度,我们就不能如法炮制。从一种解释性假说角度出发,"实用主义"这个词项与行动核心一直紧密扣连,这个解释性假说旨在辩护为何行动是认知实用主义的重中之重。鉴于我们之前区分的规范维度与描述维度,这个辩护并不能作为最有利的辩护论证,因为它只是描述维度的辩护。

即便如此,在描述维度,我们还能提供其他的论证。首先,我们来看经典实用主义。事实上,最著名的实用主义宣言中清楚地彰显了行动的核心地位。追随皮尔士的脚步,詹姆士在《实用主义是为何意》一文中将实用主义原则论述为关于思想内容本质的理论(表达这些思想语句的意义),而这个说法使得实用主义与行动之间的关系变得难分难解。詹姆士承认自己在实用主义这个传统下,是皮尔士的学徒。从这个意义来说,实用主义将思想的内容(以及组成这些内容的概念)与潜在的行动等同了起来:"要发展一个思想的意义,我们只需决定它适合产生何种行为(conduct)导向:这个行为对我们而言是其唯一的意义⋯⋯我们不可能拥有撇去实践的意义。"①据此,我们可以说,经典实用主义首先(最重要)是关于认知的,它的理论与我们思想内容相关,从而切入广义实用主义与认知实用主义的区分。在当代,对此的争论也是依此路线进行的。当代舞台上最活跃的两个人物是福多与约翰逊。福多如此刻画实用主义:"心智的独特功能是由行动指引的"②,此外,"对思想更为重要的不是思想与其表征对象的关系,而是其与指引它行动的关系"③。类似的,约翰逊认为"认知是一种行动,而非心智对外

---

① William James, *Essays in pragmatism*. New York: Hafner Publishing Company, 1907/1948.

② Jerry Fodor, *LOT 2: The Language of Thought Revised*. Oxford: Oxford University Press, 2009, p. 13.

③ Jerry Fodor, *LOT 2: The Language of Thought Revised*. Oxford: Oxford University Press, 2009, p. 8.

部世界的反映"①,具体而言,"一个特殊种类的行动——这是一个运用预见手段的回应策略,为了解决现实世界中的实践问题"②。据此可以推断,他们都认为当代认知实用主义与古典实用主义是一脉相承的。

### (三) 类型学定义

上述认知实用主义有多种形式,然而通过以下三个主要方面,我们可以很容易地揭示其一般要义:

第一,我们认为"行动"占据核心(essential)地位,于是,与之相联系的有关行动的概念同样如此。

第二,反过来说,"认知"也具有核心地位。

第三,"行动"以何种方式对"认知"具有核心意义,即前者在哪个方面对于后者具有核心意义。

在此基础上,认知实用主义的类型学定义即便不是难以企及,至少也是高度复杂的。之前提到过,在 2010 年的文章③中,我探究了该类型学定义的一个部分。针对这一部分的研究,一方面靠的是行动的动力要素(the motor elements of action)与行动的意向要素之间的区分,这一区分已得到广泛接受;另一方面,需要聚焦于横跨各认知官能界限的意向性——即使意向性不是一个认知现象的普遍(universal)特征,也算是一个一般化(general)特征。在这一研究中,我们对实用主义下的认知意向主义(a cognitive intentionalism of pragmatist kind)进行了第一个层面的分析,在某种意义上,我们以此得到一种认知理论,它既容纳了某种形式的布伦塔诺论题——意向性是认知现象的关键特性,也涵盖了"行动对

① Mark Johnson and Tim Rohrer, "We are Live Creatures: Embodiment, American Pragmatism and the Cognitive Organism," *Body, Language and Mind*, 2008(1): 17‒54, 26.

② Mark Johnson and Tim Rohrer, "We are Live Creatures: Embodiment, American Pragmatism and the Cognitive Organism," *Body, Language and Mind*, 2008(1): 17‒54, 26.

③ Jean-Michel Roy, "Cognitive Neuroscience and the Pragmatist Approach to Intentionality," in *Naturalizing Intention in Action*, eds. F. Grammont, D. Legrand, and P. Livet, Cambridge: MIT Press, 2010.

于意向性具有核心意义"的理论原则。这一认知理论最重要的成果是区分出了"行动核心性"的四种形态以及形态下的子类,我们如下概括［PI 代表实用论意向主义(pragmatist intentionalism)］:

PI$_1$: 在意向性与认知现象的关联中,行动具有核心意义。

PI$_2$: 对于意向性的本质,行动具有核心意义。

PI$_{2(1)}$: 意向性的本质相关于行动的本质;

PI$_{2(2)}$: 意向性的本质从属于行动的本质;

PI$_{2(3)}$: 意向性的本质整合了某些有关行动的特性。

PI$_3$: 决定意向性,行动具有核心意义。

PI$_4$: 自然化意向性,行动具有核心意义。

第一种形态认为,在对认知现象进行理论考察时,意向性是不是一个与认知现象关联的性质,对该问题的回答,无论是运动(movement)还是意图(intention),两者均起着基础性作用,在这个意义上,两者对意向性具有核心意义。因此在这第一层意义上,实用论意向主义(pragmatist intentionalism)认为,意向性独特地,至少是基础性地关联着我们对行动的探究。

一旦我们有理由建立起意向性与认知理论的关联,则会得到上述第二种形态,即行动对于意向性的本质具有核心意义。我们必须在这里提及第二种形态下各重要子类,我们清楚地看到,当代对视觉感知(视觉感知被视为一种形式的意向性)的研究都论及了这些子类。

在第一个子类中,我们通过感知的意向性对象与行动目标之间的相关性来刻画行动的核心性。大致可以如此阐述这一观念:当我们在进行视觉感知时,被视物的所有主要特性让某一行动变得可能。换言之,被视物提供了潜在的行动。第二个子类更进一步,认为视觉官能实际上从属于行动,即想让行动变得可能,视觉就要开动起来;"看"以便于(in order to)"行"。第三个子类再追加一步,把视觉归整到行动上,其主张视觉与行动的同一性;虽然这种同一性本身可以有不同的意义,但用"整合关系"(integration terms)来解释这种同一性则最为合理:行动远非与视觉相分离,而是与视觉联系紧密,紧密程度之深可以让我们把视觉视为行动的要素之一。哲学家诺伊把他所主张的理论称作视觉感知生成论(an enactivist theory of visual perception),我们可以恰当地将其视为感知实用主义的一种理论形式①;诺伊在为该理论辩护时,充分地领会了上述区分的重要性,他强调生成论视角(enactivist perspective)的特别之处,在他来看,并不是要把视觉感知变成行动的仆人,而是要把它变成行动的构成要素。比如他写道:"生成论研究进路的基本主张是,感知者的感知能力部分地由感觉运动的知识(比如,感觉刺激随着感知者的运动进行变化,感觉运动的知识就是我们对其变化方式的实践领会)而构成。生成论的研究进路并不主张感知是为了(is for)行动,或者为了(is for)引导行动。"②

第三种形态说明的情形是,行动对意向性有约束作用。在这个意义上,行动对于意向性有核心意义,而这种核心意义的主要体现,便是行动为意向性的切实存在提供了可能。以此观之,没有行动能力的实体(entity)同样也没有意向性。

最后,第四种形态构想的是,在把意向性进行自然化时,行动也能具有核心意义。这种核心意义体现在我们解释如下问题的时候,即一个实体是如何通过一些自然属性(无论这些属性是什么)而拥有意向性属性的。这里的解答是,只有具备行动能力的实体才能让理解这两类属性之间的联系成为可能。

只要不断修正和充实我们所涉及的三个参数(对行动的分析、对根本性的分析以及认知现象的类型)的任意一个,怀尔(2010)初探的理论成果就可以自然而然地向多个研究方向延伸。如果我们保留关于行动的一般观念(我们的理论成果奠基于这一观念之上),同时用意向性代替纯粹的(sheer)认知性,那么我们就会很容易地明白那些认知实用主义的一般类型是如何获得的。在"行动核心性"的第一种形态中,认知实用主义被构建为一种认知理论,其中,要想决定哪些现象可被视为认知现象,行动的维度具有基础性价值。在第二种形态中,认知实用主义的理论主张是,认知总体上相关于、从属于、整合于行动。第三种、第四种形

---

① 参见 Jean-Michel Roy, "Pragmatisme cognitif et énactivisme," *Intellectica*, 2013, 2(60): 69-89。

② Alva Noë, *Action in Perception*. Cambridge: MIT Press, 2004.

态分别认为，一般意义上的认知属性（不只是意向性）被行动所决定，它们的自然化过程依赖行动。

### 三、质疑行动核心性假说

"行动核心性"试图捕捉认知实用主义的与众不同之处，而这些与众不同之处可被理解成认知实用主义的独特性质，这些独特性质也是认知实用主义的充要条件。在此背景下，"行动核心性"原则上主要会遇到两类反驳：一类质疑"行动核心性"的充分性，另一类质疑其必要性。实际上，在关于认知实用主义的当下讨论中，"行动核心性"会同时受到这两类挑战。在何种程度上这些挑战确实让"行动核心性"陷入困境？这虽然仍是一个悬而未决的问题，但要务之一是我们应该不断推进对认知实用主义问题的研究。鉴于此，我接下来会分别考察上述两类质疑，在我看来它们尤其重要。

#### （一）对行动核心性之充分性的质疑

之前提到施泰纳引入了一个怀疑论观点，即"我们很可能并不具备界定实用主义的充要条件"①。施泰纳所使用的异质性论证（the argument from heterogeneity）实际上暗自指摘行动核心性假说（他认为行动核心性假说并不满足认知实用主义经典定义的充分条件）。施泰纳确实承认，在对认知实用主义这一观念的实际运用中，作为一个认知理论的认知实用主义要想名副其实，必须包含行动核心性。但是他不认为行动核心性是认知实用主义的充分条件，也因此不承认它是认知实用主义一个与众不同的性质，更遑论它是一个大家都接受的性质了。恰恰是施泰纳的这种否定态度让他最终认为，当下的"认知实用主义"是一个极度异质性的短语。

施泰纳质疑行动核心性假说的充分性，而在具体考察其质疑之前，我们需要

---

① Alva Noë, *Action in Perception*. Cambridge: MIT Press, 2004, p.12.

事先强调两点。第一点,通过分析实用主义与认知科学之间的关系,施泰纳尽管推进了他的批判,然而他所设想的行动核心性假说涉及的是一般意义上的实用主义的独特性质,而不仅仅是认知实用主义的独特性质。这个区别并未造成任何理论后果,因为他的分析显然针对的是概念上限定性更强的认知实用主义,同时,这个区分相对来说不那么重要,因此可略去不论。第二点则意义较为深远,施泰纳认为行动核心性是一种界定认知实用主义的描述性假说,而不是规范性假说。根据上文的分析,这意味着在施泰纳看来,行动核心性假说试图描述那些特殊的充要性质,它们事实上规定着"认知实用主义"的实际用法。

施泰纳的批判实际上分为两步,它们互不相同,却又十分类似。第一步,施泰纳主张行动核心性假说并不充分,因为我们并未充分澄清行动概念。施泰纳对此并未展开论证,只是指明了论证的主要方向,即持有行动核心性这一性质的诸理论并未澄清行动概念,这事实上导致这些理论难以成为认知实用主义理论。我们可以合理地展开其论证:

断言一:如果某些理论启用行动核心性这一性质,但又未澄清行动概念,那么这些理论就不被看作认知实用主义的理论形式。

断言二:因此,启用行动核心性的理论之所以被视为认知实用主义理论,是因为行动概念以某种方式得到了进一步的澄清,而这进一步的澄清使得行动核心性成为一个认知实用主义的独特性质。

施泰纳还解释道,关于行动概念,需要进一步澄清的其实是它的语境维度(行动的环境、社会及其经验),同时,我们不能把那些语境要素视为特殊的、可有可无的、补充行动的东西。

推动第二步批判的是一个并未(但是需要)明述的预设:行动核心性假说志于界定认知实用主义,然而上述那般对行动概念的澄清难以让行动核心性假说保留这份雄心,因为经过这般修缮的行动核心性还是难以成为认知实用主义一个独有的事实上的充分性质;认知实用主义至少还需要一个附加性质。于是,第二步批判为此主张:我们至少要假定一个附加性质。相较于之前一步,施泰纳对该主张的论证更为翔实,然而论证逻辑是相同的,因为他同样指出,对于所有那些持有行动核心性同时又充分澄清行动概念的理论,我们难以将它们都视为

认知实用主义理论。与之前的论证形式类似,他这里的论证仍然可以这样合理地展开:

断言一:如果某些理论诉诸行动核心性这一性质,同时又充分澄清了行动概念,那么这些理论仍不被看作认知实用主义的理论形式。

断言二:因此,诉诸行动核心性且充分澄清行动概念的理论之所以被视为认知实用主义理论,是因为行动核心性至少还关联一个其他性质,而就是这种与其他某一性质之间的关联才为认知实用主义理论所独有。

施泰纳为这一附加性质的必要性辩护;并且,针对这个附加性质的相关问题,他再次提出一套相当具体独到的见解。事实上,施泰纳首先强调认知实用主义所独有的不只是一个性质,而是一个由七个性质组成的集合,并且他细致地刻画了这七个性质,在这里对其刻画细节存而不论。其次,这七个性质只在析取的意义上是必要的,也就是说,只要把行动核心性与其中某个性质组合(combination)起来,就足以获得认知实用主义的特有性质了。这样一来,认知实用主义所独有的就不只是一个复杂性质,而是许多性质,至少有七个。最后,施泰纳还认为,并不是那个被组合起来的附加性质展现了认知实用主义的特性,这个特性其实是通过行动核心性与附加性质之间的组合展现的,附加性质本身对认知实用主义而言并无特别之处。因此,根据施泰纳的分析,认知实用主义的特性存于行动核心性与其中某个附加性质的组合中,而七个附加性质本身难以体现认知实用主义的特性。

施泰纳提供的假说选项区别于行动核心性假说,充分领会两者的区别是非常重要的。两者均承认行动核心性是所有认知实用主义理论的必要性质。然而行动核心性假说更进一步,它主张行动核心性是认知实用主义理论的充分条件,因此也是认知实用主义的独特性质,而施泰纳的假说拒绝这一步。他认为:第一,在认知实用主义理论中,澄清行动概念要通过分析行动语境而展开;第二,在七个附加性质中,至少要有一个性质补充行动核心性。第二点要求意味着,即使行动概念得到进一步澄清,我们一般接受的行动核心性也难以被广泛地当作认知实用主义的独特性质。同时,第二点要求也意味着,没有其他某一个附加性质能够胜任。这样一来,认知实用主义成为一个极度异质性的表达式,也就是说,有许多独特的性质一道掌管着"认知实用主义"的用法，而这些独特的性质如何可能则取决于行动核心性与七个附加性质的组合。

我们是否接受施泰纳对行动核心性假说的两重批判？他提出的两重修订版本是否能成为一个替代选项呢？

首先，关于澄清行动概念的问题，我们就有很多理由去怀疑其批判的有效性及其修订的充足性。

第一点理由是，在施泰纳第一步批判中，断言一认为，如果行动的概念没有得到充分的澄清，行动核心性就不能视为认知实用主义的充分性质；换句话说，在施泰纳看来，行动概念实际上总是和"实用主义"关联在一起，甚至与"认知实用主义"的关联更深。而他的主张看上去犯了过度概括的错误，这源于施泰纳关注的是在经典实用主义背景下，"实用主义""认知实用主义"等相关表达式在极度有限范围内的使用。在经典实用主义及其后继者那里是确凿无疑的东西，放在当代实用主义背景下，就变得可疑得多，后者对实用主义有更宽泛的理解。

施泰纳的批判基础在于，行动概念的确可以在进一步澄清中得以落实，就像在经典实用主义者那里一样，而从上述对此的评论中，我们可以得出什么结论呢？一种可能是，我们能够姑且称作"未定的(unspeified)行动核心性"在施泰纳所描述的情况下的确是不充分的。这造成的结果之一，就是我们得到一种经典实用主义概念下的认知实用主义，在这种认知实用主义看来，一个理论若仅仅主张行动核心性，是不足以被称作认知实用主义理论的。比如，在杜威(Dewey)看来，伯格森(Bergson)就算不上一个认知实用主义者。以此观之，行动核心性假说陷入困境，因为认知实用主义的概念在实际运用中带有异质性：有些实用主义者支持"未定的行动核心性"，并将其作为认知实用主义的独特性质；另一些则主张我们要先通过行动语境来澄清行动概念，以此行动核心性才能作为认知实用主义的独特性质。另一种可能是，未定的行动核心性可以被视为认知实用主义的充分条件，而对行动概念的澄清只被当作让认知实用主义名副其实的手段而已。于是在这种情况下，经典认知实用主义会认为，如果某一理论包含行动核心性，那么该理论可算作认知实用主义理论。然而这里所得到的是某种认知实用主义，它以一种语境主义方式更为确切地构建了具有核心意义的行动概念。

换句话讲,由行动核心性假说所界定的"认知实用主义"有诸种,经典认知实用主义观念只是其中一种。这造成的结果便是,伯格森在杜威眼里是一个与杜威不同类型的、不彻底的实用主义者。以此来看,行动核心性假说并没有陷入困境,因为被引入认知实用主义里的异质性只不过是一个基本性质,它符合某一种认知实用主义的内在要求。因此,这里需要的是一个能够排除掉第二种可能性的论证,而施泰纳对此缄默无言。

我们的怀疑还有更深一层的理由,这就是施泰纳不仅没有论证上述第一种可能性为何必要,也没有论证相关的行动概念在某些情况下确实是认知实用主义的一个独特性质。显然,如果光说有某种行动概念与行动核心性相关,还不足以说明行动概念一定是一个独特性质。要成为一个独特的(distinctive)性质,该性质一定是必要的、唯一的(unique),然而必要的、唯一的性质并不能成为独特性质的充分条件,因为并不是所有必要的、唯一的性质都是独特的性质。让我们假说所有的独角兽由于某些必要原因长的都是金角,并且,它们是唯一一长金角的物种。然而一只独角兽的独特性质仍然是"只长一只角",而不是"只长一只金角",虽然后者是必要的、唯一的。同理,行动核心性也许必然会伴随着某种关于行动的独一无二的性质,但是这并不一定意味着这个关于行动的独一无二的性质就是认知实用主义的独特性质,因为这一点需要论证。

然而,施泰纳并没有提供任何我们需要的强有力的论证,如果他那里真有什么论证的话。我们之前重建了施泰纳的第一步批判,据此,我们可以看到,他的论证很可能意味着:如果与某种行动概念的关联丧失了,那么认知实用主义的实质也将不复存在。换言之,这里好像存在一个推理:当某种行动概念与行动核心性相关联时,这一行动概念就必须成为促成认知实用主义的特征,因此也成为其独特性质,鉴于此,当没有这一概念时,未定的行动核心性自身难以促成认知实用主义。然而,如果"当没有这一概念时,未定的行动核心性自身难以促成认知实用主义"这个事实并不存在,这个论证就不是有效的。但是,我们还可以再进一步:即使有这个事实,论证仍然无效。的确,如果我们假说"没有相关的行动概念,未定的行动核心性自身难以促成认知实用主义"(F)是一个不争的事实,那这会带来多少预计的理论意义呢? 我们也许能够说,事实(F)反映的只是一个误用行动概念的例子,虽然这里的误用与之前提到的"滥用"并不相同,"滥用"指的是不恰当地应用一个词项。换言之,既然事实(F)是一个误用行动概念的例子,那么,尽管事实(F)并不支持,但我们也许能够如此主张:包含未定的行动核心性的理论应该被视为认知实用主义理论。这里的理由是,行动核心性作为一个独特性质掌管着"认知实用主义"这个表达式的实际用法。

我们批驳事实(F)的解释,本来是试图从(F)的对立面来分析行动核心性这一独特性质的,而我们只有为事实(F)做一个决断(此"决断",即没有相关的行动概念,未定的行动核心性自身到底能否促成认知实用主义),才能摆脱我们的对立解释。但是,做这个决断所需要的论证会遇到一个坏循环:我们的论证假装支撑起某个对认知实用主义的独特性质的解释,然而这个论证却建立在一个事实之上,对这个事实的解释实际上需要预设我们对那个独特性质的解释。

第三点,也是最后一点怀疑理由是,准确地说,把行动核心性假说视为对认知实用主义这一表达式恰当的描述性定义,这样做意味着许多事实上难以叫做认知实用主义的理论最后都拥有了成为认知实用主义理论的所有理由。于是,那些看上去彼此并无联系的理论,现在有可能变成同一类理论。这个有趣的结果在理论上需要多种说明。

总之,我们首先拒斥了被重构的施泰纳批判的第一个断言,而这接下来会以两种方式影响其批判的断言二。第一种方式是,我们会遇到这样的可能性:一方面,对行动本质的刻画与行动核心性有密切联系;另一方面,未定的行动核心性事实上仍可当作认知实用主义的充分性质,然而,这种可能性不得不被一个尚未提供给我们的论证排除掉。第二种方式是,如果我们执意把澄清后的行动概念当作认知实用主义的独特性质,那么这将变得毫无根据。另外,已经强调过的是,即使断言一没有争议,施泰纳从中推论的断言二也是有缺陷的,而且断言二的论证有一个坏循环。还需要说明的是,行动核心性假说会发挥一个整合效应,这在理论上是一个优势。

所有这些理由组合起来,会让我们觉得施泰纳的批判并不足够有力,我们不会放弃以下立场,即在一个相当概括的层面上把认知的行动核心性当作我们日常理解里的认知实用主义的独特性质。施泰纳要求对行动核心性所牵涉的行动概念进行澄清，而这一要求也仅仅是为了界定认知实用主义某个特殊的子类而已，比如经典实用主义下的认知实用主义。除此之外，即使我们对施泰纳批判的拒斥并不完全正确，他的批判还是没有触及一个更为根本的维度，即行动核心性假说的规范性维度。不过可以肯定的是，说他错误地理解了认知实用主义的意义，并不意味着他的理解就完全没有道理，因为出于理论上的要求，他的理解给认知实用主义这个表达式注入了新的意义。

在施泰纳的批判中，第二步的论证与第一步极为相似，因此我们对第一步的批驳同样可应用于第二步，因此没必要加以重复了。施泰纳的基本主张是，仅凭行动核心性，甚或加上对行动概念的澄清，都难以成为实际运用中的认知实用主义的独特性质；现在再看这一主张，它就不仅仅只是可疑了。之前我们所介绍过福多对认知实用主义的解释，现在看来就是一个完美的例证。我们提供了一个关于"行动核心性确与某一附加性质相关"的可能解释，我们说，这里的附加性质只是某个特别类型的、在一般意义上由行动核心性所界定的认知实用主义的独特性质而已，同样的解释仍然适用于福多。于是，关于提供论证以排除这种可能解释的必要性，我们上述所论同样适用于福多。并且，鉴于这些解释看上去完全建立在他的基本主张之上，那么，拒斥施泰纳的基本主张的确会影响他针对上述问题所提供的解释。即使我们不去怀疑这一基本主张，施泰纳的推理也总会存在一个坏循环，这与第一步如出一辙。最后，一方面，行动核心性假说在第二步批判中仍旧提供了一根理论准绳，把本来并无关系的理论捆在一起；另一方面，施泰纳的批判并未触及行动核心性假说的规范性维度。

### （二）对行动核心性之必要性的质疑

有的批判也许比施泰纳的批判更为极端，它甚至质疑未定的行动核心性对认知实用主义的必要性，并以此来指摘行动核心性假说的有效性。显然，这种质疑可能有很多理由，但是在认知理论的某个具体领域，回应这种对我们当下所倡导的认知实用主义观念的质疑就显得尤为必要，鉴于此，我们在这里就只处理这一具体领域：概念理论（the theory of concepts）。福多和泽农·派利夏恩

(Zenon Pylyshyn)把这一领域看作"认知科学的心脏"。①这解释了我的关注点：福多对实用主义概念理论之特性的理解与我们的认知实用主义观念之间的冲突。但是，我们的问题当然也可以扩展到其他关于"概念实用主义"的相关观念上去，即便不会牵涉到关于概念实用主义的全部问题，也至少会牵涉到与福多存在争论的布兰顿概念实用主义，这在前文已有所述。如果说两者的严重分歧关涉的是概念实用主义的理论价值，那么我们有理由说，在什么是概念实用主义这个问题上，他们的观点是一致的。关注福多的案例还有另一个原因，这就是，由于他接受行动核心性假说是认知实用主义的一般定义，因此，对他来说，与我们的认知实用主义的冲突是一个内在于其理论中的冲突。福多以自己的方式建构了这种行动核心性，在他看来，实用主义的概念观应该主张概念化过程(conceptualization)具有"引导行动的独特功能"。福多用行动导引(action guidance)来理解行动核心性，尽管这种理解显得很狭窄，然而更为一般地说，他的理解来自这样一种行动核心性假说：概念实用主义的特点一定是行动以某种方式对概念化过程起着核心作用。

这里也有困难之处。实用主义概念观是福多展开其批判的出发点(他的论敌对这一概念观本身的界定看上去与福多相同)，然而我们发现福多这里的实用主义概念观并没有鲜明地赋予行动以核心地位，行动被视为概念化过程(或其他过程)的目标。实际上，我们有更为棘手的困难：在福多与布兰顿的论辩中，双方所界定的概念实用主义其实非常单薄，因此，在评价概念实用主义在多大程度上遵守了行动核心性之前，我们的初步难题就是要澄清对概念实用主义的理解。解决这一初步难题事关重大，因此接下来我将给出一个解决方案，论证的具体细节已在另外的场合有所阐述②，故此不再赘言。

我最基本的观点是，福多对概念问题的思考十分广博，对其进行仔细考察，我们会发现，福多眼中的概念理论有五个主要议题，同时，针对每个议题，我们需

① Jerry Fodor, *LOT 2: The Language of Thought Revised*. Oxford: Oxford University Press, 2009, p. VII.

② 2013年6月，在中国华东师范大学举办的"概念和实用主义"工作坊中，我做了题为"什么是概念实用主义：福多 Vs 布兰顿"的讲演，对该问题做了具体的论证。

要在相互对立的答案之间进行决断。第一个议题，福多关注的是所谓概念结构，这里我们需要在两种答案之间做出选择：原子主义（基本概念在结构上互相独立）和整体主义（概念在结构上并不相互独立）。第二个议题处理概念结构的一个特别方面，主要关注的是概念的实体类型，我们的答案也有两种：概念作为个殊（particulars）和概念作为能力（abilities）。第三个议题关涉的是概念内容，这与概念结构相对，我们的答案有：用法理论（概念的内容就是概念的用法，用法造就了概念，特别来说，这种用法就是在推论和分类过程中概念所起的作用）和信息理论[概念的内容就是概念所体现的因果关系，这里的因果关系发生在概念物种（the creature endowed with it）的周边世界里]。第四个议题事关概念持有（having or possessing concepts），相关的答案是：对概念持有之本质的命题性知识分析（know-that analysis）和能力之知分析（knowing-how analysis）。最后，第五个议题处理的是，概念持有的议题在理论上是居先于或还是置后于概念具体化（the individuation of concepts）议题；在福多那里，最后这个议题与关于概念本质的议题没有实质差别，同时也覆盖了关于概念结构和概念内容的议题。

以上我们重建了福多针对概念提出的理论议题，从中自然会生发这样的疑问：福多如何定位实用主义概念理论的特殊性？它被定位在某个或某些他所提出的理论议题之中，然后将其等同于上述的某一种解答？我的假说是，在福多看来，概念实用主义的特殊性只是体现在"概念持有之本质"这个议题上；于是，概念实用主义对他来说是概念持有议题上的一种理论主张，有了这一主张，概念理论里其余议题的理论主张自然会纷至沓来。由于福多在很多方面的论述并不系统确切，我们很难看清概念实用主义与其余议题上的理论主张之间的关系，但是我的假说需要一个补充，即它们之间的关系不是必然关系，就是简单的相关性关系，无论是两者中的哪一种情况，某个议题下的相关理论主张都不会被要求用来界定概念实用主义的特殊性。因为当概念持有的实用主义分析支配那些相关理论主张时，那些主张与概念实用主义并无特别关联；当实用主义分析暗示那些主张时，它们其实并不必要，因为它们在理论上可以采纳概念实用主义的形式。

那么，在概念持有作为能力之知与概念持有作为命题知识之间，福多将概念实用主义立于哪一边呢？这个问题仍然是十分复杂的,完全正确的回答也许是:立于两边。因此,我的假说还有第三个方面,即福多对概念实用主义进行了双重刻画:狭义(proprio sensu)的刻画和广义(lato sensu)的刻画。要想理解福多那里的概念实用主义到底什么意思,第一种所谓狭义概念实用主义看似尤为重要,因为广义概念实用主义只是狭义概念实用主义的衍生品。福多也建议,只有更为一般化的关于概念持有的观念占据主导位置的时候,曾用来意指概念持有的狭义实用主义观念才能扩展到这种一般化的类型。因此,概念实用主义的要点便在于狭义概念实用主义的特殊性。但是,如果从理解福多的概念理论出发,那么广义的概念实用主义就显得重要了,因为实际上对福多来说,重要的并不是狭义概念实用主义与他所谓的概念笛卡尔主义之间的对立,而是广义概念实用主义与概念笛卡尔主义的对立。而且,为了把握福多眼中的概念实用主义的真正本质,广义概念实用主义实际上重要得多。

首先,如何理解"狭义"与"广义"之别？狭义概念实用主义是指,持有一个概念就是掌握这个概念的用法,该用法由一条规则所确定,并主要体现在进行推论以及分类的过程中。因此,持有一个概念被看作拥有一项能力,更具体地说,这是一项做某事的能力。进一步,这种对概念用法的掌握被分析成一种知识:掌握一个概念就是知道它的用法。这种知识属于能力之知,即如何使用概念的知识,因此也是何以用概念做事的知识,比如进行推论和分类。福多写道:"持有一个概念体现在你能以该概念做何事之中,从认识论上说,这是某种能力之知。"[1]强调以下这点非常重要:这里涉及的是强的能力之知概念,这意味着能力之知既区别于命题性知识,又不依赖于命题性知识。[2] 换言之,狭义概念实用主义宣称,持有一个概念就是拥有一项遵从该概念用法的能力,这意味着,遵从一条规则并不依赖我关于这条规则所拥有的命题性知识。这告诉我们,根据"对遵从规

---

[1] Jerry Fodor, *Concepts: Where Cognitive Science Went Wrong*. Oxford: Oxford University Press, 1998, p. 3.

[2] Jerry Fodor, *LOT 2: The Language of Thought Revised*. Oxford: Oxford University Press, 2009, p. 36.

则的实用主义解释"①(其与"对遵从规则的理智主义分析"②相对),知道一套规则就是能够按照这条规则做事③,而不是把这条规则"变成作为心智状态的意向对象"④。福多甚至更为具体,他用倾向性(disposition)来刻画能力这个概念:知道如何在推论中使用一个概念就是"倾向于根据规则进行推理"⑤。比如,掌握"和"(and)这个概念,就像是"倾向于让'和'以符合其用法的方式介入到相关推论之中"⑥。

广义概念实用主义更为复杂。实际上它可以有两种不同的解释可能。根据第一种解释,如果某理论把概念持有看作一种知识(无论是什么知识,包括命题性知识),那么它可算作概念实用主义形式的理论。如福多所言,"'知道''相信'这类词必须放到叙事中进行理解,持有一个概念所必须知道的所有事情实际上构成了概念的内容"⑦。因此,持有一个概念就是处于一种"认知状态"(epistemic state)中,无论是哪种认知状态。福多在此还评论道:"大致来说,几乎所有对能力之知的强调都暗示着:'概念持有是一个认知条件'这一观念是实用主义的一个类型,这一类型是实用主义的常态。之后我将沿用这一看法。"⑧福多试图扩展概念实用主义,他将任何"在认识论上分析概念持有"⑨的理论进

① Jerry Fodor, *LOT 2: The Language of Thought Revised*. Oxford: Oxford University Press, 2009, p. 36.

② Jerry Fodor, *LOT 2: The Language of Thought Revised*. Oxford: Oxford University Press, 2009, p. 40.

③ Jerry Fodor, *LOT 2: The Language of Thought Revised*. Oxford: Oxford University Press, 2009, p. 36.

④ Jerry Fodor, *LOT 2: The Language of Thought Revised*. Oxford: Oxford University Press, 2009, p. 38.

⑤ Jerry Fodor, *LOT 2: The Language of Thought Revised*. Oxford: Oxford University Press, 2009, p. 36.

⑥ Jerry Fodor, *LOT 2: The Language of Thought Revised*. Oxford: Oxford University Press, 2009, p. 35.

⑦ Jerry Fodor, "Having Concepts: A Brief Refutation of the Twentieth Century," *Mind & Language*, 2004(19): 1.

⑧ Jerry Fodor, "Having Concepts: A Brief Refutation of the Twentieth Century," *Mind & Language*, 2004(19): 2.

⑨ Jerry Fodor, "Having Concepts: A Brief Refutation of the Twentieth Century," *Mind & Language*, 2004(19): 3.

路都归在概念实用主义门下,而上面引述的这条评论支撑并辩护了这种扩展。福多写道:"概念实用主义或者包含或者本身就等同于这样的主张:概念持有由某些认知能力构成。"①这里并没有提到一种特别的、强的能力之知的概念。如此构建的概念实用主义能够让我们在一个合理的层面上理解它与概念笛卡尔主义之间的区别,而概念笛卡尔主义在这里则被界定为:"并不是命题性知识或能力之知决定了你能持有什么概念,持有什么概念是由你能够思考什么这一点来决定的。"②

然而,随着福多对理论的不断深化,我们对广义概念实用主义可以采取更严格的解释(第二种解释):概念持有依然是关于能以概念做何事的知识,然而这种知识的模态(modality)不再必然诉诸强的能力之知概念来分析了。可以肯定的是,强的能力之知会牵涉到两个不同的方面,而这两方面之间的区分并没有得到充分的理解。一方面,我们要知道能力之知到底是什么样的知识,正如我们所论证的,它不是关于事实的知识,而是关于做事能力的知识,这也许让它成为一种实践知识。另一方面,如此刻画的实践知识具有关于其知识对象的模态或形式。借助这个区分,我们对福多广义概念实用主义的第二种解释则可表述为,概念持有就是关于使用概念的知识,也可以说是一种关于概念的实践知识,然而这里并不承诺这种知识要采取什么样的形式。这样一来,我们就可以用理智主义的观点来分析福多的广义概念实用主义,把使用一个概念的能力之知建基于命题性知识之上,特别是把它建基于关于概念使用规则的命题性知识之上。这两个方面的区分很重要,因为与第一种解释不同的是,第二种解释通过这一区分排除了那些不把概念持有当作实践知识(关于用概念来行事的知识)的概念实用主义理论。③ 有相当确凿的一部分福多文本可以印证第二种解释。特别是在《思想语新论》(*Language of Thought revisited*)中的"概念实用主义:式微与衰败"这

---

① Jerry Fodor, "Having Concepts: A Brief Refutation of the Twentieth Century," *Mind & Language*, 2004(19): 5.

② Jerry Fodor, "Having Concepts: A Brief Refutation of the Twentieth Century," *Mind & Language*, 2004(19): 3.

③ 因此,我提议主要保留意指实践知识、其形式区别且独立于命题性知识的能力之知,也就是说,我们要保留我所谓的强的能力之知的概念。

一章里,福多清晰地分析了命题性知识与能力之知之间的对立,并通过将两者与概念内容的用法理论联系起来,将概念持有解释为概念使用之知识。而且,在同一章的最后,他提到了把笛卡尔的概念观等同于某种形式的概念实用主义的理论企图。当他试图批驳这一企图的时候,他把这种理论企图表述为"能够思考概念本身就是知道如何使用概念的一个例证"①。只有在弱的意义上理解能力之知,也就是将之视为实践知识,福多的论证才能得到理解。

福多坚定地拒斥概念实用主义,他的很多讨论就是借此充分展开的,第二种解释之所以更具说服力,就是因为它能更好地反映福多的那些讨论。福多扩展了"概念实用主义"这一术语的意义,第二种解释也让这种扩展变得更容易理解,否则他所使用的"概念实用主义"会显得非常随意。最后,也是更为重要的一点,第二种解释所揭示的概念实用主义观理论上更具区别度,更为关键,它围绕着一种更为实质、更一般的实践知识观而展开,既与一般意义上的知识,也与某些理论分析所预设的能力之知区别开来。基于上述原因,我将坚持第二种解释方式。

基于上述对福多概念实用主义的所有解释,我们会发现,在他看来,行动核心性所遇到的主要难题是:在多大程度上实践知识里蕴含着行动核心性?的确,行动核心性假说一方面在概念理论里强调实践知识的核心性,另一面在一般的认知理论里强调行动的核心性。于是,问题就在于,两方面的理解是否真的契合,而这种契合意味着前者是后者的一个具体例证?

更准确地说,它们看上去契合,然而再一想,这种契合并不自然而然。它们看上去契合,因为一眼看上去,主张用概念做事的知识对理解概念持有具有核心意义,也就是更间接、具体地主张行动对认知有核心意义。看上去的确是这样,因为我们直接隐含地假说,用概念做事的知识就是用概念如何行动之知的一个特殊形式,根本上说,做(doing)与行动(acting)是一回事。然而仔细琢磨,这种双重假说就很成问题了。

的确,认为持有一个概念从根本上说就是知道用该概念做何事,是否真的等同于认为持有一个概念就是知道能以该概念展开哪些行动? 这种等同十分可

---

① Jerry Fodor, "Having Concepts: A Brief Refutation of the Twentieth Century," *Mind & Language*, 2004(19): 47.

疑,同时也指向一个难题:做与行动的关系问题。一开始仔细考量两者的时候,我们倾向于认为并不是所有的做都是行动。我做某事的时候,比如用一个概念做某事,如果说我这是在完成一个行动,就显得十分怪异。当然,把认知上的筹谋(cognitive operation),包括对概念的使用,构想为行动,在理论上也不是不可能;实际上,讨论心智行动(mental act)的整个理论传统与当下的认知行动理论就在沿着这个方向发展,但这需要严肃的论证,而不能只是轻易地假说。同样,我们也不是在否认某些形式的实践知识确实可以关涉真正的行动,事实上某些版本的认知实用主义能够容纳行动核心性假说,靠的就是这种形式的实践知识。诺伊的生成理论就是如此,他的主要观点就是行动对视觉感知有核心意义,这一观点的基础便是他预设看(seeing)事实上就是强的能力之知(knowing-how),具体说来,这种能力之知是指视觉的知觉要素如何在意义上(nominally)依赖行动的动力要素。[①] 但是,并不是所有的实践知识都能被假说为(我们姑且称作)实用性知识(pragmatic knowledge),后者可以被理解为牵涉到行动因素的关于做某事的知识,我们需要证明这一点,特别是在概念理论这个例子上。[②]

因此现在的情形是,借助实践知识核心性来界定的概念实用主义,无论其中是否包含强的能力之知,都向以下理论假说提出了真正的挑战:在一个最为一般的层面上,认知实用主义可以通过“行动以某种方式对认知具有核心意义”这一点来界定。初看上去,我们打开了某种理论可能:行动核心性甚至不要求我们主张某种特殊形式的认知实用主义,即概念实用主义。这不仅是在严肃地反对行动核心性假说,也是在焦虑不安地呼吁新的选项。从根本上说,这一新的选项就是要用“行动”的概念替代“做”的概念,我们可以用两种不同的方式来展开这一理论选项。第一种方式是延续福多的概念实用主义,于是这里的认知实用主义就意味着把先前界定的实践知识看作一般意义上的认知(cognition)的核心。第二种方式就是把做本身,而不是关于做的知识,看作一般意义上的认知的

---

① 在 2013 年的文章《实用主义的认知与生成主义》(“Pragmatisme cognitif et énactivisme”)中,我主要辩护的观点就是诺伊版本的生成主义应该算作认知实用主义的一种形式,这种形式的认知实用主义主要建立在强的实践知识之上。

② 实际上,一些诸如乔治·莱考夫(George Lakoff)所主张的概念理论明显就是朝这个方向发展的。

核心。这两种方式均能容纳以下论点：行动是做的一种特殊形式，行动的知识是实践知识的一种特殊形式，而行动核心性假说或行动知识假说就跟着成为一个例示。

对行动核心性假说的极端反对是否会对该假说造成致命打击？可能的理论替代选项是否可靠？要想解决这两个问题，需要进一步厘清行动的概念，特别是行动与做的关系，同样也需要厘清实践知识的概念。换言之，在我们的初步探索之后，要想继续推进对认知实用主义的研究，必须在行动理论以及在实践知识理论方面进一步开拓。

（原载《哲学分析》2016 年第 3 期）

# 无大写表征主义的自然主义

休·普莱斯　撰　波恩大学科学与思想研究中心
周靖　译　上海社会科学哲学研究所

## 一、科学与哲学的相关性

什么是哲学自然主义(philosophical naturalism)？在最为基本的意义上，或许哲学自然主义是这样一种观点：自然科学和哲学的关注点并非毫无关系，科学在两者重叠的地方引领着哲学；在此意义上，自然科学对哲学起到适当的限制作用。于是，一位哲学自然主义者至少要相信哲学并非截然不同于科学，他还需相信哲学应该在它同科学重叠的地方遵从科学。

自然主义是多余的，这绝不是一个老生常谈的话题。然而，当代哲学中对自然主义的反驳并不是在这种基本的意义上进行的，毋宁说，人们反驳的是如下更为具体的观点，即科学和哲学是相关的。支持自然主义的一方情况与此类似。多数自成风格的自然主义者心中思考的也是这一更为具体的观点。因此，在我看来，争论的双方都未能对另一种不同的哲学自然主义——它不同于科学对哲学有何影响的讨论——予以充分关注。当然，这一迥异的观点也不是新的，至少从休谟开始，它就长伴我们；但是，它也不是当今诸多争论中的焦点。

在本文中，我将试图做些弥补这一不足的事情。我将首先证明，从上文勾画的那种基本意义上的自然主义中不是必然能够推测出通常所说的自然主义的。

存在两种理解科学和哲学关系的方式。或许，和人们原有的印象相反，这两种哲学观点的主要内涵有着相同的起因。对两种自然主义来说，核心问题只有一个，但存在两种答案。

我会论述到，那个不那么不令人注意的观点较之于它的竞争观点更为根本，在随后的解释中，我们会关注到它们之间的区别，并发现后者深层结构上的困难。我捍卫的是哲学自然主义，我认为它是更为根本的形式，而批评另一颇受欢迎的当代表现形式。

这一流行观点的困难之处和它不那么令人待见的对手观点在观念上的优先性都会凸显流行的自然主义的一些预设（如语义学的或表征主义式的前提）所起到的重要作用。在我看来，我们对这一作用尚未有透彻理解，但这一作用本身极易引起人们的兴趣。（我们需要对此做出比本文所做的更为细致的讨论。）就当前的主旨而言，它的重要性主要体现为如下四个事实：第一，这些相关的预设是非强制性的，对自然主义而言，它们是关键的选择点，拒绝它们意味着拒绝流行意义上的自然主义；第二，正确的选择是去接受那种不太流行的自然主义——正是在此意义上，不太流行的自然主义要比它更受欢迎的胞弟具有观念上的优先性；第三，上述两点推测有着被驳斥的现实威胁，这些威胁来自当代哲学中的一些主流观点；第四，最为糟糕的可能情况是，人们根据他们理应支持的自然主义的标准而犹疑地接受那些相关预设。

至于自然主义本身，我的主张是这样的：为了估量哲学自然主义的前景，我们需要弄清楚在那些可能被认为与科学相关的领域内哲学的任务是什么。阐明这一问题不仅会揭示通常所说的自然主义方式不是哲学在那些领域里接近科学的唯一选择，同时还会揭示方才在各种意义上简述到的另一种不同且更具优势的方式是什么。这对那些持传统观点的当代自然主义者来说是一个噩耗，而对当代的非自然主义者来说，乍听起来似乎是个好消息。但是，我希望人们能够清楚地认识到我的态度是不偏不倚的。许多非自然主义者和他们所反对的自然主义者有着相同的表征主义式预设，我们质疑的是他们双方争论依据的基础。所以，我既反对如今流行的自然主义，也反对非自然主义；我赞同另一种不同的自然主义，即无表征主义的自然主义。

## 二、两种自然主义

流行的那种自然主义常被简单地称为"自然主义",它既是一个本体论的关键论题,也是一个认识论的关键论题。作为一种本体论学说,自然主义指的是,在某种重要的意义上,科学研究的世界是全部。作为一种认识论学说,它则是这样一种观点:所有真正的知识都是科学知识。①

我称这一观点为客观自然主义。尽管这是一个当代哲学广泛认可的观点,它的许多支持者,包括一些批评者,均认为它会带来一些十分困难的问题。这一观点意味着,只要哲学关注对象的本质和种属关系,它关切的便是自然世界中的某物,或根本什么都不关切,因为(除了世界中的对象——译者注)没有别的什么东西。或许,我们有非常不同的谈论作为科学研究对象的世界的方式——这些不同的"呈现模式"对应着同一个自然实在的不同方面。但是,每一种讨论均只和科学研究的世界的某一方面有关,否则的话,讨论就只是空谈。这些困难源自这样的事实,即在许多值得注意的情况中,人们很难发现我们正谈及的是怎样的自然事实。不同的人会列出一些不同的"难题",这些难题通常包含诸如意义、价值、数学真理、因果性和物理程式,以及同精神相关的各种问题。这几乎是当代哲学中一种正统的说法。在这一问题清单上,自然主义者和非自然主义者都会列出一些问题。

在下文中,我将对我称之为位置问题的难题做出更多讨论。在转而讨论这些难题之前,我想把客观自然主义从关于科学与哲学关系的第二种观点中区分出来。根据这第二种观点,哲学需从科学告诉我们的关于自身的知识开始。科学告诉我们,我们人类是自然生物;如果哲学的主张和追求的目标同这一观点相矛盾的话,那么这种哲学就毫无前途了。这种自然主义是休谟式的,经由一些说

---

① 这一观点的两种理解间是否存在深层次上的不同,是一个很好的问题,但是出于当前研究的目的,对此我略而不谈。

明，也是尼采式的自然主义。①我称之为主观自然主义。

客观自然主义和主观自然主义之间有什么关系呢？乍看起来，后者只不过是前者显而易见的一个推论。当代"自然主义者"，即我所谓的客观自然主义者，一定会坚称他们也是主观自然主义者。毕竟，如果所有的真实实体都是自然实体，那么我们人类无疑也是自然实体。但是，在我看来，两者之间的关系没这么简单。在某种非常重要的意义上，主观自然主义是先出现的。

我想捍卫的是如下主张：

优先性论题：主观自然主义在理论上优先于客观自然主义，因为后者依赖来自主观自然主义视角的证实。

在此语境中"优先"和"证实"是什么意思呢？正如我之前提及的，主观自然主义把我们的注意力引向了哲学所主张和预设的科学的"威望"问题，尤其是它们这样的一致性认识：我们人类是自然生物。从这种自省的科学视角看，如果客观自然主义的预设最终被证明是可疑的，那么主观自然主义为我们提供了拒斥客观自然主义的理由。主观自然主义因此是在先的，它使得客观自然主义变得"无效"。

在我看来，客观自然主义受到的这一威胁是实实在在的。我也会捍卫这样的主张：

无效性论题：无论客观自然主义的预设能否通过主观自然主义者的审查，我们均有非常强的理由去质疑客观自然主义是否有被"证实"的价值。

正如已经说明的那样，我的这一主张正确与否，同作为客观自然主义基础的"语义学的"或"表征主义式的"某些预设起到的作用有关。然而，这些预设起到的作用仍是暧昧不明的。为了能够明白它们的作用，我们需要讨论那些关于客观自然主义的公认难题，这些难题就是我所谓的位置问题。

---

① 这两种归派都需要附带些条件。作为经验主义的家长，休谟当然应该为客观自然主义关于知识本质的理解负一些责任。

## 三、位置问题

如果所有的实体最终都是自然实体,我们如何为诸如道德事实、数学事实以及意义事实等找到一席之地呢?如此一想的话,我们如何在一个自然主义的框架内讨论这些主题呢?在这种情况下,我们似乎面临一个抉择:要么认为出于某种原因,未能为包含这些主题的那类对象划定严格界限,以致尚不能容纳上述主题;要么认为上述主题是次要的,即算不上是真正的知识或事实领域内的事务。

摆脱该窘境的方式之一是,拒绝会导致这一窘境的自然主义。如果真正的知识不必是科学知识,真正的事实不必是科学事实,那么我们不必试图为此问题披上自然主义的外衣。因此,位置问题使得人们对如今哲学中的自然主义有诸多非议。尽管如此,在拒斥导致这些问题的自然主义上,我们仍有两种非常不同的方式。一种方式是在同样的本体论或认识论意义上成为一名非自然主义者,也就是说,成为一名关于客体的非自然主义者(Object non-naturalist)。另一种方式是在不同的意义上成为一名自然主义者,即拒斥客观自然主义,而赞成以主观自然主义的方式来解决那些理论上的问题。

乍看之下,至少在一般意义上,或如若我们想避开广为流行的主观主义面临的所有困难情况,后一种观点似乎并无发展空间。因为主观自然主义依赖这样的事实,即我们人类是自然生物,而位置问题则是,我们人类至少并不显然就是自然中的生物。解决位置问题的一种截然不同的主观自然主义方式凸显了如下至少可待讨论的事实,即这些问题产生自与人类语言用法有关的那些问题。

实际上,关于位置问题的起因,有两种可能的理解,即有两种关于这种情况下作为哲学起点的"原材料"的理解。其中一种理解是,问题从语言的(甚或心理的)观念开始;另一种理解则认为,问题从对象本身开始。我们通常未就这两种理解做出清晰的区分,但是这一区分是非常重要的。我将会做出解释,主观自然主义的优先性，以及因此而揭示的客观自然主义的不可靠性，都依据语言的理解是正确的理解这一论题。

## 四、位置问题的起点在哪里？

从表面上看，位置问题一般试图去理解某些对象、属性或事实如何可能是自然的对象、属性或事实。如果忽略当前的研究目的，对象、属性和事实之间的区别则会是这样的问题：某物 X 如何可能是一个自然的对象，即（至少在原则上是）科学揭示的那类对象。

为何哲学中会出现这样的问题呢？有一种观点认为，起点是对象自身。我们只不过是熟知 X，因此根据客观自然主义做出的承诺，我们不禁会想，我们熟识的这一对象何以能成为科学研究的那类对象。还有观点认为，起点在于人类的语言实践之中。当然这只是一个粗略的解释。不那么精确地说，我们注意到人类（我们自己或其他人）在语言中使用词项 X，或在思想中使用概念 X。在对客观自然主义做出承诺时，我们会再度思忖这些说话者如何能够谈及或虑及（about）科学研究的那类对象。

关于位置问题起因的两种观点，我们分别称之为物质观（material conception）和语言观（linguistic conception）。物质观的支持者可能会争论，关于 X 的位置问题是关于对象 X 的问题，而非是关于词项"X"的问题。换句话说，问题是如何在自然的世界中找到 X 本身的位置，而非是如何探查词项"X"的问题。

另一方面，语言观的支持者则注意到，如果从物质观的视角解释问题，关于位置问题的哲学争论里一些常见的推理是说不通的。例如非认知主义，这种观点认为关于 X 的言谈，即关于词项 X 的标准用法，不具有指称的或描述的功能。这种观点试图以此避开位置问题。这里主张的是，有了关于我们关注的语言的正确理解，便不存在物质上的问题。当然，非认知主义或许无论怎样都是错的，但是如果关于位置问题的物质观是正确的话，它并非彻底错了，而只是以错误的地方作为起点了。或许,非认知主义的错误正在于此。但是,这并非一个常识性观点,这一事实揭示了人们广泛且隐在地接受了关于位置问题的语言观。

当然,诉诸哲学中的实践不是最终的结论,我会在下文中继续讨论。目前,我只是假设语言观是正确的,而后探究它给客观自然主义带来怎样的后果。(读者需要注意的是,我会以这个假设为基础给出我的结论。)在本文的末尾处,我会回到这一假设是不是强制性的这一问题上,即客观自然主义能否以采用物质观来规避掉我的重要结论。我将论述,尽管假设多少只是暂定的,但这不是一个可行的选择,因此这种提问方式并不能规避掉我先前给出的结论。

## 五、语义阶梯

如果语言观是正确的,那么位置问题起初是关于人类语言行为(或者,可能是关于人类思想)的问题。什么使得这种思考变成同其他之物(例如价值、数学实在、因果性等)相关的问题呢?在上文中,当我们把目光从词项转向关于什么时,这一问题的答案已经隐隐浮现了。这一转向依赖我们可称之为表征主义式的假设。粗略地说,这一假设是:我们讨论的语言的词项"代表"或"表征"了某种非语言的对象(至少在大多数情况下是这样的,出于当前的讨论目的,我们不考虑"标的物也是语言对象"这种特殊情况)。这一假设使得我们的关注点由词项"X"或概念"X"转向它所设定的对象 X。

然而,这一必要的假设乍看起来似乎是可有可无的。"X"指向 X 难道不是自明之理吗?这种指称关系不就是类似于"雪是白的"当且仅当雪是白的这种事实吗?

在我看来,这些原理间具有的相似性遮盖了一个严重的混淆。的确,从某种意义上说,所讨论的这步推理类似于语义下行。当我们在讨论词项、真或语句时,指称这种语义关系为我们提供了从一个关于语言的问题到关于非语言的实在的问题的"阶梯"。但是,重要的是要看到,当前情况中的这步推理包含一个理论关注点上的实质转向，以及论题上的实质转变。所以，这是一个真正的逻辑下行，于是，它不单纯是对蒯因（W. V. O. Quine）的紧缩论的"语义上行"的颠倒。蒯因的语义上行从未真正离开基础。蒯因自己这样总结道："通过说语句（'雪是白色'）这种方式，我们说雪是白的。真之谓词是一种去引号装置。"① 故而，蒯因的紧缩论的语义阶梯从未真正被"收起来"，然而，我们的确需要借助当前的语义阶梯"爬下去"。

换句话说，如果我们一开始拥有的是蒯因的紧缩论的语义概念，那么关于词项"X"的指称项的谈论或关于语句"X 是 F"的真之谈论，将只不过是另一种谈论对象 X 的方式。所以，如果我们初始的问题的确是和语言有关的，并且我们以语义的方式来重述这里的问题，那么我们便改变了论题。我们并未爬过语义阶梯，而只是开始谈论一个不同的问题，谈论卡尔纳普（Rudolf Carnap）所谓的关于对象的形式模态，而非谈论语言。根据这种紧缩论的观点，在表述其关键问题时，客观自然主义犯了含糊其辞的谬误，即在事实上混淆了提及和使用（mention-use）。②

这一点很容易被忽视，因为我们如此驾轻就熟地在这些语义阶梯上爬上爬下。但是，如果蒯因是正确的话，攀爬阶梯如此容易的原因便会是，阶梯并没有把我们引向任何地方。在当前的情况中，我们的确需要达到某个地方。如果我们从关于位置问题起因的语言观开始，一开始就把这些问题视为语言用法的问题，那么，当我们讨论非语言对象的本质时，便发生了理论关注点上的实质转向。如果这一转向是借助语义属性或某种语义关系而完成的，那么这些属性必须是在如下意义上有着实际价值：在把属性归派给某一词项或语句时，我们同时对相关的语言词项有了理论主张，而非仅仅是使用这些词项去主张其

---

① Willard Van Orman Quine, *Philosophy of Logic*. Englewood Cliffs, N J: Prentice-Hall, 1970, p.12.

② 这一谬误凸显这样的事实：根据去引号的观点，对表达式"'雪是白的'是真的"的表达包含一种伪装的用法，即"提及"。如蒯因总结的那样，如果这是一种真实的"提及"的话，说"雪是白的"是真将不会说"雪是白的"。如果我们认为这种去引号的"提及"是一种形式上的"提及"，那么形式上的"提及"是有效的用法，而这里的谬误则是，混淆了真正的提及和形式的提及，或混淆了真之提及和有效的用法。

他什么。

的确，这些属性必须能够使得我们过渡到关于对象的问题。我们的理论关注点由关于词项和语句的问题被引向关于它们所设定的语义对象或价值的问题。此外，在以客观自然主义者的观念来理解时，注意到这一过渡中的去引号方案至关重要。（若不然，关于词项"X"的用法思考何以会引起我们对对象 X 本身的兴趣呢？）我想强调的是，除非除单纯地去引号外，去引号对语义概念还有其他意义，否则起点就不真正是语言性的，因而根本不存在什么过渡。（有人或许会争论说，这是一个好消息，因为，不管怎样，位置问题都产生于物质的层次。但是，对我们目前正采用的关于这一问题起因的语言观而言，这种回答是被排除掉的。）

如果从语言的视角来看位置问题，实质的、非紧缩论的语义概念实际上在客观自然主义的基础中起到非常关键的理论作用。没有这些概念，就不会有后来的关于诸如意义、因果性、价值等实体的自然"位置"的问题。客观自然主义因此建立在"我们人类运用语言行事"这种实质的理论假设上——粗略地说，"语词-世界"之间的实质语义关系是科学能够提供给我们的关于相关词项的最好说明的一部分。

但是，我们是在主观自然主义中做出这些假设的。并且，正如在讨论紧缩论的可能性时阐释的那样，这些假设是非强制性的。随后我会对此做出更多的讨论。我所谓的优先性论题是：如果我们对位置问题的起因采取语言观的理解，主观自然主义在理论上便先于客观自然主义，并且客观自然主义依赖从主观自然主义视角上给出的根据。

## 六、客观自然主义应该被证实吗？三个悲观的理由

有需求是一回事，去讨论是否有严格的依据去怀疑这些需求能否被满足是另外一回事。尽管如此，在上述意义上，对我来说，我们似乎有很强的依据来怀疑客观自然主义能否得到令人满意的证实。这些依据主要有三类。

### （一）语义紧缩论的威胁

我已经指出，关于真和指称的紧缩论使得客观自然主义者失去了一个语义阶梯，借由该阶梯，我们可从关于词项的理论问题转向关于所假定的对象的问题。考虑到紧缩论的魅力，紧缩论无疑是客观自然主义者需要关注的理论。

有两个值得进一步强调的要点。首先，紧缩论本身显然是主观自然主义的一个特征。它为像我们这样的语言生物能够用诸如"真"和"指称"这类词项"做"什么——这些词项在我们的语言生活中起到了怎样的作用——提供了许多科学的假说。当然，这些词项本身的用法构成那个尤为值得关注的位置问题的基础。故而，语义紧缩论既例示了主观自然主义者处理位置问题的方式（这种方式试图解释我们所关注的语义词项的用法），在很大程度上，它还为客观自然主义者对位置问题的解释带来了主要的障碍。

其次，值得注意的是，这里所做的区分如何能够使得语义紧缩论免受保罗·博格西安（Paul Boghossian）的指责，即关于这种观点的任何表述都不能自圆其说。按照博格西安的论述，关于语义观念的反实在论观点是不融贯的，因为，确切地说，反实在论否认所讨论的词项或语句（例如指称项或真值条件句）具有语义属性。[①] 如果反实在论必然具有这一特征，那么博格西安似乎是正确的。反实在论预设了语义概念，因此，我们讨论的这一"否认"同语义词项本身的情况是不相容的。

然而，按照这种理解，这一问题突出了这样的事实：反实在论源于语言的表征观所提供的那种理论框架。只要语义紧缩论者只是简单地拒斥这种理论框架，语义紧缩论的观点就是融贯的。当然，人们或许会坚持认为所得到的观点不再有资格被称为反实在论，但这只是一个用语上的问题。重要的地方在于，这毋庸置疑是一种紧缩论观点。紧缩论者可以融贯地给出关于语义词项的用法的解释，同时无需就这些词项能否"指称"或"具有成真条件"做出理论上的说明。

因而，回应博格西安对紧缩论的挑战依赖对如下两种意见做出区分：一种是否定性的理论意见，即否认这些词项能够指称或具有成真条件（博格西安正确

---

① Paul Boghossian, "The Rule-Following Considerations," *Mind*, 1989（98）: 507 - 549; "The Status of Content," *Philosophical Review*, 1990（99）: 157 - 184.

地指出紧缩论者做不到这一点）；另一种是寂静的理论意见，即就这些词项是否能够指称或具有成真条件不做判断。紧缩论者可以——实际上，必须——采取后一种意见，只能主张词项只能和另一些词项有联系。作为紧缩论者，他们还需认为语义概念不涉及任何因果解释的工作。

随后我会再度讨论博格西安的论述，因为在我看来，他的论述的确对我讨论的主观自然主义构成了问题。目前，重要的是，他的论述没有为有着良好结构的紧缩论带来麻烦。

### （二）斯蒂克问题

我们已经看到，在关于位置问题起因的语言观上，语义紧缩论同客观自然主义是不相容的。到目前为止，紧缩论尚只是引人注意的一种观点，换句话说，客观自然主义是否需要被"证实"，仍是存疑的。

但是，拒绝紧缩论并不必然能解决客观自然主义的问题。斯蒂克（Stephen Stich）在《解构心灵》①一书第一章中的思考能够帮助我们认识到这一点。具体地说，斯蒂克论述道，即便是对指称的非紧缩论的科学说明也不可能完全满足客观自然主义的要求。斯蒂克直接关注的问题是取消论，即（在语言模态中）诸如"信念"这样的词项是否能够指称的问题。他指出，只要我们的语言概念的起点仍在形而上学内，这些问题就不可避免地会随着指称的不确定性理论而来。根据现有的证据来看，如果斯蒂克是正确的，那么问题便不仅限于取消论的问题。例如，它还影响到"什么是信念"这样的问题，它还或多或少地影响到"是否存在信念"这样的问题。所以，实在论者和反实在论者都需对位置问题做出回应，他们同样受到该问题的困扰。

斯蒂克自己的回答是，否认存在"待解释项"这一语言概念。我们会在下文中回到这一问题，来讨论斯蒂克的观点是否正确。目前，我仅是借助斯蒂克对这些问题的讨论来帮助支持自己如下的临时性结论：即便忽视紧缩论带来的威胁，关于语义关系的"科学的"解释如何能提供给我们所需的解释，以能够把关

---

① Stephen Stich, *Deconstructing the Mind*. New York: Oxford University Press, 1996.

于(诸如"因果性""信念""善"等)词项的问题转变为关于对象的问题,这仍是一个暧昧不清的问题。

### (三) 客观自然主义是融贯的吗?

我们已经明白,如果位置问题起因于语言层次,实质的语义概念需要从关于语言用法的问题转变为关于非语言的对象问题。客观自然主义因此预设了语义属性是有内容的,或与内容之间存在某种关系。我们已经提供了质疑客观自然主义是否有资格做出这一预设的两个理由:第一个理由源自对紧缩论的可能性的讨论,这一理由否认语义属性能够恰如其分地担此重任;第二个理由则是,即便是那种关于指称的非紧缩论的科学说明给出了限制,这限制或许仍然太低,以致不能满足语义阶梯的要求。

现在,我们来讨论一个更为严峻的问题。客观自然主义以某种方式预设了语义概念这一观点,其中仍然存疑的是这些概念本身是否和所探究的自然对象相一致。这种自然主义似乎对语义关系的经验偶然性做出了承诺。对任何既定的词项或语句来说,无论该词项或语句指向什么,有着怎样的使真者,它在一定程度上必然是经验的问题。然而,从语义词项自身的角度看,似乎难以理解这种经验的态度。

这里的难点同博格西安对语义非实在论的拒斥有着密切关系。在博格西安的语境中,问题是,如果在实在论和反实在论的问题上预设了语义概念——例如,如果把实在论/反实在论的问题理解为,某一语言范围内的词项和语句是否能够指称或具有成真条件的问题——那么反实在论同这些概念本身便是不融贯的。在当前的语境中,问题是,客观自然主义者的理论通常要求把反实在论视为一种经验上可能的情况,但是博格西安的理解揭示了客观自然主义者不可能对语义词项本身采取这种理论态度。

博格西安把这一理解视为非自然主义式实在论对语义内容做出的超验论的论证。然而,在我看来,这一理解最好被视为一种支持主观自然主义的理解,因为它揭示了当代哲学中认真对待科学涉及的主要当代观念中不可避免的非自然主义的前提。当然,这种解释的可能性取决于存在另一种融贯的自然主义这一事实,这种融贯的自然主义不以通常的语义概念为基础。(它以一种不同的方式依赖语言概念这种起点,我们此时设定了这种语言概念,并且博格西安本人明显承诺了语言概念。)

似乎并无理由认为,这里存在的问题是专门针对客观自然主义的。毕竟,我已提及主观自然主义者的观点在经验上可能无法给出客观自然主义所要求的那种实质语义关系。在此意义上,难道这种可能性不同样是客观自然主义者需要弄清楚的关于语义学的反实在论的那种可能性?

不是的。我们讨论的这种经验可能性不是主观自然主义认为的那种可能性,即不存在正确的语义属性,而是这样的可能:我们没有理由认为存在正确的语义属性。这就是我在上文中解释紧缩论如何能够逃脱博格西安所设下的陷阱时诉诸的区分。主观自然主义者的基本任务是,就各种词项(包含它们之间的关系和语义词项本身)的用法做出说明,说明在那些栖居在自然环境中的自然生物的生活里,它们有着怎样的用法。(在任何时候主观自然主义者都未声称词项是否"指向"某物,除非是在紧缩论或非严格的意义上。)当然,从客观自然主义者的视角看,这像是在探究是否存在语义属性,但是主观自然主义者没有理由以这种方式来建构自己的理论。实际上,正如博格西安指出的那样,如果建构的理论是不融贯的,他们便有着非常好的理由不以这种方式建构自己的理论。

客观自然主义处理语义词项的方式中涉及的融贯性微妙且难以处理。我不会伪称这里的困难是问题的全部。我希望确定的是某种更弱意义上的东西。自然主义既没有资格,也不需要就语词或思想和余下的自然世界之间的语义关系给出实质说明。它没有资格,乃是因为,根据自然主义自己的理解,这至多是一个经验上的问题。它不需要,乃是因为成为自然主义者可以有许多种方式,这些方式不依赖任何这类假设。尽管如此,较强的论题,即不融贯性论题,对我来说既具魅力,又似乎是有道理的。我想就另一种勾绘这一困难的方式做出简要说明。

如果存在一种关于语义关系的融贯的客观自然主义解释的话,那么,正如我们先前注意到的那样,客观自然主义者会想说明,正确的解释不是先验的解释——存在不止一种融贯的可能性,问题部分是经验的问题。我们只考虑融贯的可能性中的两种,即关于指称是什么的两种相对立的解释。第一种解释认为,

指称是自然关系 $R^*$；第二种解释则认为，指称是自然关系 $R^{**}$。显而易见，关于指称到底是什么的问题，我们有两种不相容的观点。

但真的是这样吗？我们来更加仔细地考察这两种观点主张了什么。第一种解释主张关于"指称"这一词项一般所挑选出或指向的是关系 $R^*$。换句话说，根据这种理解：

"指称"存在于关系 $R^*$ 与关系 $R^*$ 的关系中。（"Reference" stands in the relation $R^*$ to the relation $R^*$.）

第二种解释则主张"指称"这一词项一般挑选出或指向的是关系 $R^{**}$。换句话说，根据这种理解：

"指称"存在于关系 $R^*$ 同关系 $R^{**}$ 的关系中。（"Reference" stands in the relation $R^*$ to the relation $R^{**}$.）

这些主张是不相容的吗？根本不是这样。即便我们承认（正如两种观点的支持者想坚持的那样）在各自的关系中，就两个不同的对象而言，没有词项可以同时处在两种关系中，词项"指称"也可能完全可以代表两种不同事物的两种不同关系。

这一问题同样源于这样的事实，客观自然主义者此时试图提出的问题使得它自己的预设失去了可变性。不存在问题是固定的而答案是多种多样的这种情况，但可以这么说，每一个不同的问题都有一个答案。我就这类问题给出一道练习题。这是一道多选题：

选项如下：
A. 选项 A          [   ]
B. 选项 B          [   ]
C. 选项 C          [   ]

D. 上述选项均不是 　　　　　[　　]

问题不是不存在正确的答案，而是正确的答案太多了。①再一次，结果似乎是，根据语义概念在对象自然主义者所理解的哲学任务中起到的作用，该任务对语义词项本身来说是说不通的。

## 七、问题在于关于待解释项的语言观吗？

正如我已经强调的那样，上述讨论预设了关于位置问题起因的语言观。这是一个可选择的选项吗？物质观能帮助客观自然主义从语言观中脱身吗？我将提供两个理由来结束关于这一点的怀疑论。

### （一）真相大白

我们明白关于位置问题的语言观已经进入这场讨论了。我先前提到，把非认知主义当成这些讨论中的一个选项就是对关于位置问题起因的语言观做出了承诺。考虑到表征主义式的预设是非强制性的，客观自然主义在如下这一点上面临着威胁：存在其他可能理解语言的理论，根据这些理论，语义概念没有任何重要作用。因此，从物质的问题（"什么是对象 Xs"）视角看，我们被给予关于人类言语和思想相关方面的（主体）自然主义的解释这种愿景是根本不可能实现的。②在这

---

① 如果对这些问题进行更为具体的讨论，值得注意的将会是，思考这种（即博格西安的论述）同普特南的关于指称的形而上用法的"只不过更为理论化的"（just more theory）之间的关系。参见 Hilary Putnam, *Meaning and the Moral Sciences*. Boston: Routledge and Kegan Paul, 1971; *Reason, Truth and History*. New York: Cambridge University Press, 1981。

② 也就是说，它并不是由自然主义导致的问题。当然，在许多其他语境中，这类问题也会出现。例如："什么是正义？""什么是反讽？""什么是泡芙？"如果这类多多少少是常识性的问题的确导致了客观自然主义式的那类问题的话，主观自然主义者则给出了一剂语言上的良药：在相信存在真正的形而上学问题之前，先仔细考虑一下我们对语言的理解。

一阶段,客观自然主义者重新挽回局势的唯一方式就是去"捍卫"表征主义式的设想(基于上述提及的理由,这一工程困难重重)。

难道客观自然主义无法对当前关于起点的理解构成挑战吗? 斯蒂克提议:我们仅能从物质的层次开始,并且不需要语义学的支持就能从事形而上学的工作。这个提议错在哪里? 我认为,这里的错误在于,它等同于这样的提议,即我们干脆应该忽视"哲学可能同我们人类运用语言来对对象进行自然主义的(即主观自然主义的)反思有关"这种可能性。(如果这对你来说是有争议的,请注意它也是在忽视非认知主义的可能性。)所以,这完全是一个反自然主义的推理。对严肃地对待科学的那些人来说,通向客观自然主义的唯一道路是那条较难走的路,即承认问题从语言的层次开始,但捍卫表征主义式的观点。

### (二) 语义概念是近代形而上学工具箱的一部分

我应该对第二种思考做出更为详细的讨论。然而,我在这里只会简要讨论,诸如"指称""真理"这样的语义概念已经成为当代形而上学研究纲领中运用到的工具。以语义学的方式把某人感兴趣的对象视为诸如使真者或指称项,或宽泛地说,起到语义作用的"实在者"(realisers),这已是常见的做法。

然而,关于哲学实践的这种观察远非如此简单。困难之一便是,确定这种语义学概念的诸多用法中,哪些是"实质的"理论用法,哪些可以仅被当作蒯因传统中那种便利的但在理论上未对紧缩论的语义词项做出承诺的用法。基于先前已讨论的理由,形而上学中紧缩论的语义概念的用法同关于位置问题起因的物质观不是不相容的。但是,如果存在更多的物质概念的话,那么语言的领域似乎也会相应起到更为重要的作用。关于语言的断言起到了类似于科学中观察到的材料所起到的作用,这些语义关系揭示如何从推论到一个未被观察到的实在。这项事业因而认可的是关于起点的语言观。

在以语言的方式来对当代形而上学进行重组——我们可以称之为"语言的回归"——的过程中,存在许多线索。我认为,下面这条线索十分重要。根据戴维·刘易斯(David Lewis)影响深远的关于科学中理论同一性(theoretical identification)的理解,我们关注的对象等同于起到因果作用的那些占位项。如果以这种方式来界定理论词项"X",我们便知道如何回答"X是什么?"这一问题。我们在世界的实验室中做实验,做出调整、调谐等,直至发现我们在理论中分配给X的因果角色是什么。

但是,在许多人看来,刘易斯的工作不仅适用于科学,也适用于形而上学。实际上,持这种观点的人会拒绝接受隐含在我的表述中的一种观点,即形而上学不同于科学。它们至少有一点不同。在形而上学中,我们不保证对象必然是具有"因果"作用的那类事物。我们也许会对数字、价值或因果性本身感兴趣,而这些事物——无论它们能否被视为这一原因或那一结果,至少是存在争议的。①

所以,在全局的纲领(global program)里,因果性的位置必须为其他的东西所占据。其他的东西是什么呢? 在我看来,有两种可能性。一种是,可用语义的作用来替代因果的作用。在这种情况中,回答"什么是X?"这种问题的过程类似于上面已经描述过的那种过程,但我们此时做出的调整和调谐是观念上的,而非实验性的。做出调整和调谐的目的在于发现词项"X"指向了什么,或在于什么使得X是F这一断言为真。

这便是第一种可能性——语义的关系在一般的纲领中起到的实质作用同因果关系在最初的纲领中起到的作用相同。如果情况是这样的话,那么结果便如我们所见的那样。语言已经成为形而上学的起点,随之而来的观点易于受到上文中已经描述过的各种方式的攻击。

第二种可能性是,没有什么具体的东西能够替代因果性。这种因果性仅取决于一种具体的情况,取决于根据兰姆塞-刘易斯方法最后获得的关于X的信息。语义的词项可能对描述的任务是有用的,但是根据这种观点,这些词项只不

---

① 形而上学的范围远超因果的领域,这种观点或许比我这里的观点更具争议性。那些反对这一观点的人会倾向于主张因果性停止的地方就是哲学的非形而上学方法开始的地方。例如,在数学中是形式主义,在价值哲学中,是非认知主义,等等。对当前讨论的目的来说,已经足以指出这种观点对关于位置问题的语言观做出了承诺,因为后一种观点本质上是一种语言的观点。然而,值得指出的是,在以因果性为基础的形而上学中,这种关于因果性概念的形而上的理解很可能是有问题的,这一问题类似于语义概念在以语言为基础的客观自然主义中所面临的问题。它是研究纲领中的一个初始概念,却也是纲领的制定者根据他制定纲领的方法所无法抵达的概念。

过是紧缩的。例如，"X 是使得兰姆赛语句成真的事物"，但这只是一种方便的表述，我们完全可以说"X 是这种事物……"，而后"使用"所讨论的兰姆赛语句。

我认为第二种可能性的确没有真正使用非紧缩的语义概念，因此相容于形而上学中关于起点的物质观。这里的问题是，这种可能性也因此不再能为（客体）自然主义提供任何一般性的论证，即那种类似于刘易斯为"精神的物理主义"做出的著名论证。[①] 刘易斯的论证依赖这样的前提：所有的因果性均是物理因果性——根据刘易斯的总结，即"物理学在解释上的充分性"。显而易见，没有这样一个前提，我们便无以从精神状态 M 起到某一因果作用中得出 M 是一个物理状态的结论。关于这种一般性的、刘易斯式的纲领的两种可能理解中的第二种理解，其问题在于没有任何事物能够起到受限的纲领中的那种因果作用，也没有那种类似的、能够支持关于物理主义的一般论证的关键前提。

因此，在我看来，客观自然主义者面临着一个窘境。如果诉诸的是实质的语义关系，他们便有望借助那些语义关系来为自然主义提供论证，例如，可以论证所有的真都具有使真者。然而，在这种情况下，他们只是隐在地对探究中运用到的语言概念的"原材料"做出承诺，他们会面临先前指出的种种问题。如果不诉诸实质的语义关系，他们能够避开这些难题，但是，根据对客观自然主义模型的已有理解，他们也会失去借以为自然主义提供论证的理论资源。

失去了这种论述的保护，强劲的敌手不是赞成以实质的模式来进行博弈的那些人，而是反对非自然主义，捍卫本体论领域内起初便具有的多元性的那些人。强劲的敌手是那些利用非表征主义式的理论视角以同时避免实质的模态的自然主义者。如果这类敌手能够解释为什么生存于自然环境中的自然生物能够以诸如"真""价值""意义""因果性"等多种方式"说话"，还有什么难以理解的困惑呢？如今，哲学还欠科学什么债呢？

总结一下，仍然令人怀疑的是，客观自然主义者能否避开关于位置问题的语言观，并因此能够逃离先前认识到的那些难题。为了能够使语义的关系服务于形而上学，无论如何，客观自然主义的一些理论需自行取用那些语义概念。在其

---

① David Lewis, "An Argument for the Identity Theory," *Journal of Philosophy*, 1966(63): 17 - 25.

他的情况下，语言概念的不可避免性则突出了这样的事实：对客观自然主义者的对手（即主观自然主义者）来说，在这些情况下，存在另一种理解哲学任务的观点。客观自然主义者的本能一直是诉诸语言的表征特征以把问题带回至物质的层次，但正如我们所看到的那样，这是一种让人倍感不适的处理方式。

## 八、自然的多元性

以语言的方式来解释，位置问题产生于日常语言所具有的令人惊异的多义性，以及会让人感到困惑的对话主题上的多元性。如果某个说话者持有的是自然主义的观念，对话中附加有表征主义式的观念的话，那么客观自然主义者对位置问题做出本体论的解释，几乎是不可避免的。一个词对一个词地，一句话对一句话地，一个主题对一个主题地，表征主义者的语义阶梯把我们从语言引向世界，从语词引向世界中的对象。不知何时出现了实体的多元性，如价值、模态、意义等，它们都被安置在自然的领域中。毕竟，自然的说话者还能通过自然的语义关系连接到其他什么东西上去呢？

尽管如此，如果撇开所讨论的表征主义式观念，问题会以一种十分不同的形式出现。问题仍在语言的领域内，它将是关于说话方式的多元性问题，是关于人类语言行为形式的问题。这里的挑战是，以自然主义的方式来解释像我们这样的生物如何能以不同的方式说话。这就涉及解释不同的语言在我们的生活中起到了什么作用，例如，谈论价值的功能和谈论电子的功能有什么不同。① 这当然会要求世界中具有多元性，但是这只是要求在相似的位置上有着类似的对象。没有人认为人类行为只是体现了高度的复杂性。撇开表征主义，主题间的汇合

---

① 当然，这种语言的多元性承袭了维特根斯坦的精神。维特根斯坦《哲学研究》前面部分主要的论题是，哲学忽略了在语言的用法之间做出区分，这些区分被我们隐藏在"语词统一的外表"之下（Ludwig Wittgenstein, *Philosophical Investigations*, Oxford: Basil Blackwell, 1968, §11）。对某些当代维特根斯坦主义者来说，这里倡导的观点或许太过自然主义了，但是维特根斯坦本人会反对这里的观点吗？（他可能会认为这是一个科学的观点，而非哲学的观点。这是不同的问题。）

仍是两类行为的汇合,而无需在本体论上认为某类行为是另一类行为的镜像。

对当前的研究来说,重要的是,一方面认识到这是一个可被看作自然主义的规划;另一方面,该规划同当代哲学自然主义者的理解很不相同。我已经论述过(客观自然主义的)流行观点在语义学上的预设给自己带来了问题。相应的,主观自然主义的有效性则清楚地说明了,客观自然主义的问题对自然主义本身来说并不是问题——这个问题对如下观点并不构成挑战,即在某些领域内,哲学遵从科学。

我们一开始讨论的是科学同哲学之间的关系,现在以对科学同科学本身的关系的讨论收尾。客观自然主义提供给科学的不只是舞台的中心,而是整个舞台,至少从某种意义上说,它把科学的知识视为存在的唯一知识。主观自然主义则认为,科学或许应该在它自身的重要性上持中立的态度。这种观点设想了一种科学的发现,即科学不是全部,科学仅是我们在同"表征"的话语过程中出现的诸多可能之一。①如果真是这样的话,那么客观自然主义在语义学上预设的是一种糟糕的科学,是一种有缺陷的自然主义哲学的遗物。于是,这里的故事应有如下令人满意的结果:如果我们借助哲学能更好地研究科学,那么我们会不那么倾向于认为科学是问题的全部。

---

① 我认为,在科学语言本身的功能并不是单一的意义上,或许更可能的是"诸多可能中的几个可能"。我认为因果的和模态的任务在此意义上有着不同的功能,而对任何有意义的科学来说重要的,并不是全部的可能性。如果是这样的话,便足以说明科学语言的内、外在功能上均具有多样性。关于这一主题,以及关于这里筹划的纲领的更多讨论,参见 Huw Price, "Quining Naturalism," *Journal of Philosophy*, 2007（104）: 375 - 405。

# 我们是生灵：具身性、美国实用主义与认知有机体<sup>*</sup>


马克·约翰逊　蒂姆·罗勒　撰　美国俄勒冈大学哲学系

金石　译　复旦大学杜威中心

在前两章中，我考察了一种关于心灵、意识和思想的总体性概观，它产生于古典实用主义和第二代认知科学（具身）之间的对话。前面提到的关于心灵的自然主义的、非还原论的理论，其关键原则之一是杜威的"连续性原则"，这一原则指出，越来越复杂的"更高"层次的身体机能和认知是从"更低"层次开始以连续的方式涌现（emerge）出来的，因此，我们无需假设某些新的本体论实在或因果力，进而出现一种形而上的断裂。在本章中，我们将进一步研究这一连续性原则，看其如何作为一种可能的解释方式，对我们怎样从单细胞动物一直发展到人类所具有的最高认知成就这一问题做出回答。其结果是一种具身的实在论，它解释了构成我们与环境之间基本身体互动的感觉、运动和情感过程，如何被更高的认知功能所征用。如果这种涌现论（emergentist）观点是充分的，就不需要一个关于心灵的表征理论，即不需要"内部的"精神实体来弥合心灵和世界之间的鸿沟。根据具身实在论，一开始就没有这样的鸿沟，因为思考即身体行动的一种形式，身体在世界之中行动，我们通过身体与世界相联系。

---

\*　节选自 Mark Johnson, *Embodied Mind, Meaning, and Reason*. Chicago: The University of Chicago Press, 2017。

## 一、具身性理论有何不同之处？

当一个小孩爬向生着火的壁炉时，他的母亲抢在他被烧伤前抱起他，这是认知吗？一个英国数学家团队在战时破译了敌方密码，这是认知吗？蚂蚁把食物带回巢穴并留下化学信号，以便对食物来源做出标记，这是认知吗？

请注意这些情况之间的共性。在每一种情况中，个体或社会有机体都处于危机当中。不同类型的有机体的生活安宁以及持续性的顺利运行都面临着威胁。为了寻求生存和繁荣，有机体必须在其当前的生存环境中以及与其他生物的关系中，对自身行为方式做出调整。孩子必须从烧伤的紧迫危险中被救起，数学家拼命工作以阻止他们的国家被敌人占领，蚂蚁为了让群体存活下来必须找到食物并带回来献给蚁后。其次，请注意在每一种情况中认知都是社会性的，由多个有机体共同作用以便应对由当前环境所引发的问题。最后，请注意这些情况中的每一种都被理论家视为标志性的卓越认知能力。①

具身性（embodiment）的重要性目前已经在认知科学当中得到了广泛认可，然而关于"具身性"一词的实际意思却存在着相当多的争论。② "身体"是否仅仅

① John Dewey, *The Collected Works of John Dewey, 1882 – 1953, The Later Works*, Vol. 1, ed. Jo Ann Boydston, Carbondale: Southern Illinois University Press, 1981; Hodges, *Alan Turing: The Enigma*. New York: Walker, 1983, pp. 160 – 240; Michael Anderson, "Embodied Cognition: A Field Guide," *Artificial Intelligence*, 2003(149): 91 – 130; Jean-Louis Deneubourg, Jacques Pasteels and J. Verhaeghe, "Probabilistic Behavior in Ants: A Strategy of Errors," *Journal of Theoretical Biology*, 1983 (105): 259 – 271; Rodney A. Brooks and Anita M. Flynn, "Fast, Cheap and Out of Control: A Robot Invasion of the Solar System," *Journal of the British Interplanetary Society*, 1989(42): 478 – 485.

② Tim Rohrer, "Pragmatism Ideology and Embodiment: William James and the Philosophical Foundations of Cognitive Linguistics," in *Language and Ideology, vol. 1: Cognitive Theoretic Approaches*, eds. R. Dirven, B. Hawkins, and E. Sandikcioglu, Amsterdam: John Benjamins, 2001; Tim Rohrer, "The Body in Space: Dimensions of Embodiment." in *Body, Language, and Mind, vol. 1: Embodiment*, eds. T. Ziemke, J. Zlatev, and R. Franck, Berlin: Mouton de Gruyter, 2007; Tom Ziemke, "What's That Thing Called Embodiment?", *Proceedings of the 25th Annual Meeting of the Cognitive Science Society*, Lawrence Erlbaum, 2003, pp. 1305 – 1310.

意味着一个物理的、因果上被决定的实体？它是一组有机过程吗？它是不是一种关于感觉和运动的感知经验？它是一个独立的躯体，还是也包括社交网络（如家庭），离开后者是否它就不复存在？身体是社会和文化的构造物吗？在本章，我们认为以上每种观点都对一种充分的具身认知理论做出了重要的贡献。并且我们发现，在美国早期实用主义的哲学语境中，有着对具身性的概念内涵的恰当理解，可以在威廉·詹姆斯（William James）和约翰·杜威（John Dewey）等思想家的工作中发现相关阐述。正如我们所看到的，具身性理论继承了这些实用主义哲学家如何看待认知的几个关键性原则：

1. 具身认知是变异、更迭和选择等进化过程的结果。

2. 具身认知处于一个动态的、持续进行的有机体-环境关系中。

3. 具身认知以问题为中心，它的运作与有机体的需求、兴趣和价值有关。

4. 具身认知并不是要为一个问题找到某种所谓的完美的解决方案，而是要找到一个对于当前情况来说足够有效的解决方案。

5. 具身认知通常是社会性的，并且是通过个体有机体之间的合作完成的。

注意，较之于我们最为熟知的"经典"认知科学，古典实用主义者提出了一种截然不同的关于认知的观点，前者假定认知由普遍逻辑规则的运用构成，逻辑规则支配着"内部的"心理符号的操作，这些符号则被认为能够表征"外部的"世界中的事态。福多（Jerry Fodor）将这一理论概括如下："我所推销的是心灵的表征理论……该理论的核心是一种思维语言的假设：一个无限的'心理表征'集合，它既是命题态度的直接对象，也是心理过程的范围。"①这些"思维语言"中的内部表征据说是通过"关于"或指向外部世界的事态来获得意义的。福多承认他的意义的表征理论需要"一种使用非语义学和非意向性词项的理论，阐明世界上一部分是有关于（表达、表征或符合）另一部分的充分条件"②。通常，第一个"部分"是一种思想内部语言的符号，而第二个被表征的"部分"可能是外部世界中的

---

① Jerry Fodor, *Psychosemantics: The Problem of Meaning in the Philosophy of Mind*. Cambridge, MA: MIT Press, 1987, pp. 16 - 17.

② Jerry Fodor, *Psychosemantics: The Problem of Meaning in the Philosophy of Mind*. Cambridge, MA: MIT Press, 1987, p. 98.

某个事物或事件，或者是某个虚构实体或场景概念背后的大脑状态。

这一观点背后的内部或外部二元对立假设了认知可以与特定的身体有机组织的本性和功能相分离，可以与它们所居住的环境以及引发认知的问题相分离。根据这种观点，认知可以在任意数量的适合的媒介中发生，比如人的大脑或机器。这种理论观点在第一台电子计算机和通用计算机发展中起到重要作用。事实上，这些机器最初是由英国军方开发的，以减少军方数学家（或人型"计算机"——在计算的人的意义上）繁琐的工作量。但是，这个思想实验并未仅仅因为将单调的计算任务卸下并转载到电子机器上而结束。自从阿兰·图灵（Alan M. Turing）的著作①中出现了最初的概念，通用计算机便成为未来大脑模型选择的隐喻。例如，在纽维尔（Allen Newell）和西蒙（Herbert A. Simon）②的构想中，大脑是一个物理符号系统，人类的大脑只是图灵式通用机的一个特定实例。简而言之，对经典认知科学而言，认知被狭义地界定为数学和逻辑计算，这些计算通过本质上无意义的内部符号进行，而这些符号则能够与外部世界的各个方面相关联。

实用主义挑战经典认知科学应说是不足为奇的，因为实用主义者的一个主要的靶子便是传统哲学中这样一种倾向：假定使"理性的"人类与"低等的"动物相区分的，是所谓人类在内部思想或语言和外部世界之间进行符号表征的独特能力。实用主义者提出的纠正办法基于他们的这一认识：认知即行动，而不是对外部现实的心理反应。并且，认知是一种特殊的行动——一种反应策略，它应用某种预先筹划的措施来解决一些实际的现实世界中的问题。在第二次世界大战期间，破解德军代码的实际问题对英国的战争行动来说至关重要，这导致了一系列机器（"图灵炸弹"解码机）的开发，这些机器可以尝试大量可能的密钥来破译拦截到的德军通信。这些解码机是现代计算机的前身之一。早期的计算机被设计用来模仿人类的行为，计算可能的密钥，以便让机器代替人工劳动。③

---

① Alan M. Turing, "On Computable Numbers, with an Application to the Entscheidungsproblem," *Proceedings of the London Mathematical Society*, 1937 (2): 230 - 265.

② Allen Newell and Herbert A. Simon, "Computer Science as Empirical Inquiry: Symbol and Search," *Communications of the ACM*, 1976(19): 113 - 126.

③ Andrew Hodges, *Alan Turing: The Enigma*. New York: Walker, 1983, pp. 160 - 241.

然而,这种对一个非常具体的智力运作的模仿的成功,很快被误认为是理解一般性认知的关键。如果有人认为数学和逻辑的推理是区别人类和其他动物的标准,那么他可能会错误地假定,任何计算机,如果可以模仿这种人类所独有的特征的某些方面,那么同样可以用来模仿一般性认知。因此,"心灵是计算机程序"的隐喻席卷了早期(第一代)认知科学。这是一种关于理性的非具身的观点。相比之下,按照实用主义的观点,我们的理性是从我们的具身的本质中涌现出来,并被其塑造。因此,约翰·杜威有句著名的断言:"在自然中去看有机体,在有机体中去看神经系统,在神经系统中去看大脑,在大脑中去看皮层,这就是对那些经常困扰哲学的问题的回答。"①

在接下来的章节中,我们将展示认知即行动的实用主义观点如何为具身心灵的认知科学提供了一个适当的哲学框架。我们首先描述由威廉·詹姆士和约翰·杜威发展起来的关于心灵的非二元论、非表征性的观点。近来的认知科学领域的实证研究和发展进一步强化了他们对情境认知的理解。我们引用了来自比较神经生物学关于有机体-环境耦合(coupling)的证据,证据的范围从变形虫一直延续到人类。我们认为,在人类这里,这种耦合过程成为意义和思想的基础。我们将这些持续互动的模式描述为意象图式(image schema),这些图式将意义奠基在我们的具身性中,但它们并非对外部现实的内部表征。这导向一种对涌现出的理性的具身的、社会的和创造性的解释。

## 二、詹姆士与杜威: 具身经验(Embodied Experience)与思想的连续性

美国实用主义哲学家詹姆士和杜威在诸多方面为当今的我们提供了典型的非还原主义和非表征主义的具身心灵模型。他们的模型融合了当时最好的生物

---

① John Dewey, *The Collected Works of John Dewey, 1882-1953, The Later Works*, *Vol. 1*. ed. Jo Ann Boydston, Carbondale: Southern Illinois University Press, 1981, p.225.

学和认知科学以及细致入微的现象学描述，以及这样的一个承诺——哲学应该解决我们日常生活中出现的问题。詹姆士和杜威领会了一些在当代生物学中被认为是理所当然的东西：有机体与其环境之间的关系是不断发展的，认知就从体现这种关系的具身化过程中涌现出来。这种关于心灵的自然主义的说明的一个问题是，它需要解释在有机体与环境相互作用以及有机体自身之间相互作用时，意义、抽象思维和形式推理如何从有机体基本的感觉运动（sensorimotoric）能力中涌现出来。

实用主义的自然主义进路的基本假设是，我们归赋给"心灵"的一切——包括感知、概念化、想象、推理、渴望、愿意、梦想——乃是作为一个整体性过程的部分涌现出来（并持续发展）的，在这个过程中，有机体在不同类型的情境中寻求生存、发展和繁荣。正如詹姆士所说，

> 离开其所认识的物理环境，心理事实便无法得到适当的研究。旧的理性心理学的巨大错误就在于将灵魂设定为一种具有特定能力的绝对精神性的存在，通过这些能力来解释记忆、想象、推理、愿意等一系列活动，对这些活动所涉及的世界的特点却几乎没有提到。但是，当今更为深刻的洞见则认为，我们的内在能力预先适应了我们所居住的世界的特征，我的意思是，所谓适应是为了确保我们在这个世界中的安身立命和繁荣发展。①

这样一种有机体嵌入到其变化的环境之中（并且其思想也为了应对变化而发展）的进化嵌入性，将心灵与身体和环境不可分离地联系在一起。这种观点所带来的变化是革命性的。从生命的一开始，知识的问题就不在于所谓的内部思想如何再现外部现实。相反，知识的问题是解释有机体与环境相互作用的结构和模式何以能够发生转化，以面对不断变化的环境给有机体带来的新的问题、挑战和机遇。根据这种观点，心灵永远不会与身体分离，因为它始终是一系列的身体活动，沉浸于有机体与环境相互作用的持续流变之中，而这种持续的流变构成了经验。用杜威的话来说，"既然在生命的功能中既包括无生命的环境，也包括

---

① William James, *Psychology*. New York: Henry Holt, 1900, p. 3.

有人类的环境,那么如果这些功能演化到思维的地步,而思维与生物的功能是构成一个自然的系列的,这个环境中的各种事情和联系就不可避免地会成为思维的材料,乃至其错误想象的材料"①。

表达思维根植于身体经验及其与环境的联系的另一种方式,是说感知、感觉和思维之间的经验没有断裂。在解释诸如意识、自我反思以及语言的使用等更为复杂的"高阶"功能时,我们并不在本体论上预设新的非自然的或超自然的实体、事件或过程。尽管从功能上看,有某些"高阶"的属性涌现出来,但是更多的有机功能的层次仅仅是层次不同而已,此外再无其他。杜威将这种所有认知之间的连通性称为"连续性原则",他声称:"在探究操作与生物学操作、物理学操作之间的连续性并无断裂……连续性是指理性操作来自有机体活动,与它所得以涌现出的源头并不同一。"②

从连续性论点出发,对心灵的本质和运作(即使是最抽象的概念化和推理)的任何解释都必定能在我们诸如感知、感觉、对象操纵和身体运动的机体能力中找到其根源。再者,社会力量和文化力量必须发展包括语言和符号推理在内的这些能力,并充分发挥其潜力。婴儿在出生时不会说话或理解数学证明;杜威的连续性论题既需要解释能力的进化,也需要解释能力的发展。对詹姆士和杜威来说,这意味着一个完整丰富的人类认知理论必须至少有三个主要组成部分:

一是必须说明有机体与环境相互作用的意义模式怎样涌现出来并发展下去——这种感觉-运动经验的模式是为特定类型有机体所共有的,且对这些有机体来说是有意义的。这种模式必然与有机体尝试在其环境中发挥作用紧密相连。

二是必须说明我们如何使用我们的感知和运动反应能力来进行抽象思考。这意味着,需要有拓展感觉运动概念的身体发展过程和用于抽象推理的逻辑。因此需要进一步说明,在这一有机发展过程中,身体性的发展过程如何体现了抽

---

① John Dewey, *The Collected Works of John Dewey, 1882－1953, The Later Works*, *Vol.1*. ed. Jo Ann Boydston, Carbondale: Southern Illinois University Press, 1981, pp. 212－213.

② John Dewey, *The Collected Works of John Dewey, 1882－1953, The Later Works*, *Vol.12*. ed. Jo Ann Boydston, Carbondale: Southern Illinois University Press, 1938, p. 26.

象推理能力的习得。这一叙述至少有两个部分：一个是一种进化论和生理学的说明，来解释一个成年人的抽象推理如何运用大脑的感知与运动系统；另一个是一种发展的和人类学的说明，解释社会与文化行为如何培养一代又一代孩子的感觉-运动系统，使他们能够说话和进行抽象推理。

三是必须说明价值观和行为动机如何从有机体的持续的运作当中涌现出来。这一解释应包括以下几个方面：有机体的物理和社会构造、有机体的情绪反应的性质，以及有机体所居住的环境类型（例如物质、社会、文化）。当前，我们只能对这种说明进行相当缩略和片面的处理。

## 三、有机体与环境耦合

### （一）马图拉纳与瓦雷拉：从趋化作用（Chemotaxis）到神经系统

杜威的连续性原则指出，在不同层次的有机体的运行之间没有本体论上的鸿沟。想要了解这意味着什么，一种方式是调查几种典型的有机体与环境耦合类型，从单细胞有机体开始逐步转向更复杂的动物。在每一种情况下，我们都可以观察到同样的适应性过程，这种适应性过程是特定的有机体与其环境中重复出现的特征之间的相互协调。但是，那是否意味着我们能够将人类认知一直追溯到单细胞有机体的感觉行为上呢？从表面上看，这似乎很荒谬——从进化生物学家的观点来看，与细菌等单细胞生物相比，人类在大小、复杂性和结构分化上与其有明显的差异。单细胞生物的行为方式通常与多细胞生物的行为方式毫无关联——除了单细胞生物的感觉运动与多细胞体内特定的感觉运动细胞之间可能存在结构形态学的相似性。

正是这种形态学的相似性在马图拉纳（Humberto R. Maturana）和瓦雷拉（Francisco J. Varela）的观点①中发挥了关键作用，他们认为，在多细胞生物体

---

① Humberto R. Maturana and Francisco J. Varela, *The Tree of Knowledge: The Biological Roots of Human Understanding*. Boston: Shambhala Press, 1998, pp. 142-163.

中,发生了中枢神经系统的进化,以协调感觉运动的发生。在单细胞生物中,运动是通过动态地耦合细胞膜的感觉和运动表皮来实现的。当一只变形虫吞食原生动物时,其细胞膜会对构成原生动物的化学物质的出现做出反应,从而导致变形虫原生质的稠度发生变化。这些变化表现为伪足的指状突起——当变形虫在准备捕食原生动物的时候延伸到了它的周围。类似地,某些细菌具有被称为鞭毛(flagellum)的尾巴状膜结构,它像螺旋桨一样旋转,以使细菌移动。当鞭毛向一个方向旋转时,细菌会简单地翻转,而改变旋转的方向会导致细菌移动。如果将一粒糖放入含有这种细菌的溶液中,细胞膜上的化学受体就会感应到糖分子。这会导致膜的变化,使得细菌改变其鞭毛推进结构的旋转方向并逐渐朝糖分子的最大浓度方向移动(趋化作用)。在这两种情况下,化学环境的变化均会引起细胞膜的感觉扰动,从而产生运动。这里的关键点在于,单细胞生物进行感觉运动协调以应对环境变化没有伴随任何类似内部表征的东西。即使在这个明显原始的水平上,有机体与环境之间也存在着精细调整的持续耦合。

多细胞生物也通过细胞膜的变化来实现它们的感觉运动的协调。然而,多细胞生物能够进行的细胞特化作用(specialization)意味着并非每个细胞都需要承担相同的功能。马图拉纳和瓦雷拉以古老的动物水螅(腔肠动物)为例展开讨论。生活在池塘中的水螅,形状像两层的管子,有 4 根或 6 根触手从嘴里伸出来。在内层的管中,大多数细胞分泌消化液,而外层的管则部分由径向和纵向肌细胞组成。运动是通过收缩沿着有机体的躯体进行分布的肌肉细胞来完成的,其中一些肌肉细胞的收缩会导致有机体内部的静流体力学压力发生改变,从而改变其形状和运动的方向。

然而,在这两层细胞之间,还有一种特殊的细胞——神经元,它们有细长的膜,可以延伸到整个有机体,然后终止于肌肉细胞。这种尾巴状的细胞突起便是轴突,从进化的角度上讲,它们是多细胞生物的鞭毛。其他较小的细胞突起(树突)中电化学状态的变化,则会导致轴突膜的电化学状态的较大变化,这反过来会诱导肌肉细胞收缩。神经信号通常从水螅的触手或"胃"发出,它们的电化学状态会对分子做出反应,表明是否有食物或过多的消化分泌物。这些神经元通常终止于纵向和径向肌肉,而这些肌肉则通过收缩使水螅身体运动或做出吞咽动作。神经元之间如何相互连接的拓扑结构至关重要：当触发时，一连串神经元沿着水螅的触手到达它的嘴巴方向，然而向下逐次放电，促使肌肉细胞收缩从而使触手缠住猎物。这种反映有机体与环境之间的结构性耦合使水螅收缩正确的肌肉来吞咽、上下左右移动。如同水螅张开嘴乃对触手带来食物做出的反射一样，我们人类思考是为了行动，我们行动是我们思考的一部分——认知即行动。但是，何以我们人类能学习新的行为，而水螅通常不能？

### （二）从神经图谱（Neural Maps）到神经可塑性（Neural Plasticity）

尽管人类的认知仍与水螅具有某种连续性是令人惊讶的，但人类的认知更像青蛙、猫头鹰和猴子，因为这些生物体都有神经系统，这种神经系统包括神经图谱和适应性的神经可塑性。青蛙有个经常发生的实际问题——需要伸出舌头捕食苍蝇，这是神经生物学早期历史中一个经典实验的主题。[1] 当一只青蛙还是蝌蚪时，能够将它的眼睛旋转180度（眼球在眼窝中——译注），并确保视觉神经的完整。然后蝌蚪可以正常发育成青蛙。长大的青蛙舌头会伸到视野中与苍蝇的所在完全相反的位置。再多的失败也不会让青蛙学会以不同的方式伸出舌头，神经系统的运作完全是基于视网膜图像和舌头肌肉之间的关系。马图拉纳和瓦雷拉的结论是，对青蛙来说，"关于外部世界，并不存在如同进行研究的观察者一般的上或下、左或右"[2]。青蛙无法了解我们对外部世界的概念和我们对于其眼睛的180度旋转的说法；它有的只是由环境引起的状态变化，这种变化反应在构成其（极度倒置的）视网膜地形图（retinal map）的神经元当中。

神经科学中最深刻的发现之一，是神经系统对拓扑组织和地形组织（topological and topographic organization）的利用。换句话说，有机体构建了神经"图谱"。在神经图谱中，当感觉区域内相邻位置的刺激物移动时，相邻的神经

---

[1] Roger W. Sperry, "Effect of a 180 - Degree Rotation of the Retinal Field on Visuomotor Coordination," *Journal of Experimental Zoology*, 1943（92）：263 - 279.

[2] Humberto R. Maturana and Francisco J. Varela, *The Tree of Knowledge: The Biological Roots of Human Understanding*. Boston: Shambhala Press, 1998, pp. 125 - 126.

元(或一小簇神经细胞)会依次放电。例如,科学家们操控青蛙的视野并测量其大脑某个区域的电活动,以表明当有人刺激青蛙的视野时,其视顶盖的神经元会与视觉刺激协调触发。弗雷泽(Scott Fraser)[①]用 24 电极网格覆盖了青蛙的视顶盖,每个电极将对一个包含许多视神经纤维末梢的感受域内的电活动进行记录,这种电活动代表了该感受域内所产生的神经电生理信号的总和。当一个光点在青蛙的右侧视野中先从右到左再从下到上以直线移动时,电极网格记录下了神经元呈直线的活动,首先从嘴(前)到尾部(背部),然后从外侧到内侧依次放电。我们将之称为青蛙的视网膜地形图[或视网膜顶盖图(retinotectal map)],因为它以地形上一致的方式对环境视觉刺激进行了编码。这种地形上的空间方位以各种方式旋转(因此视觉从右到左变成了从前到后等),但垂直视觉平面的运动与视网膜顶盖图平面之间地形上的映射(mapping)保持一致。即使神经图谱中存在相当大的空间扭曲,关键的关系结构也得以保留。在其他一些情况下——比如一些听觉图谱和颜色图谱,其中的对应关系不是关于形状和位置——组织被称为"拓扑的"而不是"地形的"更为恰当,但感觉神经映射的组织原则仍然成立。

这种神经图谱可以在多大程度上具有可塑性,一直是最近许多研究的主题。重要的是要记住,在青蛙的例子中,斯佩里(Roger W. Sperry)进行了一种激进且具有破坏性的干预,这超出了"正常的"达尔文偏差(Darwinian deviation)的范围——换句话说,如果这是通过自然选择发生的,这样的青蛙很快就会死亡而无法遗传它的基因。然而,在自然当中可能出现的干预更加微妙且更有可能发生。例如,切断金鱼的视神经,会破坏部分视神经顶盖,所导致的结果是视神经轴突再生从而使功能恢复,并在顶盖的其余部分形成一个完整的视网膜地形图。[②]

① Scott Fraser, "Cell Interaction Involved in Neural Patterning: An Experimental and Theoretical Approach," in *Molecular Bases of Neural Development*, eds. G. Edelman, W. E. Gall, and W. M. Cowan, New York: Wiley, 1985, pp. 581 - 607.

② R. M. Gaze and Sansar C. Sharma, "Axial Differences in the Reenervation of the Goldfish Optic Tectum by Regenerating Optic Nerve Fibers," *Experimental Brain Research*, 1970(10): 171 - 181.

尽管激进的干预会"破坏"神经图谱，但是我们看到，即便更多被进化所决定的神经网络也呈现出一定程度的神经可塑性，从而适应周围环境当中的各种因素。

可塑性在跨模态神经图谱中尤为重要。考虑另一个更微妙的干预：设想我们让一只猫头鹰戴上眼镜，改变它对视野的感知。与青蛙类似，猫头鹰已经进化出一种极其准确的攻击猎物的方法。当猫头鹰听到一只老鼠在地上沙沙作响，主要利用声音从一只耳朵传到另一只耳朵所需的微小时间差来定位老鼠。这确定了老鼠在猫头鹰视网膜顶盖图上的大致位置，然后，俯冲的猫头鹰在袭击前寻找猎物的确切位置。克努森（Eric I. Knudsen）及其同事[1]给成年和幼年猫头鹰戴上三棱镜片，使猫头鹰的视力扭曲了 23 度。戴眼镜 8 周后，正常长大的成年猫头鹰永远不能学会消除这种扭曲，而雏鸟则能够学会准确地猎食。此外，当在雏鸟时期戴过眼镜的已经成年的猫头鹰再次戴上眼镜时，它们能够在短时间内重新适应眼镜；换句话说，戴眼镜进行饲养的猫头鹰无论戴不戴眼镜都能成功地捕食。

这些行为上的适应，具有神经图谱组织结构方面的解剖学理论基础。通过注射解剖追踪染料，比较正常饲养猫头鹰和戴眼镜进行饲养猫头鹰的神经树突分支，会发现听觉神经图谱和空间神经图谱之间的轴突投射的模式有很大不同，"表明替代性学习的回路和正常回路在这种情况下能够在网络中共存"[2]。换句话说，为了应付戴眼镜，猫头鹰大脑在位于下丘外核位置的关于空间的跨模态神经图谱中长出了永久性的替代性轴突连接。其下丘神经树突分支的密度明显比正常发育的猫头鹰高，这些树突分支通常至少有两个不同的轴突分支。[3] 相比之下，无论是在猫头鹰（其视网膜顶盖没有改变）还是在青蛙身上，视觉模态的视

---

[1]　Eric I. Knudsen, "Capacity for Plasticity in the Adult Owl Auditory System Expanded by Juvenile Experience," *Science*, 1998（279）: 1531‒1533; Eric I. Knudsen, "Instructed Learning in the Auditory Localization Pathway of the Barn Owl," *Nature*, 2002（417）: 322‒328.

[2]　Eric I. Knudsen, "Instructed Learning in the Auditory Localization Pathway of the Barn Owl," *Nature*, 2002（417）: 325.

[3]　William M. Debello, Daniel E. Feldman, and Eric I. Knudsen, "Adaptive Axonal Remodeling in the Midbrain Auditory Space Map," *Journal of Theoretical Biology*, 2001（105）: 259‒271.

网膜顶盖图似乎都没有表现出相同的可塑性。对通过手术旋转眼睛饲养并存活的青蛙进行解剖,研究结果表明:5周后,连接视网膜和中脑顶盖神经纤维的神经树突分支开始表现出类似"双重轴突"模式——也就是说,它们有两个主要的轴突分支;10周后,较为老旧的轴突连接开始衰退和消失;16周后,已经无法追踪到双头轴突。① 显然,青蛙的单模式视网膜顶盖图没有从其他感觉模态接收到足够的再入式神经连接,以维持戴眼镜饲养猫头鹰的跨模态图谱中发现的多分支神经树突分支。

梅尔泽尼奇(Michael M. Merzenich)和他的同事②对成年松鼠和夜猴的神经可塑性的研究结果表明,可以在某些身体受限的条件下,实现躯体感觉的(somatosensory)脑皮层图谱的动态重组。类似于长出双重树突分支的猫头鹰和青蛙,这些猴子表现出一种可塑性,这种可塑性乃是基于它们的大脑具有这样的一种能力,即能够选择利用神经树突分支的哪些部分进行多重类型输入。在一系列研究中,梅尔泽尼奇和他的同事通过一些干预改变了猴子手部的感觉活动,例如:(1)切断末梢神经,如内侧神经或桡神经,(1a)允许其自然再生或(1b)将其捆绑以防止再生;(2)截除一个手指;(3)将两根手指黏在一起,这样它们就不能独立移动。结果表明,当下缺乏原有的感觉连接(或第三种情况下的独立感觉输入)的脑皮层区域在几周内会被具有活跃感觉连接的相邻神经图谱"殖民"。换句话说,当下已有然而在某种程度上休眠的神经树突分支的重叠程度足够大,从而能够实现皮层的重组。并且,在神经能够再生的地方,躯体感觉图谱会逐渐恢复,占据一个类似大小的脑皮质区域,只是边界略有不同。成年动物的学习,部分是通过冗余的神经轴突和重叠的神经轴突分支之间的神经接通(neural

---

① Yujin Guo and Susan B. Udin, "The Development of Abnormal Axon Trajectories after Rotation of One Eye in Xenopus," *Journal of Neuroscience*, 2000(20): 4189 - 4197.

② Dean V. Buonomano and Michael M. Merzenich, "Cortical and Plasticity: From Synapses to Maps," *Annual Review of Neuroscience*, 1998(21): 149 - 186; Michael M. Merzenich, Randall J. Nelson, Jon H. Kaas, Michael P Stryker, William M. Jenkins, John M. Zook, Max Cynader, and Axel Schoppmann. "Variability in Hand Surface Representations in Areas 3b and 1 in Adult Owl and Squirrel Monkeys," *Journal Comparative Neurology*, 1987(258): 281 - 296.

switching）实现的。

所有这些个体发育上神经发生改变的例子均表明，存在一种神经树突分支选择的过程，类似于自然选择，和有机体与环境相互作用的特定模式协同发生。正是基于这些理由，神经生物学家杰拉尔德·埃德尔曼（Gerald Edelman）提出了"神经达尔文主义"（neural Darwinism），或"神经元组群选择"（neuronal group selection）理论，来解释在有机体的胚胎发育过程中这种神经图谱是如何组建的。在神经发育过程中，不同的神经元组群随着它们的转移和生长竞争成为拓扑的神经图谱。成功的脑皮层组——主要由来自环境中的规律性因素所驱动，这些规律性因素由靠近感觉器官一端的神经元传入——将在轴突萌发和突触生成的过程中一起放电并连接在一起。一些神经元组群将会由于无法找到有用的拓扑连接而最终死亡，被成功连接的神经元组群排挤掉，而另一些神经元组群将保持某种中间性的状态。[1] 在成年生物中，仅部分成功地尝试连接在一起的潜在轴突分支会处于休眠状态，准备根据需要，通过进一步的突触生成来重组图谱。埃德尔曼将神经元组群的这些潜在重组称为"次要的能力"，不同于它们正常的"主要的能力"。[2]

像青蛙、猫头鹰和猴子一样，人类也有一系列视觉、听觉和躯体感觉图谱。这些图谱中，比较显而易见的是映射感知空间是以相当直接的类比方式进行的——保留了强度、视网膜区、颜色、身体部位等拓扑结构，后续的图谱则保留了越来越抽象的拓扑结构（甚至是结构的组合），如物体的形状、边缘、方位、运动方向，甚至是垂直或水平的特定程度。就像青蛙一样，我们生活在我们的图谱所提供的世界里。从拓扑上讲，我们的感觉运动图谱提供了概念化和推理的基础，在此意义上，我们的身体就在我们的心灵之中。我们以一种类图像的方式来理解我们日常的有机体与环境相互作用的模式，不断地在那些模式中寻找被证明为对我们有用的各种拓扑不变性。在接下来的章节当中，我们将探究这些神经图谱中的激活模式（patterns of activation）如何构成了我们的想象力和理性。但在

---

[1] Gerald Edelman, *Neural Darwinism*. New York: Basic Books, 1987, pp. 127 - 140.

[2] Gerald Edelman, *Neural Darwinism*. New York: Basic Books, 1987, pp. 43 - 47.

进入人类认知之前,我们必须首先解决为什么神经"图谱"不是典型的表征。

### (三) 神经图谱并非内部表征

有些人可能会假定,谈论神经图谱必然会引出关于认知的表征理论。依据这个观点,图谱将被解释为一些外部现实的内部表征。但是,我们所给出的解释并没有包含任何构成传统的形而上学的表征主义观点的基础的二元论,如内部或外部、主体或对象、精神或身体、自我或世界的二元划分。这些二元划分可能描述了有机体与环境相互作用的某些方面,但它们并不预示本体论上不同的实体或结构。根据我们的互动主义观点,图谱和有机体与环境相协调的其他类型结构是意义、理解和思想的非表征结构的主要范例。马图拉纳和瓦雷拉①将这一重要的哲学观点解释得非常清楚。我们不能把我们在科学或哲学上关于认知的观点(即我们的理论立场)解读为被我们进行理论化的经验本身。这被詹姆士称之"心理学家谬误"(psychologist's fallacy)。在科学地观察某件事时,一个人必须始终考虑科学家对研究对象所采取的立场。当我们使用类似视网膜地形图、强度图谱、感觉运动图谱、颜色图谱等术语来描述青蛙的神经系统(或人类神经系统)中的各种神经阵列,我们是从观察家和理论家的立场出发这样做的,我们可以看到神经世界和我们自己关于"外部世界"的经验之间的映射。但是对于青蛙,以及处于感知活动当中的人,图谱便是其关于世界的经验的基础。青蛙的神经图谱本身并非源出于我们观察者此刻看到的直接性映射,而是源出于纵向的演化和发展过程,在此过程中,这些神经连接基于达尔文主义或新达尔文主义机制被"选择"。

简而言之,我们(作为科学家)在理论上认识和描述的有机体的"图谱",对有机体来说,并不是内部的表征。相反,我们所谓的感觉运动图谱和躯体感觉图谱(无论是在多细胞有机体、猴子,还是人类中)对相应的有机体来说,正是它经验世界的结构! 因此,我们必须小心,不要被心灵哲学家和语言哲学家误导,他们

---

① Humberto R. Maturana and Francisco J. Varela, *The Tree of Knowledge: The Biological Roots of Human Understanding*. Boston: Shambhala Press, 1998, pp. 125–126.

将这些图谱视为关于外部现实的内部表征，从而暗地里重新引入了对有机体来说事实上并不存在的"内部或外部"分裂。

### 四、本体论的连续性与人类思维：意象图式和模态感知

从古希腊哲学的最早时期开始，人类已然区别于"兽性的"动物和所有低等生物，因为他们被认为具有抽象概念化和推理的独特能力。根据这种观点，人类理性的独特之处在于，它使我们能够形成抽象的表征，这些抽象表征代表并指向我们外部或当前不存在于我们经验中的事态（即过去或未来）。但实用主义者的连续性观点否定了表征主义理论作为依据的内或外二元划分。因此，认知的具身理论的问题便是：如何解释我们人类在抽象化、推理和符号交流方面的非凡成就，但又不预设一种"低等的"动物和人类之间存在的本体论断裂？

关键依旧是生物（这里是人类）与其环境的耦合（交互协调）。有机体与环境相互作用的循环适应模式是我们能够生存和繁荣的基础。在人类身上，这些模式并不比在其他生物身上更像是"内部的"表征。我们来简要地考察一些结构性耦合的最基本类型，看它们如何构成了人类关于其世界的经验。

### （一）意象图式（Image Schemas）和跨模态感知（Cross-Modal Perception）

我们经验的特质在很大程度上取决于我们身体和大脑的本质、我们居住的环境类型以及我们拥有的价值观和目的。我们持续互动的模式[瓦雷拉、汤普森（Evan T. Thompson）和罗施（Eleanor Rosch）将之称为"采取行动"（enactions），以强调其积极、动态的特征①]定义了我们世界的轮廓，使我们能够对世界进行理解、推理，并在这个世界中可靠地行动。我们每天会数以千次地看到、操作以及进出容器（containers），所以容纳（containment）是我们经验中最基本的模式之一。因为我们有两条腿，站立在重力场中，我们感受到垂直性以及上下方向。

---

① Francisco J. Varela, Evan T. Thompson and Eleanor Rosch, *The Embodied Mind*. Cambridge, MA: MIT Press, 1991.

因为我们的经验的性质（如红色、柔软、凉爽、激动、尖锐）在强度上不断变化，所以我们的世界的每一个性质维度都有一个标量特征。例如，灯光可以变得更亮或更暗，炉子会变得更热或更冷，冰茶会随着我们加糖而变得更甜。我们受制于推动我们、改变我们的身体状态以及限制我们行动的力量，所有这些力量都具有特定的模式和性质。我们通过这些反复出现的模式，互动性地（主动地）与世界紧密联系在一起，而这些模式正是我们生存、成长和寻求意义的条件。没有这些模式以及关于这些特定模式的神经图谱，那么我们经验的每一时刻都将是完全混乱的，就好像我们必须随着每一个新时刻的出现一遍又一遍从头开始理解我们的世界。

我①和拉科夫（George Lakoff）②称之为"意象图式"的正是这些感觉运动经验的循环模式，通过这种循环模式我们与一个世界相遇，我们可以对这个世界加以领会，可以在其中行动并进一步实现我们的目的。意象图式有大量的证据来源，范围涵盖实验心理学、语言学和发展心理学。我们假设，这些意象图式神经性地具身化为我们的拓扑神经图谱中的激活模式。因此，意象图式是我们与世界的非表征性联系的一部分，就像仓鸮和松鼠猴用意象图式来定义它们的感觉运动经验类型一样。

意象图式结构是我们理解空间术语以及我们感知和肌肉运动的各个方面的基础。来自拉科夫和努努斯（Rafael Nuñez）③的一个例子说明了人类空间概念的意象图式基础。我们所谓的"在……之中"（in）的概念是由容器的意象图式所定义的，该意象图式通常由边界、内部和外部组成，边界决定了内部与外部的区别。

当我们说"汽车在车库里"时，我们将车库理解为一个有界空间，我们描绘出该空间的内部轮廓，并将汽车视为该空间内的一个射体（trajector），将车库（作

---

① Mark Johnson, *The Body in the Mind: The Bodily Basis of Meaning, Imagination, and Reason*. Chicago: University of Chicago Press, 1987.

② George Lakoff, *Women, Fire, and Dangerous Things: What Categories Reveal about the Mind*. Chicago: University of Chicago Press, 1987.

③ George Lakoff and Rafael Nuñez, *Where Mathematics Comes From: How the Embodied Mind Brings Mathematics into Being*. New York: Basic Books, 2000.

为容器）视为与射体之所在相关的界标（landmark）①。同样，当我们听到"爷爷从外屋走进车库"这句话时，我们通过源头—路径—目标的图式来理解这种情况，该图式的构成包括起点、目的地（终点）和从起点到终点的路径。换句话说，"从……到……"（from/to）的结构即意象图式。英文单词 into 是通过容器的图式和起点—路径—目标的图式进行叠加来理解的，如下所示：

in 这个词激活了一个描绘内部轮廓的容器的图式。

单词 to 激活一个起点—路径—目标的图式，并配置了目标（终点）。

目的地（终点）映射到容器图式的内部。

因此，我们将爷爷（作为射体）的运动理解为从车库（容器）外开始，并在车库（作为界标）内终止，这是沿着从外部到内部的路径运动的结果。

因此，英语单词 into 是两个意象图式的基本组合。

根据我们的观点，意象图式是作为人类拓扑神经图谱中的激活模式（或"轮廓"）实现的。与神经科学中的许多跨学科研究一样，这一研究成果首先是在猴子的颅内神经元记录发现的，后来通过类似的神经影像学研究得到扩展。当里佐拉蒂（Giacomo Rizzolatti）及其同事②向猕猴展示另一只猴子用手抓着香蕉的视觉图像时，如果被测试的猴子进行相同的抓取动作，相关神经元将参与其中，于是能够在相同的次级躯体运动（somatomotor）图谱中记录下这些"镜像"神经元的活动。在类似的人类神经成像实验③中，参与者被要求观看另一个人进行

---

① Ronald W. Langacker, *Foundations of Cognitive Grammar*. 2 vols. Stanford: Stanford University Press, 1987 - 1991.

② Leonardo Fogassi, Vittorio Gallese, Giovanni Buccino, Laila Craighero, Luciano Fadiga and Giacomo Rizzolatti, "Cortical Mechanism for the Visual Guidance of Hand Grasping Movements in the Monkey: A Reversible Inactivation Study," *Brain*, 2001 (124): 571 - 586; Giacomo Rizzolatti, Leonardo Fogassi, and Vittorio Gallese, "Motor and Cognitive Functions of the Ventral Premotor Cortex," *Current Opinion in Neurobiology*, 2002 (12): 149 - 154.

③ Giovanni Buccino, Ferdinand Binkofski, G. R. Fink, Luciano Fadiga, Leonardo Fogassi, Vittorio Gallese, R. J. Seitz, Karl Zilles, Giacomo Rizzolatti, and Hans-Joachim Freund, "Action Observation Activates Premotor and Parietal Areas in a Somatotopic Manner: An fMRI Study," *European Journal of Neuroscience*, 2001 (2): 400 - 404.

某一动作的视频剪辑,这一实验结果显示人类的次级躯体运动皮层的进一步激活,而这些躯体运动皮层已知映射手部和手臂的抓握动作。与里佐拉蒂的同事加莱斯(Vittorio Gallese)一道,我们认为以上研究成果以及相关成果表明,这些神经图谱包含进行抓握的意象图式性的感觉运动激活模式。①

从神经计算建模资料当中,可以发现利用我们已知的有关神经图谱的事实来模拟意象图式的明确尝试。里格尔(Tim Regier)②为一些意象图式开发了他所谓的"结构性"或"限制性"联结主义神经模型(connectionist neural models)。"限制性"的神经计算联结主义(constrained neurocomputational connectionism)在其神经模型中构建了少量的结构,这些结构已经在人类的视觉和空间处理的研究中得到了证实③。这些模型包括中心环绕型细胞阵列(center-surround cell arrays)、扩散激活(spreading activation)、定向敏感细胞(orientation-sensitive cells)和神经门控(neural gating)。里格尔已然展示了这些意象图式的限制性联结模型如何学习空间关系术语。

还有越来越多的发育心理学研究表明,婴儿出生即具有感受意象图式结构的能力。斯特恩(Daniel Stern)④描述了婴儿能够发现的某些特定类型的经验结构,他认为:首先,这些能力构成了婴儿的自我意识和意义的基础;其次,这些能力后续将在意义、理解和思考中发挥核心作用,即使在具有命题思考能力的成年人中也是如此。我们简要地介绍一下这两个基本结构:跨模态感知和活力情感轮廓(vitality affect contours)。

斯特恩从一个著名的实验开始⑤,在这个实验中,被蒙上眼睛的婴儿被给予

① Vittorio Gallese, and George Lakoff, "The Brain's Concepts: The Role of the SensoryMotor System in Conceptual Knowledge," *Cognitive Neuropsychology*, 2005 (22): 455–479.

② Tim Regier, *The Human Semantic Potential: Spatial Language and Constrained Connectionism*. Cambridge, MA: MIT Press, 1996.

③ Jerome Feldman, *From Molecule to Metaphor: A Neural Theory of Language*. Cambridge, MA: MIT Press, 2006.

④ Daniel Stern, *The Interpersonal World of the Infant*, New York: Basic Books, 1985.

⑤ Andrew N. Meltzoff and Richard W. Borton, "Intermodal Matching by Human Neonates," *Nature*, 1979(282): 403–404.

两种奶嘴中的一种来吮吸。一种是典型的光滑的奶嘴，另一种有突出的硬结。当取下眼罩，将光滑的奶嘴和有硬结的奶嘴放在婴儿头部的两侧时，大多数时候（大约75%）婴儿会注意刚刚吮吸的奶嘴。基于这一研究和其他研究①，斯特恩认为：

> 婴儿似乎有一种与生俱来的一般性能力，这种能力可以被称为变形知觉（amodal perception），从一种感官模式中获得信息并以某种方式将之转换到另一种感官模式。
>
> 这些婴儿所经验到的抽象表征并不是视觉、声音、触摸和可命名的物体，而是形状、强度和时间模式——更"全面的"的体验的性质。②

虽然斯特恩说这些跨模态感知的结构是抽象的"表征"，但也清楚地表明这些感知结构不是外部事物的内部镜像，而是婴儿的经验的轮廓：跨模态的形状，强度和时间模式，我们称之为意象图式。

像婴儿一样，我们成年人也有一个粗糙或平滑的意象图式，我们使用它来预测我们行走时路面纹理的变化。例如，我们可以看到我们将从走廊上粗糙的地毯走到浴室里湿滑的瓷砖上，我们将这些信息从视觉系统转移到躯体运动系统，这样我们的脚就不会滑倒。这种跨模态感知的模式是一个特别清晰的例子，说明了意象图式如何区别于单纯的神经图谱中的拓扑映射图像；它们是经验的感觉运动模式，在神经图谱之中具体化并在神经图谱间进行协调。像前面例子中的猫头鹰一样，我们的意象图式经验能够在它自己的跨模态神经图谱中具体化；或者，像猴子的情况一样，它可能由更多模态的神经图谱网络之间的协调性激活模式构成，包括可能调用这些图谱的次要能力，而不是主要能力。我们预测，在人类神经解剖学研究中，将看到与每种情况相类似的病例。

构成婴儿（以及成人）感受意象图式的第二种模式是斯特恩所说的"活力情

① David J. Lewkowicz and Gerald Turkewitz, "Intersensory Interaction in Newborns: Modification of Visual Preferences Following Exposure to Sound," *Child Development*, 1981(52): 827-832.
② Daniel Stern, *The Interpersonal World of the Infant*. New York: Basic Books, 1985, p. 51.

感轮廓"。斯特恩用"情绪迸发"(rush)来说明这一点,或称之为感觉经验的激增质性轮廓(swelling qualitative contour)。我们可以感受到肾上腺素的迸发,喜悦或愤怒的迸发,药物引起的情感迸发,或一闪而过的情绪迸发。即使这些情绪迸发在不同的感觉模式下被感觉到,它们也都被描述为跨时间性的经验的轮廓快速、有力地生成或激增。斯特恩指出,理解这些情感轮廓如何对我们这样的生物来说是有意义的,可以让我们对一般意义产生深刻洞见,无论这些意义是来自语言、视觉、音乐、舞蹈、触觉,还是来自嗅觉。我们渴望从模式完成中获得情绪上的满足,而仅仅目睹模式的一部分就足以启动我们的情感轮廓。婴儿只需要看到我们开始伸手去拿奶瓶,就开始安静下来——在婴儿识别动作之前,抓取的意象图式甚至不需要即时完全实现。作为成年人,当我们听到乐曲逐渐过渡到高潮时,会产生逐步的情绪紧张,并最终在音乐高潮释放。意象图式中活力情感轮廓的特点表明,意象图式不仅仅是拓扑神经图谱中某一时刻的静态"表征"(或"照片"),相反,意象图式在时间内动态地进行。

综上所述,意象图式可以被更正式地描述为:

1. 身体经验的反复出现的模式;

2. 类"图像",在其中保留了感知整体的拓扑结构,正如模式完成所证明的那样;

3. 动态地、跨时间地运作;

4. 在拓扑神经图谱中具体化为激活模式(或"轮廓");

5. 将感觉运动经验与概念化和语言联系起来的结构;

6. 能够给出"正常"模式完成的结构,进而作为推理的基础。

意象图式构成了一个前语言和前反思的意义的涌现层级。它们是在我们与其他动物共享的拓扑神经图中发现的模式,尽管我们作为人类具有特殊的意象图式,这些意象图式或多或少是我们的身体类型所特有的。然而,即便意象图式对我们的经验的构建通常是在我们没有意识到其如何运作情况下完成的,我们有时还是可能会通过反思意识到某种经验的意象图式的结构,例如当我自觉地意识到我拢在一起的手正在形成一个容器,或者当我觉察到自己的身体在失去平衡。

### （二）抽象概念化和推理

实用主义的连续性观点声称，我们必须能够在没有任何本体论或认识论断裂的情况下，从基于身体的空间经验和感知经验的意义（可以用意象图式和情感轮廓来描述），一直走向抽象概念化、推理和语言使用。虽然目前尚无任何完全可行的理论对所有抽象思维如何运作做出解释，但一些核心机制正在得到更好的理解。一个特别重要的结构即概念隐喻[①]。关于概念隐喻理论最为流行的说法是：我们称之为"抽象"概念的东西，是通过一种系统性映射被定义的，这种映射是从基于身体的感觉运动的源领域映射到抽象的目标领域上。这些隐喻的映射存在于被意象图式的限制所激发的模式中——例如，如果我们从源领域映射一个内部，我们也可以预见映射出外部；如果我们有源映射和目标映射，我们可以预见一个路径映射。

考察一下这个例子："在我们的理论完成之前，我们还有很长的路要走。"我们如何理解这个表达式？为什么我们可以使用这个短语"很长的路要走"这一字面上是关于空间运动中的距离来说明一个精神的项目的完成（即发展一个理论）？答案是：有一个概念性隐喻"有目的的活动是旅程"，通过它，我们将朝着某个非物质目标的前进理解为朝着某个目的地的前进。这个隐喻由以下的概念映射组成：

**有目的的活动是旅程的隐喻**

| 源域（空间中的运动） | 目标域（精神活动） |
| --- | --- |
| 起点 A | →初始状态 |
| 终点 B | →最终状态 |
| 目的地 | →目的实现 |
| 从 A 到 B 的运动 | →目的实现的过程 |
| 对运动的障碍 | →实现目标的困难 |

---

① 参见 George Lakoff and Mark Johnson, *Metaphors We Live By*. Chicago: University of Chicago Press, 1980; George Lakoff and Mark Johnson, *Philosophy in the Flesh: The Embodied Mind and Its Challenge to Western Thought*. New York: Basic Books, 1999。

　　这种概念映射还利用了我们最基本的隐喻之一来理解时间的流逝,在这一隐喻中,时间变化被隐喻地理解为沿着通往某个地点的路的运动。在这个比喻中,观察者沿着时间线移动,未来排列为他面前的空间,过去排列为他后面的空间。因此,当我们听到"我们还有很长的路要走,直到我们的竞选活动完成"时,我们隐喻地理解自己是沿着一条通往目的地(完成募款活动)的道路,我们明白沿途可能会存在障碍从而影响我们计划的进展。

　　概念隐喻理论认为抽象概念化是通过概念隐喻、概念转喻和其他一些想象的延伸等原则来实现的。迄今为止,几乎每一个可以想到的知识领域和学科,对关键概念的隐喻分析都在迅速增长,包括物理学、生物学、经济学、道德观、政治学、伦理学、哲学、人类学、心理学、宗教等等。例如,拉科夫和努努斯①对构成数学基础的基本隐喻概念进行了广泛的分析,从简单的加法模型一直到笛卡尔平面、无穷大和微分方程的概念。温特(Steven L. Winter)②分析了一些关键性的概念的隐喻,对核心法律的概念以及作为法律推理基础的概念等做出界定③。格雷迪(Joseph Grady)④研究了"基本隐喻"(例如目的是目的地),这些隐喻被系统地组合成更复杂的隐喻(例如有目的的活动是旅程)。

　　概念隐喻之所以重要,是因为它是我们进行抽象概念化和推理的主要手段。实用主义的连续性原则声称抽象思想不是非具身的;相反,它必须来自于我们的感觉运动能力,并受到我们身体、大脑结构和环境的限制。从进化的角度来看,这意味着我们还没有开发出两个独立的逻辑和推理系统,一个用于满足我们的身体和空间经验,另一个用于满足我们的抽象推理(纯粹的逻辑)。相反,我们的身体经验的逻辑提供了我们执行每一个理性推理所需的逻辑。在我们基于隐喻的推理中,推理是通过我们的身体运动能力的身体逻辑实现的;然后,通过从

---

① George Lakoff and Rafael E. Núñez, *Where Mathematics Comes From: How the Embodied Mind Brings Mathematics into Being*. New York: Basic Books, 2000.

② Steven L. Winter, *A Clearing in the Forest: Law, Life, and Mind*. Chicago: University of Chicago Press, 2001.

③ Carl S. Bjerre, "Mental Capacity as Metaphor," *International Journal for the Semiotics of Law*, 2005(18): 101 - 140.

④ Joseph Grady, "Foundations of Meaning: Primary Metaphors and Primary Scenes," PhD Thesis. Berkeley: University of California, 1997.

源域到目标域的映射，在目标域中绘制出相应的逻辑推理。

例如，在我们关于容器的经验中，存在明确的关于空间或身体的容纳逻辑：

a.实体要么在容器内部，要么在容器外部，不能同时两种情况皆是。

b.如果我将一个对象 O 放在物理容器 C 中，然后将容器 C 放在另一个容器 D 中，那么 O 在 D 中。

换句话说，我们的身体接触我们所观察和操纵的容器和物体，教会了我们关于容器的空间逻辑。

接下来，考虑常见的概念隐喻"范畴是容器"，在其中概念范畴被隐喻地理解为呈放物理实体和抽象实体的抽象容器。例如，我们可能会说："'人类'这个范畴包含在'动物'的范畴中，后者又包含在'生物'这个范畴中。"同样，我们可能会问："这棵树属于哪一种类？"基于源域的推理性的意象图式结构，然后通过源域到目标域的映射，我们对抽象概念有了相应的推断：

a′：一个实体落入一个给定的范畴之中或之外，但是不会同时出现两种情况皆是的情形（例如，查尔斯不能同时、同地、以同样的方式即是一个人又不是一个人；排中律）。

b′：如果一个实体 E 属于范畴 C′，而 C′ 属于另一个范畴 D′，那么实体 E 属于 D′［例如，所有的人都是会死的（C′ 属于 D′），苏格拉底是人（E 属于 C′），因此苏格拉底是会死的（E 属于 D′）］。

因此，根据概念隐喻理论，我们能够说：抽象推理"计算性"地运用了感觉运动神经图谱，而这些推理是作为目标域推理被激活的，因为存在着从大脑的感觉运动区域到其他负责所谓的"高阶"认知功能区域的神经连接。我们并不是在感觉运动层面上运行一个推理过程，然后对抽象概念执行一个完全不同的推理过程，而是利用在大脑感觉运动区域中发现的推理模式来进行我们的"抽象"推理。正如实用主义关于连续性的原则所要求的那样，没有必要引入一种新的推理类型（具有不同的本体论基础）对运用抽象概念来解释逻辑推理进行解释。

### （三）隐喻和抽象推理使用概念隐喻的证据

近来，出现了一些新的证据来源，可以用来解释在概念隐喻中发挥作用的意象图式型的映射可能具有某种神经基础。新的证据来自临床的神经科学文献和对正常成年人的神经影像学研究。虽然我们早就知道患者可能会出现某种命名不能（anomias）症状，其表现是对动物、工具和植物进行表达时选择词语上的困难①，但有两项研究报告提到了患者在表达躯体的某些部分时，表现出选择词语上的缺陷性障碍②。关于这种障碍的研究表明，次级运动皮质的损伤——该区域可能同时包含躯体特定区域图谱和自我中心的空间图谱——会导致在对身体的某个部位或身体的某些连续的部位进行命名时出现困难。这一发现表明，对表达身体部位的词语进行理解需要这些神经图谱的积极参与。

另有两项神经影像学研究也表明，我们可以通过与身体相关的隐喻和字面语言刺激来驱动人类的躯体运动图谱。在一项核磁共振研究中，豪克（Olaf Hauk）、约翰斯鲁德（Ingrid Johnsrude）和皮尔韦穆勒（Friedemann Pulvermüller）③发现，诸如微笑、拳击和踢腿等单个词项会在躯体运动图谱中差异性地激活面部、手臂或手部和腿部区域，这表明直白的语言可以差异性地激活身体相关部位的躯体运动神经图谱。同样，罗勒（Tim Rohrer）④的一项核磁共振神经成像研究表明，使用了 hand 这一词语的字面意义和隐喻意义的句子[例如，她递给（handed）我苹果，以及他最终掌握了（grasped）理论]都会激活主要和次要感觉运动图谱中的

---

① Elizabeth K. Warrington and Tim Shallice, "Category Specific Semantic Impairments," *Brain*, 1984(107): 829 - 854.

② K. Suzuki, A. Ymadori, and T. Fuji, "Category-Specific Comprehension Deficit Restricted to Body Parts," *Neurocase*, 1997(3): 193 - 200; Jennifer. R. Shelton, Erin. Fouch, and Alfonso. Caramazza, "The Selective Sparing of Body Part Knowledge: A Case Study," *Neurocase*, 1998(4): 339 - 351; H. Branch Coslett, Eleanor M. Saffran, and John Schwoebel, "Knowledge of the Human Body: A Distinct Semantic Domain," *Neurology*, 2002(59): 357 - 363.

③ Olaf Hauk, Ingrid Johnsrude, Friedemann Pulvermüller, "Somatotopic Representation of Action Words in Human Motor and Premotor Cortex," *Neuron*, 2004(41): 301 - 307.

④ Tim Rohrer, "Understanding through the Body: fMRI and of ERP Studies of Metaphoric and Literal Language," Paper presented at the Seventh International Cognitive Linguistics Association Conference, July 2001; Tim Rohrer, "Image Schemata in the Brain," in *From Perception to Meaning: Image Schemas in Cognitive Linguistics*, ed. Beate Hampe, Berlin: Moutonde Gruyter, 2005, pp. 165 - 196.

主要和次要手部区域。在展现语言刺激后，罗勒还通过手部触摸任务绘制了每个研究参与者的手部躯体皮层。通过对触觉任务和语句任务进行比较，表明两个任务涉及的主要和次要躯体运动皮层有高度的重叠。

同样，还有模拟概念隐喻和抽象推理方面的证据，这些模型的构建受到了神经计算的启发。纳拉亚纳（Srinivas Sankara Narayanan）①在里格尔的研究基础上，推进了后者对空间关系词语的意象图式特征的模拟，开发出一个受限的联结主义网络，来模拟我们的感觉运动系统的身体逻辑如何让我们能够使用概念隐喻，并对国际经济学进行抽象推理。例如，该系统能够成功解释"1991年印度政府放松对商业部门的管制"和"1991年印度政府放松了对商业的束缚"②。纳拉亚纳的模型可以在感觉运动范围内或在语言范围内使用常见的概念隐喻映射进行完整的推理。结合意象图式和概念隐喻的神经生理学证据，这些神经计算模型印证了我们的语言和抽象推理背后的隐喻基础和意象图式基础。

### （四）具身的社会和文化认知的连续性

在本章中，我们一直在为认知具有具身性特征提供证据，并提出了一个适当的实用主义哲学框架来解释这些证据。不同于表征主义，我们认为认知不是一种由"心灵"所执行的内部过程，而是一种具身行动模式。我们通过举例说明认知如何处于有机体与环境相互作用当中来论证这一点，而不是禁锢在一些所谓的关于思想的私人心灵领域。然而，仅仅关注有机体与环境的交互和耦合，可能会产生这样一种错误的印象，即思想是个人的而不是社会的。因此，我们至少必须简要说明语言和抽象推理是社会和文化活动这一关键事实。

到目前为止，我们仅仅讨论了发展这一个社会文化维度，尽管它至关重要。

---

① Srinivas Sankara Narayanan, "KARMA: Knowledge-based Active Representations for Metaphor and Aspect," PhD Thesis. Berkeley: University of California, 1997; Jerome Feldman and Srinivas Sankara Narayanan, "Embodied Meaning in a Neural Theory of Language," *Brain and Language*, 2004(89)：385 - 392.

② Jerome Feldman and Srinivas Sankara Narayanan, "Embodied Meaning in a Neural Theory of Language," *Brain and Language*, 2004(89)：389.

我们对发展的简短讨论更多的是在神经系统的背景下,而不是在社会文化互动中进行的。我们强调,后生的(epigenetic)身体与世界的相互作用是塑造我们的神经图谱和其中的意象图式的原因。对人来说,这种互动的一个非常重大的而且特别的部分涉及与其他人的互动。换句话说,人类的理解和思考是社会性的。这就提出了一个问题:由社会和文化所决定的因素如何在人类认知中发挥作用?

怀疑论者可能会说,人类的独特之处就在于古典表征主义所说的社会和文化学习能力。然而,需要再次指出,表征主义的说法建立在两个错误之上。首先,就社会意义上和文化意义上的传递信息行为而言,无论是一般的还是特殊的语言交流和符号交流情况,都没有与动物王国的其他部分发生根本的本体论断裂。其次,在对"内部心灵"和"外部物体"的分裂提出质疑之后,我们不能接着用另一种同样有问题的二元划分来取代它,即"个人"和"社会"之间的二元划分。我们必须认识到,认知不仅仅发生在单个人的大脑和身体内,而是部分由社会互动和社会关系构成。我们现在所要求助的证据来自认知行为学和分布式认知。当然,我们的社会文化行为在某些方面是人类特有的,但这个故事依旧比典型的表征主义者所设想的更加复杂和多维。

和马图拉纳和瓦雷拉①一样,我们将社会现象定义为:需要多种有机体协调参与,通过循环往复的结构上的耦合所产生的现象。他们认为,正如从单细胞生物到多细胞生物的过渡过程中,细胞与细胞之间的相互作用能够进行新的层次上的细胞之间结构上的耦合一样,有机体之间反复发生的相互作用也提供了不同层次的组织之间结构上的耦合。

群居昆虫的例子也许最能体现这种循环往复出现的组织间的耦合行为。例如,蚂蚁必须养活它们的蚁后才能让它们的种群存活下来。单个工蚁通过留下化学标记来记录从巢穴到食物来源的路径,但这些标记对蚂蚁个体来说并没有什么特别。当寻找食物时,一只蚂蚁会远离其他蚂蚁留下的标记。自然地,这些

---

① Humberto R. Maturana and Francisco J. Varela, *The Tree of Knowledge: The Biological Roots of Human Understanding*. Boston: Shambhala Press, 1998, pp. 180‑184.

标记的密度与距离巢穴的距离成反比。但当一只蚂蚁找到食物时，它就开始积极地寻找更密集的标记群，从而把食物带回巢穴。此外，每当一只工蚁进食时，它的化学标记物就会略有变化。这些化学标记物会吸引而不是驱赶其他蚂蚁。因此，蚂蚁逐渐开始形成一个从一个食物来源到一个巢的队列。需要注意的是，蚂蚁的认知既是社会性的（因为它发生在有机体之间），又是分布性的（在这个意义上，它将大部分的认知工作转移到环境中）。没有一只单个的蚂蚁能携带关于蚂蚁群所在位置的"内部表征"或神经图谱。因此，蚂蚁的认知是非表征的，因为它本质上是社会的，而且处于生物与环境的相互作用当中。

然而，昆虫的社会性认知并不包括自发模仿的能力，而这种能力是人类认知的核心。为了使一种社会行为成为一种习得的行为，然后代代相传，一种自发模仿的能力是至关重要的。然而，动物行为学家已经表明，这种模仿能力并不是人类独有的。研究猕猴的人员把土豆留在了海滩上，留给一群通常栖息在海滩附近丛林中的野生猴子。在逐渐适应了海滩并越来越熟悉海洋之后，一只猴子发现，把土豆浸入潮汐带上的水坑中可以清除土豆上影响口感的沙子。这种行为在几天内被整个族群所模仿，但研究人员观察到，年长的猕猴比年轻的猕猴习得这一行为要慢一些。[1] 马图拉纳和瓦雷拉[2]将文化行为精确地定义为这样一种跨代的社会行为的相对稳定模式。

古典表征论者最常举出的、作为人类特有的标志的文化习得行为是语言。然而，即使在这里，在基本认知能力方面也没有与动物王国有明显的断裂，相反，如果我们考察研究人员尝试教授其他灵长类动物符号交流的实验，我们会发现，他们的观察结果与我们关于语言和意象图式的观点是协调一致的，即语言和意象图示是从涉及跨模态感知的躯体性过程中涌现出来的。在萨维奇-伦博（Sue Savage-Rumbaugh）、塞夫西克（Rose A. Sevcik）和霍普金斯（William

---

[1] Syunzo Kawamura, "The Process of Subculture Propagation among Japanese Macaques," *Primates*, 1959（2）: 43 - 60; William C. Mcgrew, "Culture in Nonhuman Primates?" *Annual Review of Anthropology*, 1998(27): 301-328.

[2] Humberto R. Maturana and Francisco J. Varela, *The Tree of Knowledge: The Biological Roots of Human Understanding*. Boston: Shambhala Press, 1998, p. 203.

D. Hopkins)①所做的实验中，三只受过符号交流训练的黑猩猩不仅能够进行跨模态联想（从视觉到触觉），而且能够进行从符号到感觉的模态联想。例如，黑猩猩坎兹（Kanzi）能够听到一个英语口语单词，并准确地（100%正确）选择相应的图形字或该单词的视觉图像。黑猩猩谢尔曼（Sherman）和奥斯汀（Austin）能够在面对图形字时，通过触摸选择合适的物体（100%正确），相反，当面对只有触觉刺激时（谢尔曼96%正确，奥斯汀100%正确）或嗅觉刺激（谢尔曼95%正确，奥斯汀70%正确），它们也可以选择合适的图形字。它们执行这种符号-感觉模态协调的能力提高了它们在跨模态协调任务上的表现。正如萨维奇-伦博、塞夫西克和霍普金斯观察的那样，"这些精通符号的类人猿能够执行各种跨模态的任务，并能很容易地从一个任务切换到另一个任务。其他的类人猿则被限制在一个单一的跨模态任务中"。虽然这些类人猿永远不会获得人类的语言能力，但这些结果表明，我们人类抽象的跨模态思维能力所表现出的连续性，至少是动物王国的一些成员所共有的。

事实上，最近对灵长类动物的相关研究表明，正是独特的人类社会文化环境（而不是比较认知能力的一些巨大的非连续性）促进了语言和抽象推理的跨模态能力。我们已经注意到，幼年猫头鹰跨模态图谱的神经发育可以被后生的刺激改变；同样重要的是，要注意到我们许多意象图式的跨模态的基础需要人类父母所展现出的那一类后生的刺激。托马塞洛（Michael Tomasello）、萨维奇-伦博和克鲁格（Ann Kruger）②比较了黑猩猩和人类孩子模仿学习如何使用新奇的物体来执行新奇行为的能力。他们测试了三只同种的（母亲养的）黑猩猩和三只适应某种文化的黑猩猩，以及18个月和30个月大的两个人类幼儿。他们在每个参与者的环境中引入一个新的物体，在观察完参与者与物体的自然互动后，实验人员用指令"做我所做的事"演示了一个对物体的新动作。他们的研究结果表明，

---

① Sue Savage-Rumbaugh, Rose A. Sevcik, and William D. Hopkins, "Symbolic Cross-Modal Transfer in Two Species of Chimpanzees," *Child Development*, 1988 (59): 617-625.

② Michael Tomasello, Sue Savage-Rumbaugh, and Ann Kruger, "Imitative Learning of Actions on Objects by Children, Chimpanzees, and Enculturated Chimpanzees," *Child Development*, 1993 (64): 1688-1705.

比适应某种文化的黑猩猩和人类幼儿相比，由母亲抚养的黑猩猩在模仿能力上要差得多，而前两者之间则没有区别。一个近似于人类的社会文化环境，不仅对发展我们模仿能力来说是不可或缺的条件，对发展我们的跨模态意象图式的能力来说同样不可或缺，而跨模态意象图式的能力则是语言和抽象推理的基础。[①]

最后，同样还有相当多来自认知人类学的证据表明，成年人的思维方式与经典表征主义所提出的二元划分并不一致。就如群居昆虫一样，我们倾向于将我们的大多的认知转载到我们创造的环境中。我们倾向于通过两种方式来实现这一点：首先，我们制造认知工具来帮助我们参与到复杂的认知行为中；其次，我们在社会组织的成员中分配认知。作为第一种方式的一个例子，哈钦斯（Edwin Hutchins）讨论了地中海水手是如何使用 32 点指南针来预测潮汐的。[②] 通过将每天 24 小时（间隔 45 分钟）叠加在罗盘上，水手们可以将涨潮的月球"时间"（当其引力引起涨潮时满月的方位）和一天的太阳时相对映（map）。只要知道两件事——上一次满月至今的天数和某一特定港口发生潮汐至今的天数——只要简单地计算罗盘上的减去上一次满月至今的天数，我们就可以计算下一次涨潮的时间。如果没有认知工具提供的图式，计算下一次涨潮是一项相当费力的认知任务。作为第二种方式的一个例子，哈钦斯[③]讨论了三名海军导航人员的部分相同的知识分布是如何在团队中分配的。哈钦斯指出，尽管没有一个团队成员需要始终维持对所有导航数据的内部表征，但是通过对认知任务进行社会分配，能够避免发生的危及船舶安全的航行错误，因为每个团队成员都知道另一个成员的工作当中的一些空间关系和程序。简而言之，将一些认知负荷转载到环境中对我们的许多日常认知活动不可或缺，正如前述认知工具和认知任务的社会

---

① Roger. S. Fouts, Mary. L. A. Jensvold, and Deborah. H. Fouts, "Chimpanzee Signing: Darwinian Realities and Cartesian Delusions," in *The Cognitive Animal: Empirical and Theoretical Perspective in Animal Cognitio*n, eds. Marc Bekoff, Colin Allen, and Gordon M. Burghardt, Cambridge, MA: MIT Press, 2002, pp. 285‒291.

② Edwin Hutchins, *Cognition in the Wild*. Cambridge, MA: MIT Press, 1995, pp. 99‒102.

③ Edwin Hutchins, *Cognition in the Wild*. Cambridge, MA: MIT Press, 1995, pp. 263‒285.

分布的例子所体现的那样。

对思想的社会维度进行充分处理,需要提供比我们在此能够给出的更多的证据和分析。我们只是试图表明,一般性的社会文化认知并不是人类所独有的,跨模态认知和符号或语言交流的常见例子同样不是人所独有的,人类认知不能被禁锢在人类的个体心灵的私人运作中。由于思想是一种协调行动的形式,它在世界范围内传播,与物质环境相协调,与社会的、文化的、道德的、政治的和宗教的环境、制度和共享性实践相协调。语言——以及所有形式的符号表达——是典型的社会行为。杜威在他的论证当中很好地总结了所有思想本质上的社会特征,认为只有从社会层面确立和保持意义、价值观和实践的基础上,将思想视为一种内部的精神性对话的想法才是可能的:

> 当内省主义者以为他已经退缩到一种由心灵材料所构成的、在种类上不同于其他事情的、完全私有的事情领域之内时,他只是把自己的注意力转到他的自言自语罢了。而自言自语乃是跟别人交谈的结果和反映,社会交集并非自言自语的结果。假使我们从未和别人交谈过,而别人也未曾和我们交谈过,那么,我们就绝不会自己跟自己讲话。由于有了彼此的交谈,社交上的取予,各种机制上的姿态就成为人的集合体,这些人交谈着,彼此商量着,交换着不同的经验……通过语言,一个人好像扮演戏剧角色一样,似乎自己正在从事一些可能的活动和事业。他扮演许多不同的角色,不是在生命的连续阶段上,而是在当时上映的那部戏剧中。心灵就这样出现了。①

“心灵就这样出现了”! 它作为社会性认知中涌现出来,并通过社会性认知得以实施。在心灵与我们关于意义的身体经验之间没有根本性的鸿沟;相反,这种意义通过语言和其他形式的社会性的符号交流和表达被传递并赋予声音。

---

① John Dewey, *The Collected Works of John Dewey, 1882 - 1953, The Later Works*, *Vol. 1.* ed. Jo Ann Boydston, Carbondale: Southern Illinois University Press, 1981, p. 135.

## 五、具身意义、思想和语言

我们始终反对关于思想、概念和推理的非具身观点，尤其反对将它们作为关于思想和语言的表征主义理论的基础。我们的替代性观点是认知是具身的，这一观点起源于美国实用主义哲学，并且正在被第二代认知科学的当前的工作持续地证实和进一步扩充。

像詹姆士和杜威这样的实用主义者认为，如果我们要对人类的思想及其所具有的非凡能力和行为做出一种在经验上负责任的解释，哲学与认知科学必须在相互合作和批评的基础上发展。实用主义的特点是：（1）极其尊重人类经验和认知的丰富性、深度和复杂性；（2）一种进化的视角，重视在发展中的所有动态变化的作用（不是固定的和完成的）；（3）认识到人类的认知和创造力的产生是为了应对涉及价值、兴趣和社会互动的问题情境。连续性原则包括这样一个事实：通过增加构成经验的生物与环境相互作用的复杂性，思想和社会互动会自然产生明显的全新层面。因此，实用主义者主张，我们所有传统的形而上学和认识论上的二元论（例如心或身、内或外、主体或客体、概念或知觉、理性或情感、知识或想象和理论或实践）只是从经验的互动（主动的）过程中抽象出来的。这种区别不是决然的本体上的二元划分。有时它们很好地为我们服务，但通常它们并不能很好地服务于我们，这取决于我们正在研究什么问题，我们拥有什么价值观以及什么样的社会文化背景。

近年来，从事某种形式的"具身认知"的研究人员数量急剧增加。曾经，认知科学似乎被表征主义观点所限定，即身体对心灵的研究无关紧要。但这已经发生了巨大的变化。最近，一些表征主义者提出了一种非常有限意义上的具身性，这种理论完整保留了大多数第一代认知科学所背负的表征主义的理论包袱。①今天，我们正在见证新一代认知科学的出现，它将"具身认知"定义为基础性的非

---

① Andy Clark, *Being There: Putting Brain, Body and World Together Again*, Cambridge, MA: MIT Press, 1998.

表征方案。动态系统学者正在为具身认知的颠覆性理论做出贡献,他们认为,虽然认知能够符合数学性描述,但是认识终究不是计算性的①;神经生物学家的实验向我们展示了当我们努力尝试理解神经组织背后的种群动态时,信息传递的隐喻是如何误导我们的②;认知机器人专家知道拥有一个身体可能并不是一件坏事③。即使是阿兰·图灵——一位迷失了的第一代引路人,他错误地将认知科学引向了非具身性——也愿意承认在我们如何教机器人语言方面他可能是错误的:"也可以坚持认为,最好为机器提供金钱能买到的最好的感觉器官,然后教会它理解和说英语。这个过程可以遵循一个孩子的正常教学过程。事物会被指出和命名等。同样,我不知道正确的答案是什么,但我认为这两种方法都应该去尝试一下。"④我们已经尝试过非具身的路径,它的失败为具身认知的实用主义路径注入了新的活力。

我们在本章所一直追踪的主题——对于周遭环境,我们动物一般地参与其中并对它进行认知,我们与其持续性的耦合产生和谐或与之失衡;我们为重建和谐与发展所进行的积极的、富有价值的探究;以及我们社会性的交往共同体——杜威试图恢复人类生活当中意义的审美维度的价值时,对其进行了优美的概述:

> 每时每刻,活的生灵都暴露在来自其环境的危险之中;并且,每时每刻,它都必须利用其环境中的某些东西来满足其需要。一个活的存在物的生涯和命运秘密地系于它同其环境的相互交换,这种系于不是以外在的方式,而是以最为内在的方式。

---

① Tim Van Gelder, "What Might Cognition Be, If Not Computation?" *Journal of Philosophy*, 1995 (92): 345 - 381.

② Gerald Edelman, *Bright Air, Brilliant Fire: On the Matter of Mind*. New York: Basic Books, 1992; Gerald Edelman and Giulio Tononi, *A Universe of Consciousness: How Matter Becomes Imagination*. New York: Basic Books, 2000.

③ Rodney A. Brooks, "Intelligence without Representation," *Artificial Intelligence Journal*, 1991(47): 139 - 159; Rodney A. Brooks and L. A. Stein, "Building Brains for Bodies," *Autonomous Robots*, 1994(1): 7 - 25.

④ Alan M. Turing, "Computing Machinery and Intelligence," *Mind*, 1950 (59): 460.

　　一条狗蹲在其食物边咆哮，在失败和孤独时狂吠，在它的人类朋友回来时摇尾，这些都是包括人连同他驯养的动物在内的自然媒介中的生活含义的表现。每一种需要，比如对新鲜的空气和食物的渴望，都是一种缺乏，它至少表明与环境之间暂时缺乏足够的调整。生命本身由各个阶段组成，在这些阶段中，有机体与周围事物的步调先是错乱，随后再恢复与它的一致——或者通过努力，或者靠某些好机会……

　　这些生物学寻常事件所具有的意义不止于生物学，它们延伸到经验中审美性的根基。①

我们人类都是活的生灵。我们在思考的时候就在行动，可能与环境协调或失衡，但我们的想法从来都不在环境之外。在我们与周围世界交互作用的过程中，环境通过我们的身体感官进入我们特定的思想状态当中，在这一具身过程中，我们最为抽象的推理得以被塑造。

---

① John Dewey, *The Collected Works of John Dewey, 1882‑1953, The Later Works*, *Vol. 10*. ed. Jo Ann Boydston. Carbondale: Southern Illinois University Press, 1987, pp. 13‑14.

# 实用主义、真理紧缩论及技艺 *

拉里·希克曼　撰　美国南伊利诺伊大学哲学系

曾誉铭　译　李庚堃　校　上海科技大学人文科学研究院

接下来,我请大家共同思考杜威(John Dewey)为美国实用主义发展做出的两个不同而有所关联的贡献:一是他为解决某些传统哲学问题而使用的技术和技艺隐喻;二是他为我们的技艺文化批判做出的贡献。

一

约翰·杜威用技术和技艺隐喻来解决传统的哲学问题的研究工作远没有受到重视。关于我的第一个论题——杜威为解决某些哲学问题而使用技艺隐喻,我想说两点。① 首先,事实上,杜威为解决某些最难缠的哲学问题而提供的很有吸引力的方案,是他更广泛的技艺哲学的一部分。

其次,杜威把真理当作有根据的断言的有力论述是他更宏大的技艺理论的关键内容,而作为固定信念的方式,技艺理论是对经验主义的承诺。我认为杜威

---

\* 本文为美国杜威研究中心主任拉里·希克曼(Larry Hickman)教授于 2005 年 10 月在复旦大学杜威研究中心所做的系列讲座之一,原稿为英文(未刊行),经希克曼教授授权以中文首次刊行,谨此致谢。——译者

① 新实用主义者,比如理查德·罗蒂(Richard Rorty)认为,杜威能够消除数量可观的传统哲学问题,但他们以不同于笔者的方式论述了杜威是如何做的以及为何这样做。

与某些新实用主义者之间存在惊人的差异，后者认为真理和哲学都已缩水，而对此杜威在今日会称之为"男人和女人的问题"（the problems of men and women）。

众所周知，哲学家对抽象对象的性质和地位的争论由来已久，可谓汗牛充栋，如火如荼。从该领域新近的大量著作来看，这些争论远未结束。在这个会场，我不能一一列举。柏拉图主义者罗格·佩罗斯（Roger Penrose）和保守实在论者菲利普·基切尔（Philip Kitcher）的著作①是现成的两例。

因而，对此感兴趣的人最好回忆一下杜威在 1915 年至 1916 年间思考得最多的问题。例如，1916 年在给哥伦比亚大学哲学俱乐部所做的一场演讲中，杜威论述了逻辑对象的地位。他在演讲伊始就指出，（作为逻辑的）逻辑对象很恰当地被认为与作为客观公共活动的探究（Inquiry）有关，而这种活动必定考虑可利用的公开证据。在他看来，推理"属于犁耕、机器零件的处理、采掘、炼砂等范畴，即控制、处理并重新安排物理事物的行为"②。因此，推理不但和任何"形而上学"事物无关，而且和可能被称为心理的、"内在的"精神状态的这个过程无关，因此它的任何伴随物（accompaniment）无关紧要，不过是杜威称之为"旁观者"（by-scenery）的东西。

杜威接着指出，推理有其自身特有的工具，而这些工具只是"为有效地进入某类行动而重新塑造的优先的自然物"③。因而，哲学家的抽象实体与作为工具的锤子、锯子的意义是相同的。确切地说，锤子和锯子是具体有形的对象，而数字

---

① 罗格·佩罗斯写道："我想，无论何时心灵认识到一个数学观念，它必定和柏拉图的数学概念世界发生关联。"见 Roger Penrose, *The Emperor's New Mind*. Oxford: Oxford University Press, 1989，引自 Anthony Gottlieb, *The Dream of Reason*. New York: W. W. Norton, 2001, p.170。对基切尔的建构主义的简短总结，参见 Philip Kitcher, *Science, Truth, and Democracy*. Oxford: Oxford University Press, 2001, p. 53。

② John Dewey, *The Collected Works of John Dewey, 1882–1953, The Middle Works, Vol. 10*. ed. Jo Ann Boydston, Carbondale: Southern Illinois University Press, 1980, p. 91.

③ John Dewey, *The Collected Works of John Dewey, 1882–1953, The Middle Works, Vol. 10*. ed. Jo Ann Boydston, Carbondale: Southern Illinois University Press, 1980. p. 92.

2 和刘易斯的严格蕴涵(strict implication)是抽象无形的对象。但杜威的洞见是,抽象物与具体物之间假定的(purported)的本体论差异不过是许多可能的丰富特征中的一种。与功能性的行动意义(functional and behavioral senses)——例如,锤子与数字 2 都是为完成某项任务而开发和改良的工具——相比,抽象/具体性就后退到背景之中了。①

当然,这并不是说我们可以确信任何特定的抽象对象将在研究中发挥很大作用。但是必须承认有形的对象(tangible objects)也不会发挥很大作用。如果用更可靠的实用主义术语来解释,那就是,有些抽象对象几乎没有可想象的实际效用,因此只能提供很少的意义。有形的对象也是这样。它们中的某些或多或少缺乏可想象的实际效用,没有太多我们称之为意义的东西。

因此杜威要求我们思考一种可能性,"工具与艺术品为手头的问题提供钥匙,这个问题即艺术品和艺术工具恰好是物理的、心理的和形而上学实体寻求的选项"。他指出:"没有人类的干预,就没有制造品;没有期待的目的,它们就不会生成。但当它们存在并发挥作用时,它们仅仅作为现实的、独立于心理状态(更不用说它们的非心理状态)的任何其他物理事物……"②

这种工具主义或者杜威式"技艺的"假设结果之一(看来这样称呼它是合适的)是,它论述了我们如何通过自然的、建构的和技艺的过程而获取逻辑对象。

而且,根据杜威的论述,当工具和技术最大可能地发挥作用时,包含它们的发明、改良、认知性开发的方法涉及彻底的经验主义,真理或有根据的断言是一种预期的结果。换句话说,杜威论述了我们如何能够得到成功塑造了我们信念的判断,强调工具、技艺、测量等如何渗透到探究进程中,以及这些因素影响探究

---

① 当然,这并不是说我们确信任何具体的抽象对象能够以这种工作方式进行,但有形的对象却可以这么说,用更严格的实用主义术语来说,抽象对象几乎没有可感知的实践意义,因此根据意义只能提供很少的东西。有形对象也是如此,其中某些或多或少缺乏可感知的实践意义,因此缺乏我们称其为意义的东西。

② John Dewey, *The Collected Works of John Dewey, 1882‑1953, The Middle Works, Vol. 10.* ed. Jo Ann Boydston, Carbondale: Southern Illinois University Press, 1980. p. 92.

的特征和结果的方式。在其哲学俱乐部演讲的一年前，杜威就写道，实验"对知识及真理直观是必需的"，他还竭力主张理论必须从属于最直接可能的同行评审（peer review）。[①]

## 二

杜威强调实验在获取有根据的断言中的核心作用，或者强调实验其作为一般形式工艺的探究，因而它严格对立于提出真理及哲学功用缩水的某些新实用主义。具体来说，似乎在某些实用主义者那里占首要地位的对演讲、交谈、重述和咨询的解释远不如杜威提出的探究的技艺解释来得有力。

这并不是说这些活动——演讲、交谈、咨询等不在调查过程中扮演诸如原理、内容或阶段（elements，aspects，phases）等重要角色。杜威似乎想使人们理解：它们不能穷尽（exhaust）探究所指的东西。问题是，在因缺乏实验环境而仍未获得有意义的结果的情况下，演讲、交谈、争论、咨询、重述等是否有无限可能。杜威在尊敬的意义上运用"探究"这个术语，探究之所以能解决疑难问题，恰恰是因为它是工具的系统性发明、发展和认知性展开，它运用原材料和可利用的原料来获得解决经验困难的方法。因而，探究是比演讲、交谈、重述等更全面的活动，因为后者是也许会，也许不会为寻求决定性结果的实验过程做出贡献的活动。

因此，我认为，杜威的技艺隐喻比某些新实用主义一般认为的更深刻，后者声称已经获得杜威的认可（imprimatur）。的确，杜威在"技艺"朴素的语源学意义上用智能调查来确定技艺，也就是说，作为对工具和技术的研究或探究。恰恰由于这一原因，他能够宣称（这对其他人来说显得有些荒谬），技艺为所有智能技术赋义，通过它，人们为满足人类需要而引导和使用能量、自然和人；它不能被局

---

① John Dewey, *The Collected Works of John Dewey, 1882 - 1953, The Middle Works, Vol. 8.* ed. Jo Ann Boydston, Carbondale: Southern Illinois University Press, 1979. p. 82.

限于一些外部的、比较机械的形式。面对它的可能性,传统的经验概念过时了。①

现在人们可能会问:逻辑对象的"技艺"论述如何与经典实用主义的中心原则有关?大家都知道,经典实用主义的核心要素包括:第一,意义理论,根据此一个概念的整个意义在于其可想象的实际效果;第二,作为满足客观状况的真理理论,或者用杜威的话来说,有正当理由的断言性;第三,探究理论,其中,目的与手段着眼于调整有机体和环境而处理事务。

然而,在超越公认的脆弱性的同时,沙琳·哈多克·齐格非(Sarin Haddock Siegfried)对经典实用主义的论述有望成为经典。她写道,实用主义是"一种哲学,它强调理论与实践的关系,并将经验与自然的连续性看作通过人们指导的行动的结果而揭示的反思的开端"。而且,"由于不能先于实验得知对象的实在性,只有作为实验的决定的条件完成(例如探究结果),真理主张才能得到证明"。②

在齐格非的论述中,值得注意的关键词之一是副词"实验地"。考虑到杜威明确区分实验的与经验的探究的事实,这一点尤为重要。例如,在主要以观察和推论为基础的第一科学的意义上,他将亚里士多德的自然主义描写为经验的。然而,它不是实验的,因为它并不包括用控制的系统方法使用工具或人造物,这些方法使那些工具和人造物渗入混合的探究条件中,并改变手段与目的的比率。当然,直到17世纪开始的技术与技艺的进步,真正的实验科学才出现,也就是在我刚才描述的意义上试图成为一门工具性的,甚至为具体研究目的发明和开发的气泵和望远镜等新工具和人造物的科学。这门新科学首次成为一门技艺科学。

人们不厌其烦地说,正是深陷工具主义中的经验主义承诺将杜威的经典实

---

① John Dewey, *The Collected Works of John Dewey, 1882 - 1953, The Later Works, Vol. 5*. ed. Jo Ann Boydston, Carbondale: Southern Illinois University Press, 1984, p. 270.

② Robert Audi (ed.). *The Cambridge Dictionary of Philosophy*. New York: Cambridge University Press, 1995, p. 638.

用主义与以其名而行的众多方案和观点区别开来。例如,杜威的技艺隐喻非常不同于新"文学"实用主义,后者似乎主要关心挖掘比喻的"变型"、地位和作用。杜威的工具主义和理查德·波斯纳(Richard Posner)提出的"法律的"实用主义亦无共同之处。看来刘易斯·米兰达(Lewis Miranda)所言不虚,他将波斯纳的立场总结为"为获得他或她已经有效决定的最好结果而东凑西拼的法官"①。他可能还说,波斯纳的实用主义标签与杜威、詹姆士(William James)或皮尔士(Charles Sanders Peirce)认为与他们自己的方案有关的那种实用主义风马牛不相及。

时下实用主义颇为流行,目前与将来的实用主义者会有很多,因而我想在此多说两句。杜威的实验实用主义与被称为"费什"(fishy也有呆滞的含义——译者)的实用主义根本不同,后者是斯坦利·费什(Stanley Fish)鲜明地提出的实用主义,概而言之其核心论题是哲学观念在公众领域没有适用性,比如关心假定的来世生活的心-身二元论和哲学研究的适当主题之意义结果的某些宗教教义。(值得注意的是,"9·11"事件之后,费什看来不再那么强烈地将其核心论题运用到第二个观念上——在死后生活中信念的意义结果。)②

例如,费什的实用主义认为:"哲学不管用,而且当遇到危机、选择、决定时,你我会象征性地求助于许多东西,例如档案文件、咨询专家、朋友、心理学家、星象,但不会象征性地咨询(如果我们做了,它也于我们无甚裨益)我们碰巧要支持的哲学立场。"③

当然,杜威的经典实用主义采取了完全不同的路线。他在《经验与自然》的末章特别清楚地论述了这件事情。他将哲学描绘成作为批评的批评,通过它,我

---

① Lewis Miranda. "Pragmatists and Poets: A Response to Richard Poirier", Morris Dickstein (ed.). *The Revival of Pragmatism*. North Carolina: Duke University Press Books, 2001. p. 366.

② 在其于2001年7月于马萨诸塞州大巴灵顿的演讲中,该文后来以"无结果的真理"为题出版。费什认为来生信念是哲学信念的实例,这种信念在行为方式中无关紧要。我发现,有趣的是,在"9·11"事件后出版的版本中,他修改了对行动方式无关紧要的哲学信念的实例,它现在从属于关于心身关系的信念。

③ Stanley Fish, "Truth but No Consequences: Why Philosophy Doesn't Matter," *Critical Inquiry,* 2003(29): 389.

们自己就可以摆脱阻碍新活动习惯的过时观念和习惯。

无疑,当费什认为通过哲学讨论的许多事情不能经受实践的检验时,他是对的。但从那种主张到他的结论是巨大的一跃。他认为,当试图解决男人和女人的问题,让糟糕的形而上学进入公共领域并对其产生影响时,哲学家们极有可能会失业,而不是跻身斗争的前沿。新旧实用主义者之间的对立太极端了:当费什乐于告诉我们哲学"无关紧要"时,杜威鲜明地指出我们哲学家的工作远未完成。


## 三


在某些新实用主义的支持者中还流行着真理紧缩的论述。在这点上值得注意的是,杜威经验主义的核心特征之一是他对作为有根据的断言的真理概念的承诺。

正如威廉·詹姆士提醒我们的那样,毫无疑问,我们的大部分信念依赖于信任他人的证据。确切地说,证据通过演讲、交谈、咨询和重述而通达我们。实际上,我们当中的大多数人在超出我们专门知识的问题上会向物理学家和汽车技师咨询。但是正如詹姆士在 1907 年告诉《纽约时报》记者的那样,"实用主义的首要兴趣是真理理论"①。紧接着他论述了一个公开的技艺问题:"我们的精神不单单在这里复制已完成的现实。它们在这里完成它,通过它们自己对它的改造而增加其重要性,这么说吧,将它的内容倾入一个更具意义的形态中。就事实而言,我们为了有助于**改变**这个世界而**运用**大部分思维。"(黑体系作者所加)人们很难找到开创性实用主义者的工具主义及其真理理论的内在关联的更好论述了。②

---

① John McDermott(ed.), *The Writings of William James*. New York: Random House, 1967, p.448.

② 无疑,詹姆士致力于真理的工具主义论述。例如,"改变"一词及其词源在其著作中多次出现。

区别经典实用主义与其新模型的另一种方法是,皮尔士、詹姆士、杜威严肃地视技艺科学的成功为哲学研究的模型。例如,他们并不认为文学艺术逊技艺科学一筹,只是技艺科学主题没有人文社会科学主题或者艺术主题那么复杂,能更有效地为成功完成的探究提供模型(model)。

相反,某些更前卫的实用主义者给予文学、修辞学以特权,以至于这种特权的使用颠覆了古老的逻辑实证主义的模型——重视物理学,忽视诗学和宗教,这种新模型完全把物理学排除在外。在某些新实用主义者那里,文学和修辞艺术占据优势,以至于对技艺科学方法的兴趣消失在比赛场地的边缘,结果交谈、演讲、咨询和重述代替了经典实用主义对正当性、合法性、证明、重构等的关注。

不管是否愿意接受那些紧缩论,人们至少承认这些时尚的经验主义和杜威更有生命力的实用主义的经验主义并无共同之处。

但远不止于此。即使某人打算承认新紧缩论与经典实用主义没有共同之处,并认为新实用主义标志着超越创始人理论的进步,问题仍然存在:例如,某些对真理紧缩论的批判已开始将这些论述看成实用主义的绝对化(simpliciter)。

例如,后期伯纳德·威廉姆斯(Bernard Williams)在《真理与真实》(*Truth and Truthfullness*)中对理查德·罗蒂(Richard Rorty)的抱怨恰好表现了这种举动。威廉姆斯说道:"但应该非常普遍地(不管主张或信念如何)提出……实用主义的观点,以至于我们不能区分其自身为真,还是我们接受或同意其为真,而且当它在做其他事情的时候,同样可以运用于最朴素、最简单的真理。"①注意此种论述与杜威的论述的差异,后者赞同詹姆士在这件事情上的立场时写道:"只有当它既满足个人需要又满足客观事物的要求时,他的真实理论才是正确的信念。"②

在这一点上,威廉姆斯似乎误解了这样一个事实,即在这个例子中最初的实用主义者詹姆士和杜威,并不是真理紧缩论者。杜威在一份赠给奇斯霍姆

---

①　Bernard Williams, *Truth and Truthfulness*. Princeton: Princeton University Press, 2004, p. 129.

②　John Dewey, *The Collected Works of John Dewey, 1882－1953, The Middle Works, Vol. 4*. ed. Jo Ann Boydston, Carbondale: Southern Illinois University Press, 1977, p. 112.

(Roderick Milton Chisholm)的未刊手稿中就这件事情写道:"如果认为我不再主张真理问题的重要性,那么看来我当然应该确认关于我的某些最糟糕的事情。"①

<h2 style="text-align:center">四</h2>

现在讨论第二个论题,即杜威为我们的技艺文化批判所做出的贡献。如果我们接受实用主义的核心理论——它的意义、真理、探究理论,我们就会期待那些理论无论被挪用到哪里,都会产生影响并采取行动。如果杜威的实用主义提出了对我们的技艺文化的严格批判(如我已经论述的那样),我们就会期待他的观念在我们同我们的工具和技术相互作用的方法上(意义)深远的结果。那结果将是怎样的呢?

首先,我们不得不放弃这个想法——法兰克福学派第一代成员和其他人曾如此诚挚地、能言善辩地提出这个想法,即技艺总是"问题"。我坦率地承认,对1930年至1960年及以后众多哲学家的这种深刻的技术恐惧存在某些辩护。毕竟是那个时候,滥用工具和技术导致热战与冷战、人类的群众化,人们在反思中称之为全球性的、目的与手段严重失衡的永久化。然而,用杜威的隐喻来说,现在看来,对"技术"的极端批判很清楚了——法兰克福学派第一代成员、雅克·厄鲁(Jacques Ellul)、汉斯·约纳斯(Hans Jonas)和其他人往往容易将糟糕选择并使用的工具及技术同技艺搞混。

在这点上,有两方面值得注意。首先,在新一代批判理论家中,有些人能超越混淆并最终建构一种新的、更富创造性的技艺观。或许最值得注意的是安德鲁·芬格伯(Andrew Feenberg)的著作。我已在别处详细地讨论过芬格伯对这件事情的立场,现在他的立场可能更接近杜威著作的精神,远甚于接近其老师马

---

① John Dewey, *Unpublished typescript*. Private Collection of R. M. Chisholm, p. 5.

尔库塞的立场。①

其次，人们应该记得，正是由于他将技艺同工具、技术区分开来，杜威自己从未屈服于在其当代人中广泛传播的关于这种技术恐惧的评价。即使经受过美国剥削劳动和大萧条、欧洲法西斯主义和斯大林主义兴起、冷战开始等艰难时期，杜威从未偏离自己关于运用知识的技艺定义，也从未放弃自己的观点，即只有通过技艺，人类才能为实验分析与产品保障而分析和重构已经变得不合适或者危险的工具和技术。

简单来说，对杜威而言，技艺从来不是问题之所在。而是说，总是错误的工具和技术，或者是面对新观念和新方法的固执，或者是高于一切的阶级和经济利益，或者是无知或强力意志使人们不能做主最好地利用工具而导致的失败，或者是轻易地、经常联合起来反对促进人类发展和繁荣的那些及无数其他原因的混合。对杜威来说，作为包含我们的工具、技术、传统等在内的经验，技艺是有智慧的。因此，它是无知、贪婪、固执和意识形态的对立面。


## 五


如果杜威认为技艺是有智慧的，那么技艺就是更好的、更有创造性的个人和社会的希望。但这是如何发生的？如何才能贯彻杜威的方案？

首先，如果留心区分技艺与工具及技术，那么我们最终不得不承认工具与技术的转化不同于技艺的转化。如果像实用主义创始人所认为的那样，技艺是对工具和技术的反思性批判性的探究，反思性或批判性的探究是与情境相关的，那么技艺就是与情境相关的。鉴于同样的原因，不能像传播民主那样转化技艺。

---

① Larry A. Hickman, "From Critical Theory to Pragmatism: Feenberg's Progress," in *Philosophy of Technology: New Debates in the Democratization of Technology*, ed. Tyler Veak, Albany: State University of New York Press, 2006. 中译文见希克曼. 批判理论的实用主义转向[J]. 曾誉铭，译. 江海学刊，2003（05）：36 - 41。——译者

发展中国家的食物生产便是例子。例如,在大规模生产体系中,与"转基因"作物有关的工具和技术的转化既能降低原料投入及劳动力消耗,又能提高产出。但这些努力的大部分或最大部分是由向发展中国家出口农产品的大公司发起的。事实上,人们甚少留心为本地人口提供"主粮"的作物。

根据联合国粮农组织出版社新近出版的由路易斯·O.弗雷斯科(Louise O. Fresco)撰写的一份意见书①,导致发展中国家与发达国家间的"分子分裂"(molecular divide),这是一个"技艺发展与技艺转让之间的"分裂。

如果我们超越术语差异来观察的话,显而易见,弗雷斯科以杜威曾经主张的方式来区分技艺与工具及技术。她认为需要在各利益相关方之间建立以三份以基本原则为基础的契约:就生物技术的益处与危险开放对话,增加应对关键挑战的公共与私人研究,增加确保公正分享新工具和技术的益处的新方法。

回到作为有根据的断言的真理主题,弗雷斯科主张一种实验方案,在其中,交流、咨询和重述将成为有贡献的部分,而且其成果将成为具体结果,包括发展中国家"贯穿其食物链的始终建立评估和控制各种危险的能力"。换而言之,缺乏技艺(将调查理解为其可想象的实践结果)的工具和技术的转换至多产生一种不可欲、至少十分危险的情况。而且,她的真理主张不再由交流、咨询和重述来决定,而由它在当前与将来的问题脉络中通过实验方法而变得有根据的(warranted)广度及结果的可断言的(assertible)程度来决定。

目前,美国向发展中国家出口农药的典型实例进一步论证了技艺转让与工具及技术转让之间的重要差异。1998 年的一份报告显示,1992—1996 年,"美国限制的或者严格限制的农药出口额增长了 33%","其中(出口产品)被世界卫生组织认为'极端危险'的 6 种农药的出口额猛增了 8 倍。(在此期间)据报道,美国禁止的农药出口保持稳定,平均每年出口额 6 百万磅左右"。② 这个例子的争论背景是,关于产品和技术的出口,很少或几乎没有相关技艺为它们的安全使用

---

① Louise O. Fresco, "A New Social Contract on Biotechnology", Agriculture and Consumer Protection Department, http://www. fao. org/ag/magazine/0305spl. htm.

② Suzie Larsen, "Update: Pesticide Dumping Continues; Leahy to Reintroduce Circle of Poison Bill", http://www. motherjones. com/news-wire/pest-dump. html.

提供基础。当然,这种情况肯定会对美国和很有可能包括芬兰在内的其他发达国家的消费者产生影响,因为这些国家进口打过农药的食品,包括各种各样的水果和咖啡豆。在这个例子中,实验结果在于:它是有根据的断言,那就是农药在"被倾销到"发展中国家之前就已被监测并被宣布为"极端危险的"。接下来是找到限制其出口和使用的方法。

关于这个问题可谈的地方还有很多,我将论述用杜威实用主义方案解决作为 21 世纪居民的我们正面临诸多问题的一两个实例。就"全球公众"(global public)和"世界公民"(global citizenship)的发展而言,我在另一个地方认为杜威的实验版实用主义比它的某些备选项要优越。扼要来说,我认为实用主义为培养全球公众提供了工具。一方面,这些全球公众与基要主义者不相容,也与后现代的认知相对主义者不相容。从经典实用主义立场出发,前者要求得太多,后者要求得太少。

如果杜威是正确的,那么世界公民将可能会超越之间沟通合作的传统职能,以及民族国家通过各自国家政府沟通合作的传统职能。它很可能包含以共享利益和目的为基础而互相直接交往的新的跨民族、跨种族、跨宗教的公众。这些新公众可能会通过新的交流工具和技术"跃过"现存的政治结构,以现在发挥作用的非政府组织和具体的特别群体相同的方式展开活动。鉴于杜威的前提,即公众是由于感受到的需求和共同利益的结果而产生的技术产物,以及他的观察,即政治生活中的关键问题可能不是个人与社会之间的冲突,甚至不是个人之间的冲突,而是各种公众之间的冲突,那么成功地解决这些冲突的方法对促进世界公民进程将会是必需的。

首先,杜威的实验实用主义为承诺绝对确定性的"客观性"的各种基要主义提供了选择。这是因为,由有根据的断言提供的客观性是这样的,它既立足于一个探究共同体,其中的工具进入系统和控制的实验,也由于其可错论的承诺而自我纠正。另一方面,基督徒和土居美洲人等基要主义者往往首先完全依靠权威。当他们的判断受到挑战时,显然,除了求助于权威或运用心理的、物理的或政治力量,他们没有推动其议程的机制。像杜威主张的那样,当要解决公众冲突时,人们证明,基要主义者的工具即便是最好的,也是低效率的,就最差的方面来说,不仅不能达到预期目的,反而是危险的。

另一个极端是主张客观性乃混乱的过时概念的所谓后现代主义的认知相对主义者们。正如斯坦利·费什表达的那样,"并不存在决定一个事件的众多对立解释中何者为真的独立标准"①。霍华德·伽德纳(Howard Gardner)以杜威的实验实用主义精神回答费什:"当对话……必需时,普遍标准就会出现。"②对此我还要说,对杜威而言,规范或标准作为实践副产品出现,而且它们在可普遍性的(universalizable)意义上是普遍的——它们不是被普遍的,而是本身就具有普遍性,直到它们成功地受到挑战。在他看来,规范不是普遍性的这一事实与其说构成客观性问题,不如说会成为进一步努力的动力。可普遍性的规范(它被说成客观判断)是包括禁止奴隶制、女性性伤害等在内的很多其他东西,也包括禁止种族清洗这方面的内容,而后一种现象在撒哈拉沙漠以南的某些地区仍然存在。从积极方面来看,许多可普遍性的规范被珍藏在联合国的《全球人权宣言》之中。

在杜威看来,诸如这样的规范作为人类实践的副产品而实验性地出现,随着技术的进步,它们的数量增加,而且它们为判定全球公众之间和之中的冲突提供了基础。

六

最后,我不得不强调,我曾经确信的东西已危如累卵。当真实世界的议题值得关注时,绝对不能继续沉浸在皮尔士、詹姆士和米德等人的实用主义文本中,这样的论调不知道听了多少遍,让人感到无比熟悉。人们常说,在这个社会的成员中没有需要注意的现实-世界问题时,不能再仔细考虑经典实用主义的文本。但这恰恰是对那些人们熟悉的——也不太熟悉的——文本的注意,这些文本为重新主张保护科学和公众不受袭击的经典实用主义提供了基础,而布什政府及

① Stanley Fish, "Condemnation Without Absolutes," *New York Times*, October 15, 2001, p. A23.

② Howard Gardner, "To the Editor," *New York Times*, October 21, 2001, p.14.

其他人正在为这种袭击付出代价。举例来说,最近一份包括众多诺贝尔奖获得者在内的 62 位顶尖科学家签名的报告(见良知科学家联合网)详细论述了当前政府允许意识形态践踏好的科学和好的公共政策的一个又一个案例。2008 年,签名者已增至 15 000 多人,其中包括 52 位诺贝尔奖获得者、63 位国家科学奖获得者和 195 名美国国家科学院院士。总统的科学顾问开除了该报告的作者,说他们是"阴谋理论家"。

在我看来,在当代,政府与工业导致的科学腐败及大学和公司导致的同行评审(peer review)过程的腐败是史无前例的。而这种情况不会被那些人提及,对他们而言,科学是一种文学;对他们而言,这种对共善的袭击不过是又一次交谈、重述。如果我们放弃经典实用主义的实验主义,如果我们接受目前流行的紧缩论,那么我承认,我们将丧失自己的工具,而我们只有用这些工具才能对抗目前反对好的科学与公众健康政策的强力。

在这篇简短的演讲中,我论述了杜威使用技术与技术隐喻来解决某些传统的哲学问题,还提出了一些具体方法,杜威对我们的技术文化批判的贡献提升了人类福利并培育了全球公众和世界公民。总之,我讨论了由经典实用主义者提出的继续适用于解决 21 世纪问题的方案——或许这些问题是无法解决的。